千锤百炼

私募的力量之

实战操盘篇

POWER OF PRIVTE

马宗本◎著

SPM
南方出版传媒
广东经济出版社
—广州—

图书在版编目（CIP）数据

私募的力量之千锤百炼：实战操盘篇／马宗本著．—广州：广东经济出版社，2018．2

ISBN 978－7－5454－5778－0

Ⅰ．①私…　Ⅱ．①马…　Ⅲ．①股票交易－基本知识Ⅳ．①F830．91

中国版本图书馆CIP数据核字（2017）第215706号

出 版 人：姚丹林
责任编辑：甘雪峰
责任技编：许伟斌
装帧设计：视觉传达

SIMU DE LILIANG ZHI QIANCHUIBAILIAN
SHIZHAN CAOPAN PIAN

出版发行	广东经济出版社（广州市环市东路水荫路11号11～12楼）
经销	全国新华书店
印刷	广东省农垦总局印刷厂 （广州市天河区棠东路横岭三路11～13号）
开本	730毫米×1020毫米　1/16
印张	15.75
字数	207 000字
版次	2018年2月第1版
印次	2018年2月第1次
印数	1～5 000
书号	ISBN 978－7－5454－5778－0
定价	68.00元

如发现印装质量问题，影响阅读，请与承印厂联系调换。
发行部地址：广州市环市东路水荫路11号11楼
电话：（020）38306055　37601950　邮政编码：510075
邮购地址：广州市环市东路水荫路11号11楼
电话：（020）37601980　营销网址：http://www.gebook.com
广东经济出版社新浪官方微博：http://e.weibo.com/gebook
广东经济出版社常年法律顾问：何剑桥律师

目　　录

序
生命与资本的长征

如果股市是没有硝烟的战场，那么投资生涯就是一场生命与资本的长征。这一场长征是寂寞、孤独的苦旅，须凭着孤胆英雄的气概，秉持虔诚与执着的信念去完成。

作为实战学习型平台“金融赢家大智慧”的创始人及阳光私募基金公司（深圳前海正丰阳资产管理有限公司）的联合创始人，我在投资市场里经历了20年的血雨腥风，深知这个市场的血腥与残酷，所以也更懂得在这个市场生存下来乃至获得成功的不易。这一路上，有过懵懂，有过激情，有过失意落寞，有过孤独求索；有血泪、屈辱、汗水和艰辛，也有煎熬、坚守、奋斗和骄傲。

这也正是我写书的初衷。我希望能够真实地记录和真诚地分享这段投资岁月，或许能为那些满怀希冀在投资市场中奋斗着的朋友提供一些参考与帮助。

所谓分享，就是分享我这20年里收获的深刻教训和宝贵经验，让更多的人能够避免那些本来可以避免的愚蠢的错误，不用经历那些刻骨铭心的伤痛，能够从一开始就走上一条正确、稳健、高效且有收获的投资之路。

所谓记录，是因为那个曾经年轻、意气风发的自己，弹指间竟然已来到人生的中局，所以，我决定用书籍来作为一个记录和证明，记录下这20年的岁月里我对投资的感悟、思考和总结，证明我曾为梦想而奋斗过。

本书实际上还有一部姊妹篇，就是出版于2013年的《私募的力量之倚天利剑（技术与心态篇）》，其核心内容着重于介绍主力是怎样去运作一只股票的，同时辅以技术基本功的阐释和锤炼。而本书《私募的力量之千锤百炼（实战操盘篇）》，核心内容则着重于记录一个私募投资人成长的艰难历程，并通过大量实战案例为投资者构建一个完整清晰的赢利模式。两本书都致力于讲述交易实战理念和操盘时的真实感悟。

从内容上和架构上而言，两本书各自都是一个完整的体系，合在一起则形成一个珠联璧合的投资交易系统。

让真理回归朴素和简单，让常识回归本能和直觉，这是两本书的核心思想和根本理念。

这是两本有思想的书，书中不但有我多年操盘实战得来的铁血教训和经验，有严谨的技术模式剖析，更有站在哲学的角度和人性视角对投资本质所做的阐释与思考。

谨把此书献给所有把证券投资当成自己的事业并期望取得巨大成功，而且为了这个光辉梦想正在奋斗着的投资者们。真诚地祝愿有缘读到此书的朋友能在这个资本角斗场生存下来并完成生命与资本的长征路，到达成功的终点！

马宗本

2017 年 7 月于广州

第一章

防御之盾和倚天利剑

每一位金融证券市场投资者都有自己的财富梦想。但你是否知道，在这个市场中能否获得成功，最终取决于什么？答案是：取决于你的交易行为能否做到张弛有度，你的技术是否足够让你在市场中游刃有余。各种派系在这场金钱零和游戏中都有成功者胜出，因为他们真的是用心性迎合了市场，从中赚取了属于自己的可观财富，而其余的投资者，则从一开始就注定了要经历一场“韭菜式”的悲剧人生。

金融证券市场是一个需要寻找大概率事件的市场。价值投资者是基于当前股价相对于业绩被低估或成长性导致当前股价相对于未来被低估，认定将来股价上涨是大概率事件而买入；趋势投资者是基于上升趋势或下降趋势仍将惯性延续的概率统计基础进行对应操作。

金融证券市场的行情确实难以预测，其不确定性很强，而大概率事件应用（即大数定律）是在市场中获得成功的交易核心之一。从长期操作的角度看，大概率使在市场稳定获利成为可能。这就是价值投资和技术分析两大派中都有能稳定、持续获利的投资者的原因。价值投资的代表巴菲特投资股票既有成功的案例也有失败的案例，但根据“价值被低估后会恢复”的大概率事件，他在长期投资生涯中获得了巨大成功；纯粹利用技术分析手段进行交易的投资者，能够长期持续稳定盈利的，也比比皆是。

作为投资者，要想在市场稳定、持续获利，最重要的一点就是找到适合自己操作特性的、被长期实践证明获利概率大且获利程度高的交易系统，并严格遵循此交易系统进行交易，不受其他任何外界因素干扰。

所以，任何一位想在金融证券市场取得成功的投资者，必须做的两件事是：

1. 找到适合自己的、被实战证实能长期稳定获利的交易系统。

2. 修炼自己的心态，严格按纪律执行，在大跌时不恐惧，在大涨时不贪婪，在方向不明时耐心等待，做到真正的知行合一。

能做到以上两点的投资者都是必然成功的。如果你没能长期稳定获利，那么你一定是在上述两点上存在问题或缺陷。

一套成熟的、适合自己的交易系统，是投资者纵横市场的剑；而冷静从容的心态和沉着稳健的心理素质，就是投资者抵御诱惑的盾。只有把剑和盾完美地结合起来，才能应对来自市场和人性的双重挑战，从而让投资决策真正做到理性和正确。

第一节 心法修炼——打造你的防御之盾

炒股就是炒心，套牢就是套心，骗线就是骗心。顶尖高手之间较量的是心态和境界，而不是具体的技巧。

金融证券市场大部分时候都是逆人性的，在你感到欢欣愉悦的时候，也许风险就要降临；在你感到绝望难受的时候，也许大机会就近在咫尺！

要想在这个市场上取得成功，投资者必须严格做到：在机会出现前，有无比的耐心等待；机会出现时，有超人的细心来辨别机会的真假和机会的大小；在确认机会降临后，临盘实战操作中有超乎常人的决心；出现错误时，有勇于改正错误、处罚自己的狠心；持股时，不会患得患失，内心安定。

俗话说，“财不入急门”“心急吃不了热豆腐”。不要有一夜暴富的想法，那只是一厢情愿的幻想！也不要有“赌”的想法，而是要保有平常心。若是急于求成，必定会被上下震荡不已、涨跌不定的市场弄得心慌神乱，更易落入一叶障目的境况，不知不觉间中了设局者的圈套，追涨杀跌，高买低卖，亏损日日加剧。如果能以平常心来对待，你就会看淡大盘的一时震荡、股价的一时涨跌，会更关注大盘和目标个股中长期变动趋势，顺势而为。

在残酷的投资市场中，无论你是资金规模不大的个人投资者还是资金庞大的机构投资者，无论你操作的资金是100万元还是10亿元，除了必须具备的扎实的交易知识和交易技术之外，还必须兼具从容冷静的心态和镇定稳健的心理素质，内外兼修，方能在血腥搏杀中生存下来，成为成功的狩猎者。

我认为，一位优秀的实战操盘手应该在实战操作中不断地磨练自己的技术，更要磨砺自己的心态和心境。第一，必须做到从容。第二，必须做到果断。第三，必须做到愉悦。

所谓从容，就是面对市场的涨涨跌跌，内心波澜不惊，从容面对。只要市场存在，就永远有机会，不必在乎一时一刻的得失成败。

所谓果断，就是一旦制订好操作策略和操作计划，那么，只要市场的走向符合判断和买卖逻辑，就要果断操作，该买的时候坚决买进，该卖的时候坚决卖出，绝不能迟疑犹豫。

所谓愉悦，就是要把交易当成生活的一部分和人生的一部分，无论输赢，都应保持快乐、自信、达观的心态。

投资市场是没有硝烟却残酷无情的战场，作为以交易为生的专业投资者，每天厮杀于其中，如果没有良好的心态和稳健的心理素质，那么必定会进退失据，处处被动挨打，被市场左右扇耳光——你刚刚买了，它就杀跌，你刚刚卖了，它就疯涨，然后在你的惊魂未定和困惑迟疑中，股价像一匹黑马扬鬃飞腾而去。如果你每天总是在这样的悔、急、贪、怕 、满的内心煎熬中挣扎，惶恐而又迷茫，那么怎能不屡战屡败呢？

投资市场是如此残酷，你的内心必须强大！

所以，请在实战中有意识地锤炼你的心吧，让你的操盘心态和操盘心境日益稳健和沉静。

一颗从容、果断、愉悦的心，才是一颗真正的操盘手的心。

一颗强大达观、澄明睿智的心，才是一颗真正的资本狩猎者的心。

第二节　交易系统——磨砺你的倚天利剑

> 复杂的事情简单做，你就是专家；简单的事情重复做，你就是行家；重复的事情用心做，你最终会是赢家。

股市里的生存之道，就是拥有一套个性化投资交易系统。它必须是一个在长期交易实战中得到验证的赢利模式、资金管理和投资理念的“铁三角”组合，这三者互为支撑，缺一不可。这也是本书的重心和灵魂。本书的目的就是用简单朴素的语言为投资者剖析这样一个最有效、最具实战性的交易系统的架构和组成，并最终帮助投资者建立起一套属于自己的成熟、高效的个性化交易系统。

要想在证券投资市场里成为一个真正的高手，就必须建立起适合自己的成熟、高成功率的交易系统。没有个性化的投资交易系统，你是绝对做不好交易的，因为你无法知道何时进，何时出；该买入多少仓位，该卖出多少仓位；什么时候是底，什么时候是顶；什么是洗盘，什么是出货。而一旦交易系统构建起来，你将会发现，无论什么行情，你都能从容自信地面对，以上问题都不复存在。

专业投资高手与业余投资者的本质区别就是：专业投资高手能够依据

自己的交易系统长期、持续、稳定地从市场中获取自己应得的利润，而业余投资者在牛市中也许能获利赚钱，但在其他市道中就会把在牛市中凭运气挣到的利润还给市场，甚至为自己的无知和浅视付出加倍的代价。

只有在充分学好、学精、练好、练精股市分析技术的基础上构建出个性化实战交易系统的投资者，才能在腥风血雨、残酷无情的股票市场上获利！平时多流汗，战时少流血，投资者应该努力的方向就是在实战中不断地总结和提高，把实战操作能力化为自己的本能，最终建立起一套无论在什么行情下都可以从容应对的操盘体系和交易系统。

专业化的实战交易系统是投资管理体系的核心内容。投资者的一切学习行为，其最终目的都应是为了改进、完善、建立属于自己的有个人风格的专业化实战交易系统，彻底把知识、能力转化为有效的战斗力。这属于投资管理体系的“硬件”范畴，也是投资成功的外家功夫。而专业的心理控制、专业的资金管理艺术则属于投资管理体系的“软件”范畴，也是投资成功的内家功夫。把这些内外功夫有效整合，最终就能达到专业的投资实战境界。而要想真正达到这一境界，需要投资者自己从人生、哲学、科学、品位、修养等这些最根本的环节去全方位锤炼和提高。

在投资中，资金管理的首要原则是：安全第一，获利第二。股市如战场，资金就是士兵，我们必须要爱兵如子，将资金进行最优科学配置！在这个原则的指导下，再根据不同的资金规模和市场状况进行不同的资金管理，大资金适当分散，小资金一定要集中。

资金（仓位）管理水平也是交易者成功的关键之所在。仓位的轻重必须合理。合理的标准是与大盘风险系数的变动一致。在中国证券市场上，绝大多数的个股其上涨或下跌走势是与大盘高度正相关的，根据大盘风险系数的大小来决定仓位高低，是我们应对市场不确定性的一个稳健选择。一个连大盘方向都看不清的人是绝对做不好投资的，那犹如“盲人骑瞎马，夜半临深池”。

在体量巨大的投资市场上，无人能对抗大势。我们的原则是：多头市场不做空，空头市场不做多；大多头市场重仓甚至满仓操作；大空头市场空仓，禁止操作；震荡市场控制仓位操作。

每一位参与这个投资市场的投资者，从参与这个市场的第一天起，就只有两种命运——成为猎人或者成为猎物。不要对这个市场抱有任何幻想，因为这是一个资本逐利的狩猎场，没有共赢，只有输赢，而你的心态、技法将直接决定你的最终结局。作为经历过几轮牛市和熊市仍旧存活下来的市场实战者，我见过无数的投资者，他们的最终结局都是以悲剧收场，黯然出局，或者永远地消失于资本江湖。他们是这个狩猎游戏中的失败者。

在充满高度风险的市场上，在这样一个适用丛林法则的环境之中，如果没有由成熟的操盘心态、稳健的赢利模式和自信的投资理念组成的投资交易系统，终将会被市场和对手无情淘汰。

在这样的资本狩猎场里生存和奋斗，你必须具有高超神准的“枪法”和自信稳健的强者心态，这是你生存下来的唯一依赖。若你被淘汰了，你不必怨恨苍天和命运；若你成功了，你应该感谢你自己，因为在这市场上，最终决定你生死的，只有你自己。

在彻底掌握专业化、规范化专业投资能力的前提下，投资者可以根据自己的个性特征，构建最适合自己个人风格的实战交易系统，从而使专业投资的科学性和个人操作风格的艺术性得到完美的统一。投资风格一般可以简单地分为激进型和保守型两种。投资者可以根据个人性格进行选取和定型。但要着重强调的是，投资者在没有筑好规范化、专业化实战技术功力的根基之前，个人风格不重要，也无从谈起，更没有境界！那些顶级的专业投资高手无时无刻不在强化、提高自己的专业意识、专业能力等内在素质。他们已把专业思想、专业训练融入自己的生命。在风云诡谲的实战中，因为多年的勤奋锤炼，他们甚至能够达到与目标个股的主控资金同呼吸、共命运、和谐共振的地步。真正的专业投资高手只要一坐到电脑前，心中的一切喜怒哀乐便全部抛到九霄云外，身心立即进入物我两忘、淡定从容的专业竞技状态。他们与自己的实战交易系统形成完整的一体，自然而然枪就是手，手就是枪，指向哪里就打到哪里，想打哪里就打哪里，真正彻底地达到了操作节奏与市场运动和谐一致、天人合一的极致境界。

当然，要达到这种完美的操盘境界，完美地做到知行合一，非经千锤百炼的实战无法具备！同时，这也绝对需要投资者具备一定的天分、悟性并付出常人无法想象的艰辛努力才行。有志于成为专业投资高手的朋友必须牢牢记住：只有通过高密度的适应性、常规性训练，才能形成超过常人的专业能力及交易本能。

证券市场凶险而无情。专业投资者首先要生存，然后才能谈论发展。保存实力，活下来，不被市场淘汰，是投资生涯中第一位的。市场永恒地波动着，机会无数，但是投资者首先要活着，才有可能把握到机会。因此，生存第一、获利第二是专业投资的根本原则。正所谓“避险获利”，避险在前，获利其后。市场上从来不缺少获利的机会，但不是每个人都具备获利的专业本领。专业投资者一定要通过认真、具体、刻苦、细致的学习，全面掌握与股市有关的一切专业能力，并静下心来苦心孤诣，先彻底精通一招半式，以此形成核心实战操作能力！这种专业而非业余操作能力的具备，直接关系着我们实战操作的成败。

在具体的实战操作中，严禁多路出击、精力分散。在每一次实战的时候，我们必须集中全力，牛刀杀鸡，确保一招制敌，争取每战必胜。

实战最高的境界是“无招胜有招，不变应万变”。但是，那些没有经历过残酷的专业训练，不具备专业战法的基本功力，动辄就高谈“无招胜有招”者，只不过是些眼高手低、刚愎自大之人。万丈高楼平地起，一分耕耘，一分收获。投资者切忌在技术不过硬、资金管理不到位的时候就去妄谈“无招胜有招”的境界。脚踏实地、勤奋苦练才能使你真正走向成功。

在证券市场中，唯一不会变的就是“市场一直在变化”。投资者在实战操作中，面对市场的万千变化，要能以不变应万变，任它风云变幻，我自岿然不动。所谓不变，指的是交易系统的原则不变、铁血操作纪律不变、专业能力锤炼的要求不变。实战操作中，只有那些满足我们实战交易技术系统条件的机会我们才去捕捉。我们只做自己有把握的事情，只赚属于自己交易系统的钱。坚持自己的原则，成功便属于你，若是放弃自己的原则，成功也就离你而去。

一个投资者应掌握的基本功包括：趋势、形态、K线、量能、均线、MACD和分时盘口。这是技术分析的七种武器。

但无论是趋势还是K线，无论是量能还是均线，无论是MACD还是形态，说到底，都是技术分析最根本、最朴素的组成构件，而只有真正融会贯通各种技术分析方法并组合起来，化为自己决策判断时的一种本能反应，并且把这种本能反应总结概括之后逻辑化和系统化，才能最终形成属于我们自己的独立有效的交易系统和赢利模式。

构建出属于我们自己的交易系统和赢利模式，这是我们成功的第一步。在实战操作中，要恪守交易系统并严格执行——买入信号一旦出现，就坚决买入；卖出信号一旦出现，就坚决卖出；买卖信号没有出现，就耐心等待。

高效、成熟的个性化交易系统是资本剑客战无不胜的利剑。在实战中不断完善和优化你的交易系统，让它真正成为你用来猎杀利润的倚天利剑。请在实战中锲而不舍地磨砺你的剑吧，把你的交易技术和交易理念打造得成熟而完美。

杰出的资本狩猎者的真正伟大之处就是，他们很早的时候就认识到了“大道至简”的投资真谛，然后几十年如一日地重复一个简单有效的投资模式。他们总是坚定不移地执行交易系统，严格按照操作纪律展开临盘实战操作。他们绝对不把投资的成功寄托在自己无法控制的诸如消息或政策等原因之上。他们深深地懂得，既然自己不能控制市场和他人，那么就必须要能控制住自己。他们永远在和人性弱点战斗，并力图使自己与市场或主力保持和谐，而不是狂妄地想对抗市场和战胜主力。

第三节　如何建立适合自己的交易系统

投资者要根据自己对市场的理解、投资取向、个人阅历、性格特点、心理承受能力及对热点的把握能力和实盘中的分析判断能力来构建交易系统。先给交易系统定量，拟出操作计划，再完善和改正操作细节。完善交易系统需要较长的时间，而且是一个相当复杂的过程。

建立属于自己的个性化交易系统一般要考虑以下几点：

1. 计划性。创建交易系统一个重要的原则就是要有计划和预案。首先，要对当下的行情（包括大盘指数、板块及个股的走势情况等）有一个准确的认识。从大盘指数到板块再到个股，这是一个兼顾了全局的一般性思考模式，但在特殊情况下抛开大盘做个股，也是一种选择。其次，对将来可能会发生的事情要有应对的策略。凡事预则立，不预则废。市场上永远不变的是变化，而应对变化最好的策略就是按既定的计划“以不变应万变”。这应是一套自己可操作的计划，而能实现这一计划的前提是你手中要有可供调遣的兵力（资金）。

遗憾的是，在实战中很少有人能够坚定地执行自己事先拟定好的计划，而后果就是，当行情往与自己的意愿相反的方向变化时，他们便陷入慌乱，不知所措。这个市场中的大部分投资者都喜欢凭直觉进行交易，而不是按计划进行交易，这与资金的大小无关，而关乎投资者本人对投资的认识和态度。

请计划你的交易，交易你的计划！

2. 简单性。交易系统的建立应力求思维过程的简单。操作思路应尽量简单，越是简单的操作思维和方法，实战效果就越好。天道酬勤，而股道至简，我们只需重复一项正确的操作，就能在这个市场长期生存，永续获利。

3. 定量性。操作思路一定要“量化”，给自己一个明确的操作理由。操作分析和操作策略基本上都要求有数学量化的概念在里边：价格点位是空间的量化，日线、周线是时间的量化，点位/小时是速度的量化。量化的基础是数字，数字具备唯一值，拥有唯一值作为参考对象，操作思路才会清晰，才能把模糊的操作概念定在一个点上。

当你的交易系统中有了量化的概念，并满足简单原则、计划性原则，你就会发觉，原来交易可以如此简单。

4. 开放性。如果你在市场中总是亏损，那么肯定是你的交易系统存在不足之处，因此你建立的交易系统应该是开放的，你需要不断地修正和完善自己的交易系统。我们不能因为某次特殊的情况或偶然的一次失误就轻易否定一个模式和系统，但也不能墨守成规死抱着错误不放。不“坚定”就不能产生“正确”，但不“正确”的话，“坚定”也就没有了意义。构建交易系统必须要有一个科学理性的客观标准，必须要坚持实事求是的思想和方法。

5. 接受不完美，容忍一定程度的亏损。我们要容忍一定程度的亏损，要理智地承认和接受“亏损是交易行为必须付出的一部分试错成本”这一事实。世界上没有成功率100%的交易系统。不要奢望按照交易系统去执行的每一笔交易都赚钱，只要获利的概率高，亏损的概率低，这样的交易系统就能够接受。

投资者要能够意识到，即使自己一直跟随交易系统，出现部分损失仍然是不可避免的，并且能够坦然接受这部分损失，不会因此而怀疑趋势和交易系统的正确性。这部分损失纯粹是概率使然，是正常交易的一部分，并非错误所致。错误，乃是指违背交易原则和策略。

6. 千锤百炼。在从感性的直觉性交易转变到依靠交易系统理性交易的过程中，投资者通常会遇到这样或者那样的意想不到的困难与问题。我们必须在千锤百炼的实战中反复检验和修正属于我们自己的盈利模式和操作系统，并使之不断完善优化，而这也是我们去往交易圣殿的必由之路！

第二章
好风频借力，送我上青云
中国中车（601766）的实战

中国中车是2015年上半年的大牛股之一。在那轮短暂的牛市中，中国中车从5元左右启动，最高涨到近40元，在半年多的时间内涨了接近8倍，从而成为那波快牛行情中的明星股之一。中国中车是体量较大的蓝筹股，这个体量巨大的巨无霸何以能够有如此亮眼的表现？我们下面就中国中车的实战作一个全面的分析与回顾。

第一节 题材剖析

中国中车的主营业务是铁路机车、客车、货车、动车组、城轨地铁车辆及重要零部件的研发、制造、销售、修理和租赁，以及轨道交通装备专有技术延伸产业。2015年3月6日，经国务院同意，国务院国资委批准，中国南车股份有限公司、中国北车股份有限公司按照对等原则合并组建成新的上市公司，即号称“中国神车”的中国中车。中国中车属于央企，是中国铁路机车制造行业最主要的代表，代表中国在全球铁路市场参与竞争。这一合并使得中国两大铁路机车制造商避免了不必要的内耗，在全球铁路市场的竞争力大大提高。因为合并重组这一重大利好，中国中车的股价令人充满想象。

第二节 技术剖析

1. 趋势分析

中国南车2014年10月24日停牌，12月31日复牌，复牌之后股票名变更为中国中车，代码变更为601766。受到南北车合并的重大利好消息刺激，股价连续拉升，短时间内从5元左右拉升到14元左右，之后开始了窄幅箱体震荡，成交量也不断萎缩。大趋势震荡向上无疑。（图2－1）

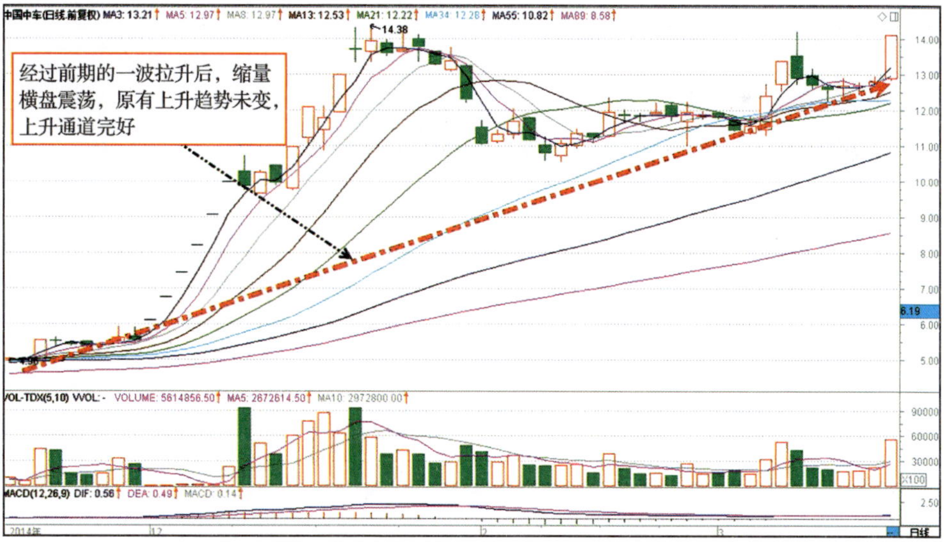

图2－1

2. K线组合分析

2015年3月18日，一根放量的涨停大阳线拔地而起，与2015年3月6日以来的多根K线形成变异的“多方炮”K线组合。3月6日的大阳线出现后，股价连续窄幅调整了6天，调整期间，成交量不断萎缩。3月18日这根放量的涨停大阳线的出现，意味着中国中车升势再起。(图2－2)

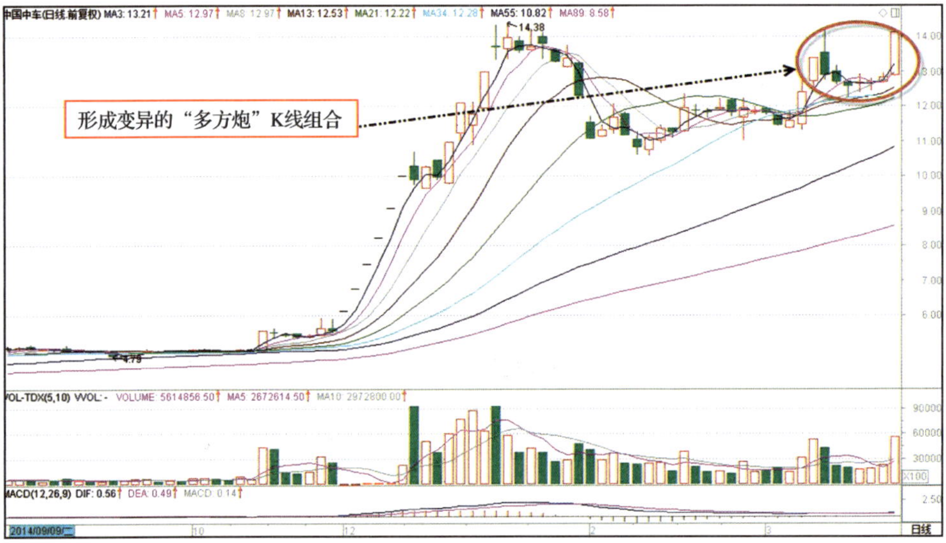

图2－2

3. 成交量

第一波拉升时，价涨量增，横盘震荡期间，成交量不断萎缩，呈现出规则性缩量的趋势，表明筹码锁定良好，并没有太多筹码暗地里出逃。2015年3月18日股价涨停，量能也放大到前期拉升阶段的量能水平，意味着主力已投入了大量的真金白银，拉升意图坚决。(图2－3)

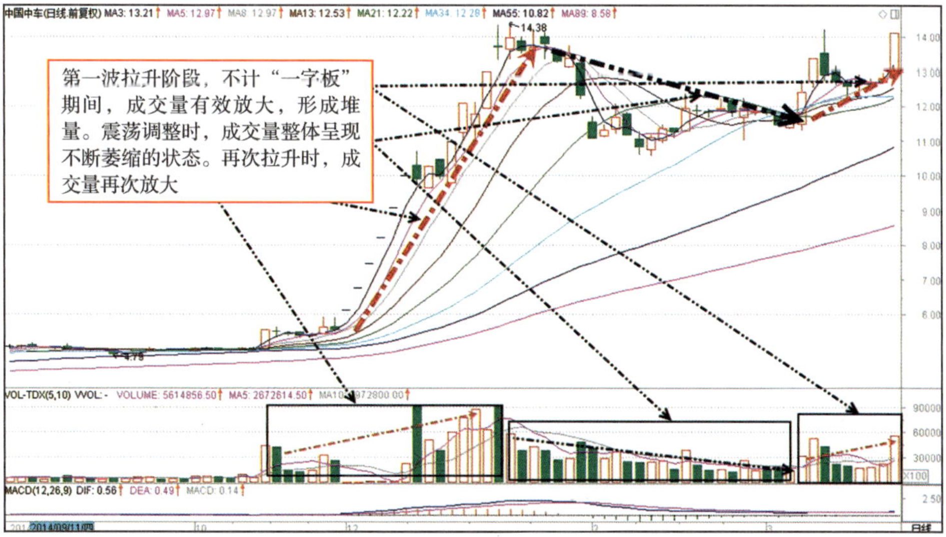

图 2－3

4. 均线

随着股价的震荡调整，均线系统由多头排列逐渐转变为短期均线收紧黏合而中长期均线在下面的形态。2015 年 3 月 5 日的大阳线出现后，短期均线系统开始慢慢向上发散，到 3 月 18 日，又形成了多头排列的均线形态。(图 2－4)

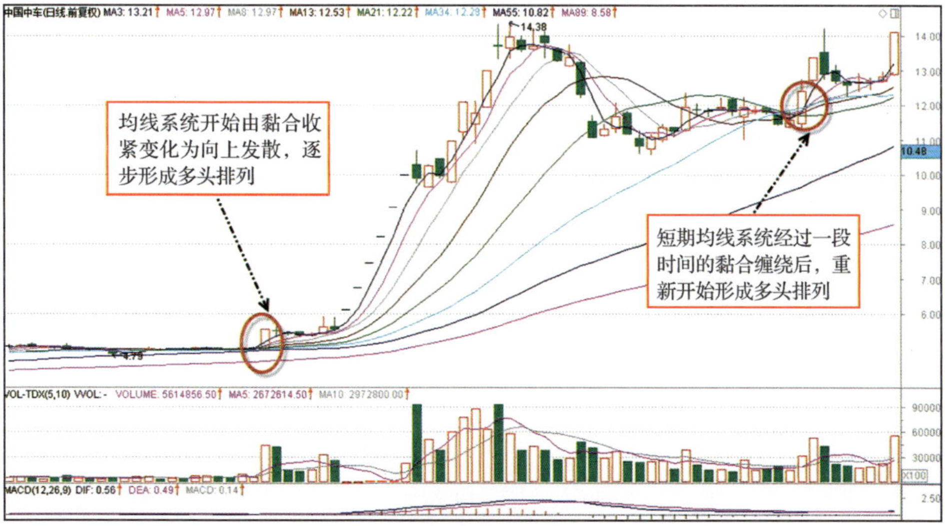

图 2－4

5. MACD 指标

随着股价的震荡调整，MACD 指标于 2015 年 1 月 30 日在零轴上方的相对高位形成死叉。3 月 6 日，MACD 指标在零轴上方有金叉的迹象。随后几天，DIF 和 DEA 黏合在一起。3 月 18 日，MACD 终于有效金叉，红柱也开始变长。（图 2 –5）

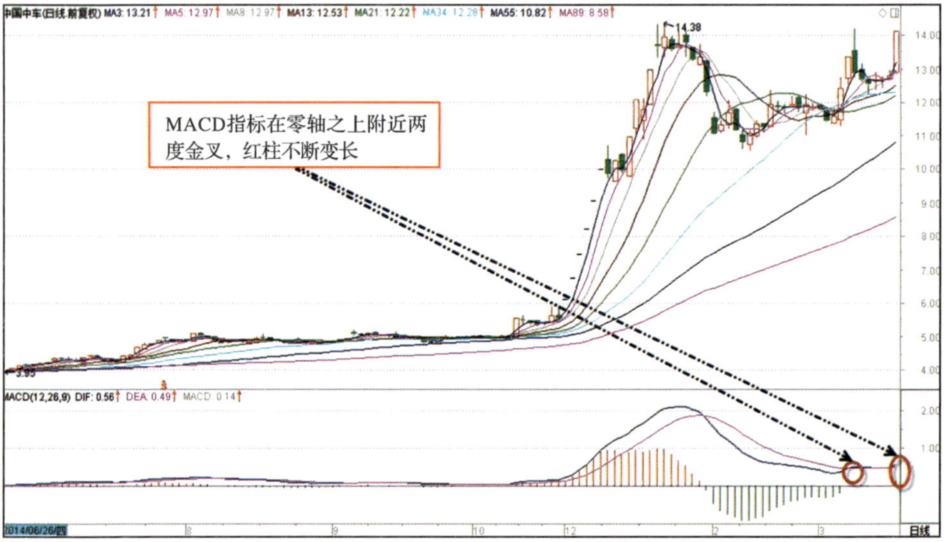

图 2 –5

第三节　基本面剖析

中国中车属于大蓝筹，市值庞大，业绩非常好。2014 年底的蓝筹股行情是“国家队”的庞大资金在推动，对于市值太小的股票，“国家队”反而不好出手持有，因此中国中车的盘子于“国家队”而言是合适的。第二波启动时，中国中车股价仅有 14 元左右，就当时比较火热的市场环境来说，这个价格仍然处于相对比较低的水平。

第四节　主力运作剖析

主力大资金用了很长的时间在一个比较大的箱体范围内反复洗盘建仓。2014 年 10 月 16 日，主力强势拉升股价至涨停。之后，股价窄幅震荡了几天。2014 年 10 月 24 日，因为重组，该股开始停牌。2014 年 12 月 31 日该股复牌，从这天开始，第一波快速拉升出现，股价短时间内从 5 元左右直冲至 14 元左右。因为短时间内涨幅巨大，跟风盘获利丰厚，因此主力又开始进行震荡洗盘。洗盘期间，成交量不断萎缩。洗盘持续了近两个月时间。达到洗盘效果后，主力于 2015 年 3 月 18 日再次以放量涨停板的方式开始了第二波强力拉升。（图 2－6）

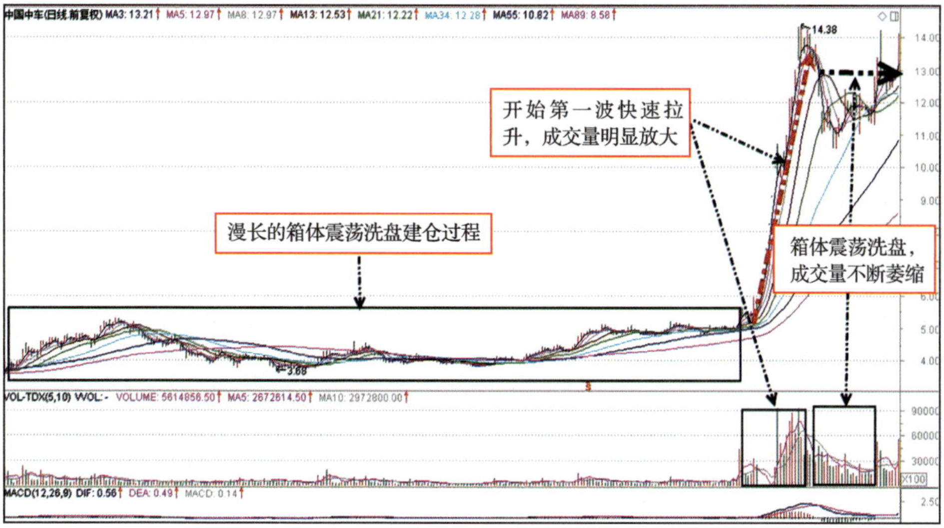

图 2－6

第五节　大盘背景和板块背景

当时，A 股市场正值牛市，中国中车所在的上证指数正处于加速上升阶段，市场氛围火热，暂时还看不到见顶调整的迹象。“铁路基建”板块指数也是处于标准的上升通道中，趋势完好。良好的大盘指数与板块指数走势为主力的第二次快速拉升提供了非常有利的环境和时机。（图 2－7、图 2－8）

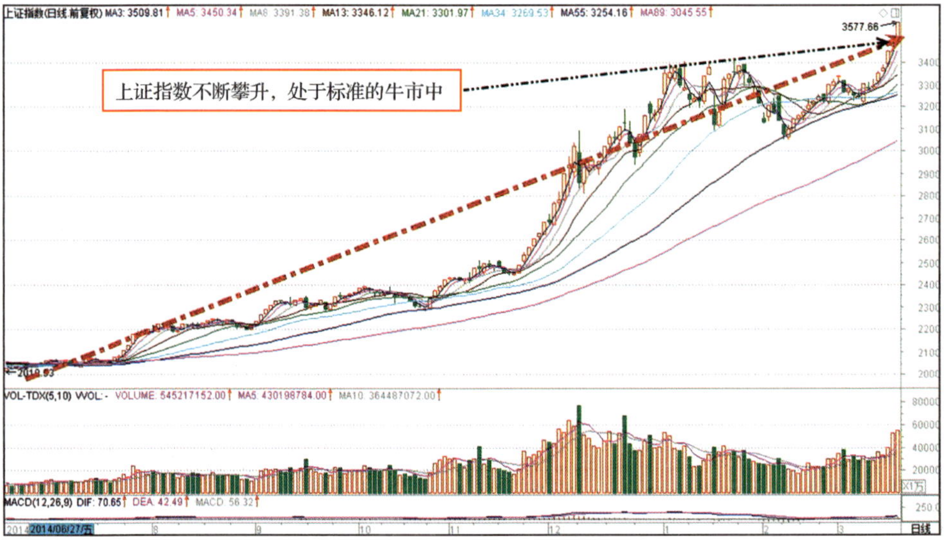

图 2－7

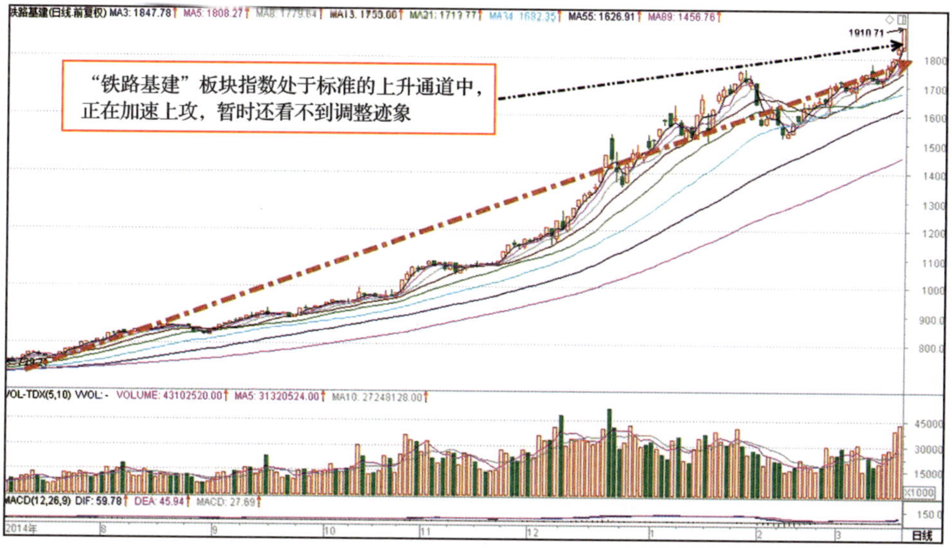

图 2－8

第六节　实战攻略

通过对大盘环境、板块指数态势（“天时”）、题材、位置、基本面（“地利”）、技术分析、主力如何运作设局（“人和”）进行多维度的分析，我们判定中国中车“天时”“地利”“人和”三者皆具备，极有可能会再有一波拉升，而 2015 年 3 月 18 号的涨停就是启动信号。

2015 年 3 月 19 日，该股平开，小幅震荡后，于 10：00 左右开始拉升，盘中最高涨幅有近 9 个点，但尾盘有所回落。当日 10：00 之前，我们有充足的时间进场布局。（图 2－9）

图 2－9

随后，该股又缩量小幅震荡整固了几个交易日。（图 2－10）

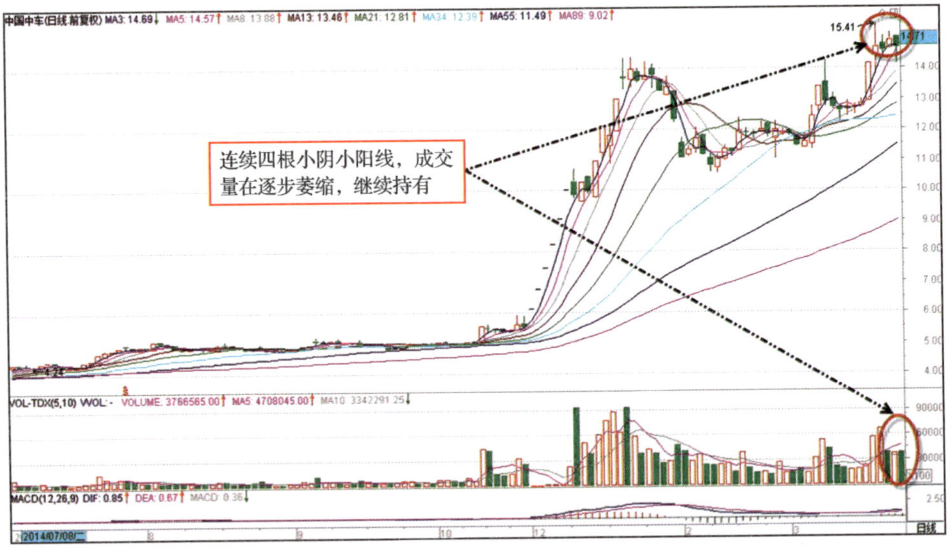

图 2－10

2015 年 3 月 25 日，该股再次放量拉升。2015 年 4 月 9 日，该股以涨停价开盘，但是盘中涨停板被打开，多空双方激烈博弈。临近收盘，多方再次发力，股价顽强地封住涨停板。当日成交量巨大，成交金额超过 150 亿元，换手率也接近 6%。如此巨大的成交量，说明多空双方分歧巨大。（图 2－11）

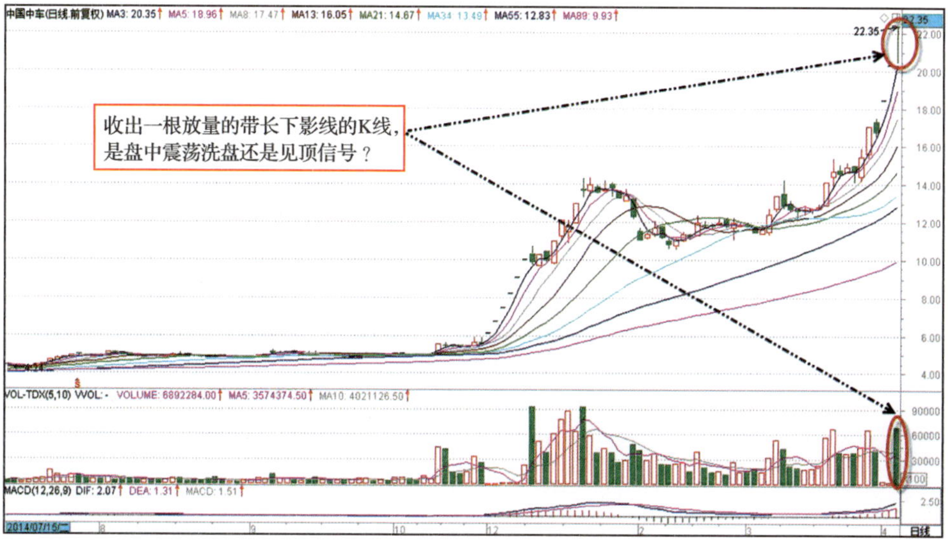

图 2－11

观察 2015 年 4 月 9 日的分时图可以看到，当日 10：40 左右，大量抛盘涌出，股价短时间内大幅下挫。在涨停板被打开近 2 个小时后，尾盘股价重回涨停。巨大的成交量表明筹码被充分地换手。是中途换手洗盘，还是超级大主力开始撤退了？看看接下来几个交易日的走势再下定论。（图 2－12）

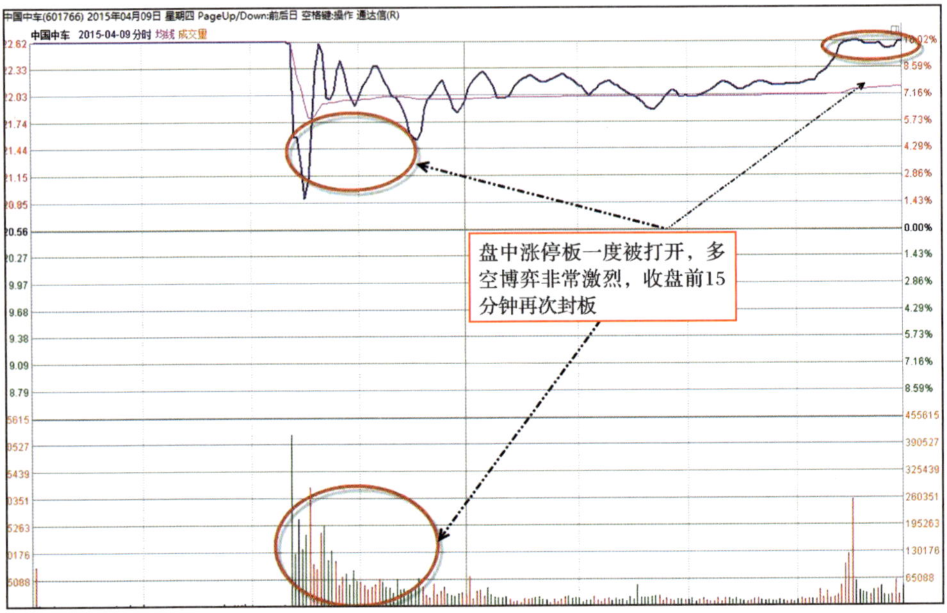

图 2－12

接下来的一个交易日，即 2015 年 4 月 10 日，该股小幅缩量震荡。仅仅震荡调整了一天，该股便又开始猛烈上攻，连续拉了 5 个涨停板，股价走势犹如行云流水，一气呵成。2015 年 4 月 20 日，该股延续了前一个交易日“一字板”的势头，大幅高开，但在盘中短暂上攻后，就开始不断回落，收盘收出大阴线，与前一 K 线构成了“乌云盖顶”的死亡 K 线组合，而且当日成交量放出了巨量，成交金额超过 300 亿元。在相对比较高的位置出现这样的信号，表明主力开始战略性地撤退，在高位派发获利筹码。(图 2－13)

既然主力在撤退，我们当然也跟着撤，绝不能在高位给主力站岗放哨。

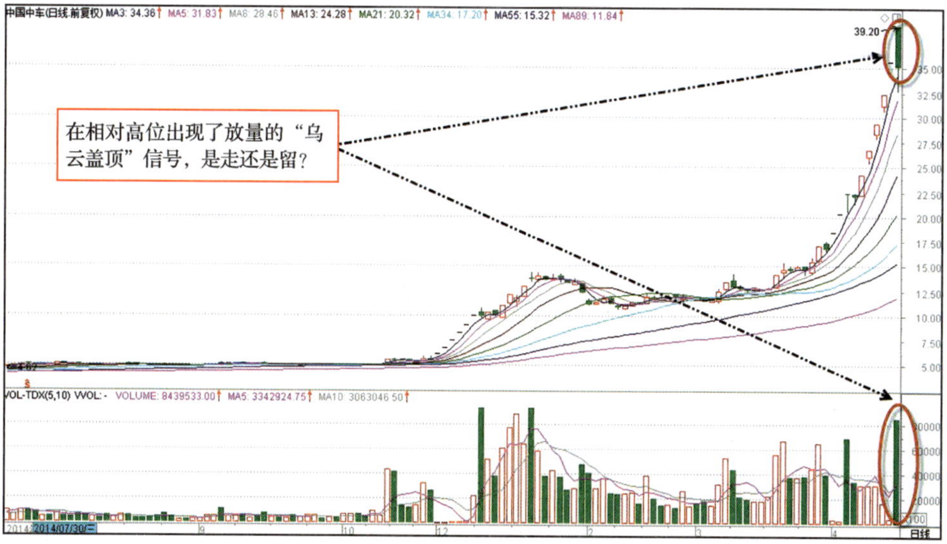

图 2－13

2015 年 4 月 21 日，该股大幅低开并低走，形成一根大阴线，投资者应当机立断彻底出局离场，不再有任何的留恋。（图 2－14）

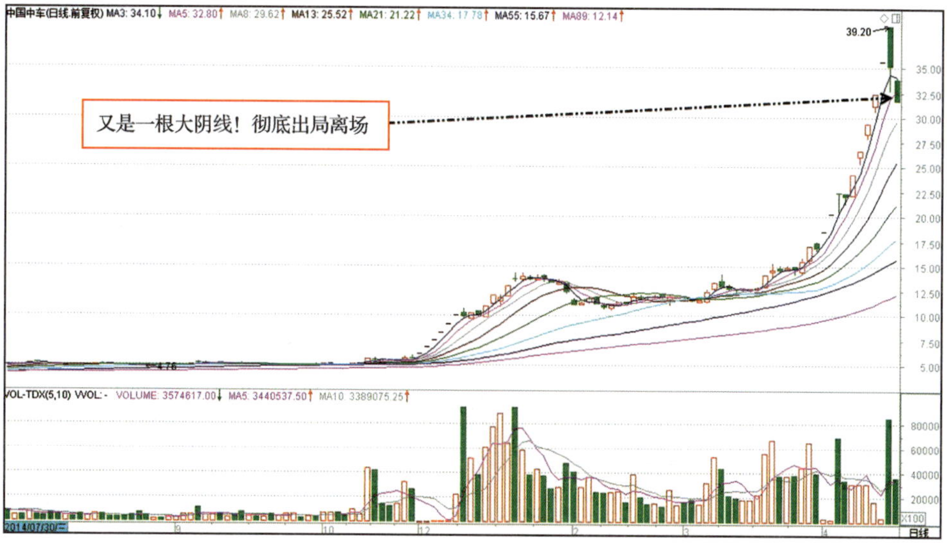

图 2－14

股价在高位震荡几天后，2015 年 4 月 28 日，“黄昏之星”死亡 K 线组

合出现，彻底断掉了多头的幻想。（图 2－15）

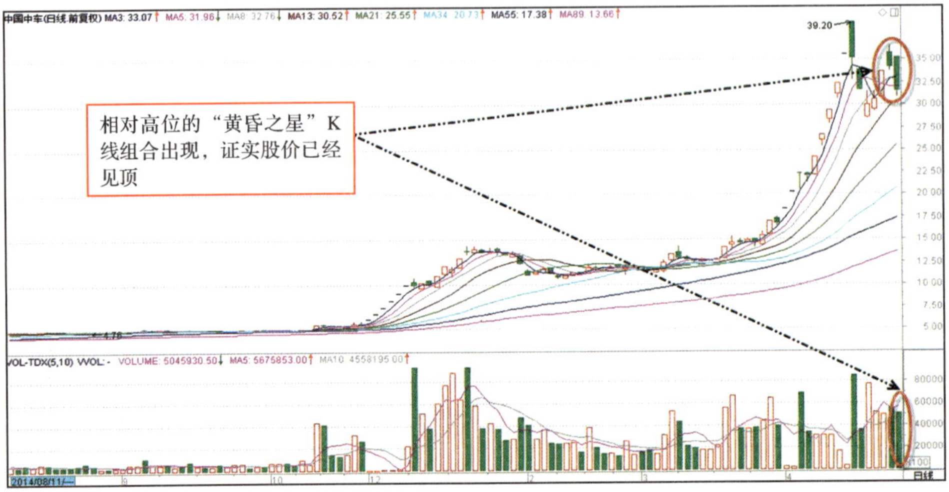

图 2－15

2015 年 6 月 9 日，一根高开低走的巨大阴线出现，同时斩断多根黏合收紧且方向向下的短期均线，形成了恐怖的“断头铡刀”K 线组合。当日的成交量也放出有史以来的天量，成交金额达到了惊人的近 500 亿元。天量见天价，此后，该股开始了漫长而惨烈的下跌。（图 2－16）

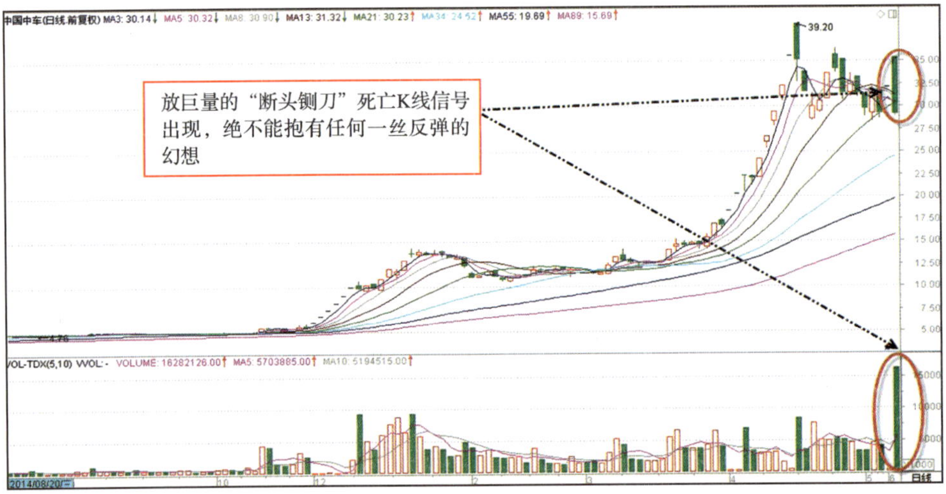

图 2－16

该股在高位多次出现看空的死亡K线组合，最终自2015年6月9日发出“断头铡刀”的最后逃顶信号后，股价就一路狂跌，从30元左右下跌到不足10元，短时间内有近70%的跌幅，真是“其兴也勃焉，其亡也忽焉”！（图2－17）

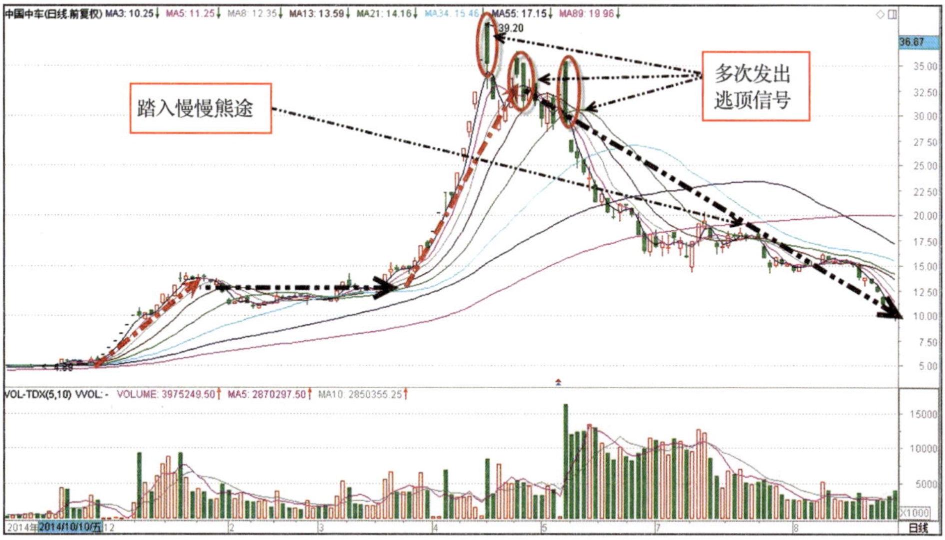

图2－17

第三章

大鹏一日同风起，扶摇直上九万里

西部建设（002302）的实战

西部建设是2017年上半年度的大牛股之一，为当时“一带一路”概念（新疆板块）的龙头股。西部建设的股价从2017年1月的8元左右启动，到2017年5月上旬最高曾经达到26元多，不到四个月的时间里股价就涨了三倍，令市场为之侧目。

第一节 题材剖析

西部建设是以建工集团作为主发起人，联合八一钢铁、天山股份、公众信息、新水股份、新疆建科院等五家发起人，共同发起设立的股份有限公司。公司主营业务是预拌混凝土的生产和销售。2017年初，新疆地方政府推出了庞大的投资计划，全年投资额高达1.5万亿元，而且相当部分资金投向基建项目，这对新疆本地唯一的以混凝土为主业的上市公司西部建设来说，无疑是巨大的利好，其业绩也因此充满了想象空间。与此同时，新疆处于“一带一路”路线图中的重要节点，这一远景计划对新疆本地上市公司来说，也是一个长期的利多因素。

第二节 技术剖析

1. 趋势分析

经过一段较长时间的箱体震荡后，随着新疆地方政府推出重磅投资计划，该股于2017年1月10日开始启动，有效地突破了原来的箱体。随后股价不断地攀升，趋势明显向上。股价在向上发展的过程中，夹杂着小幅的调整。(图3－1)

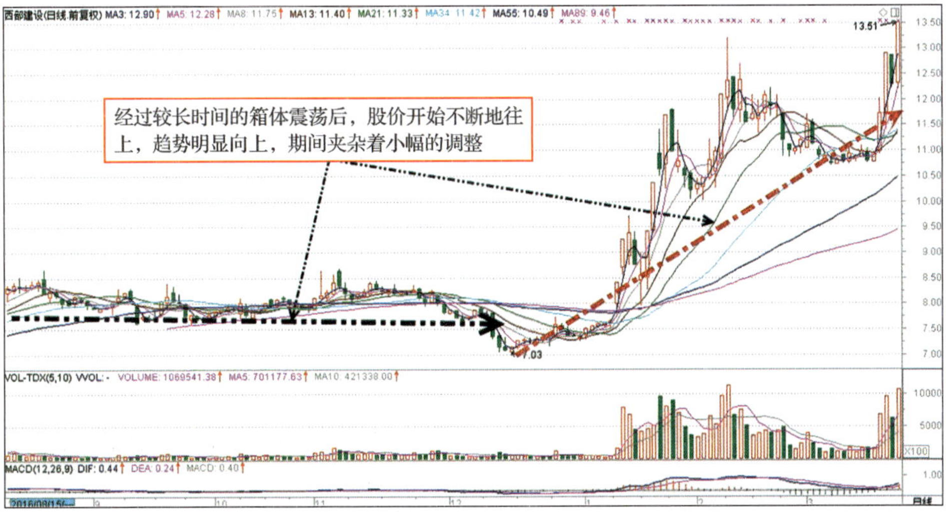

图 3－1

2. K 线组合分析

2017 年 3 月 20 日至 22 日，该股 K 线图上出现“多方炮”K 线组合，是典型的看涨信号。同时，股价有效地突破了左侧的高点阻力位。结合 K 线所处的位置和周 K 线进行综合分析，我们基本可以判定此处是第二波拉升的起点，可以进场大举做多。（图 3－2）

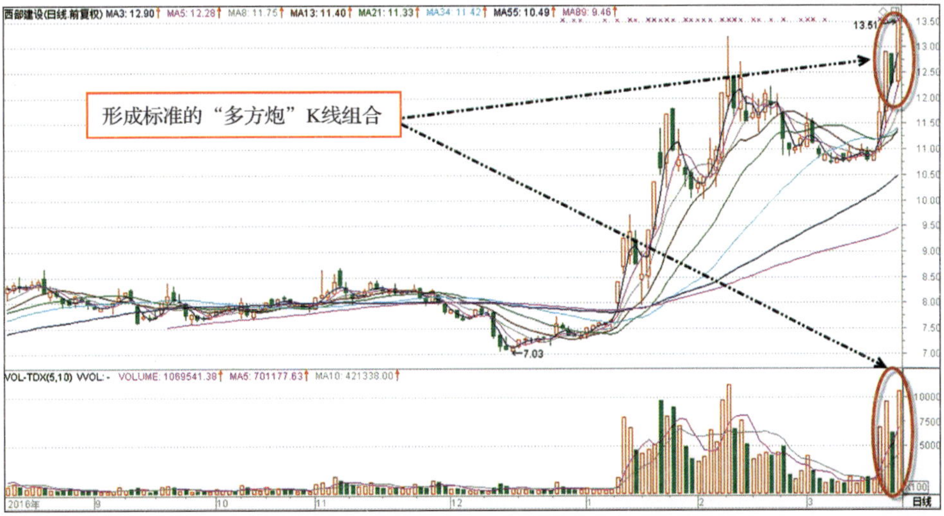

图 3－2

3. 成交量

在第一波拉升过程中，成交量明显放大。随后的调整过程中，成交量不断萎缩，最后萎缩到只有前期放量阶段量能水平的25%左右。再次拉升时候，成交量放大到第一次拉升时的量能水平，价涨量增，量价关系非常健康合理。(图3－3)

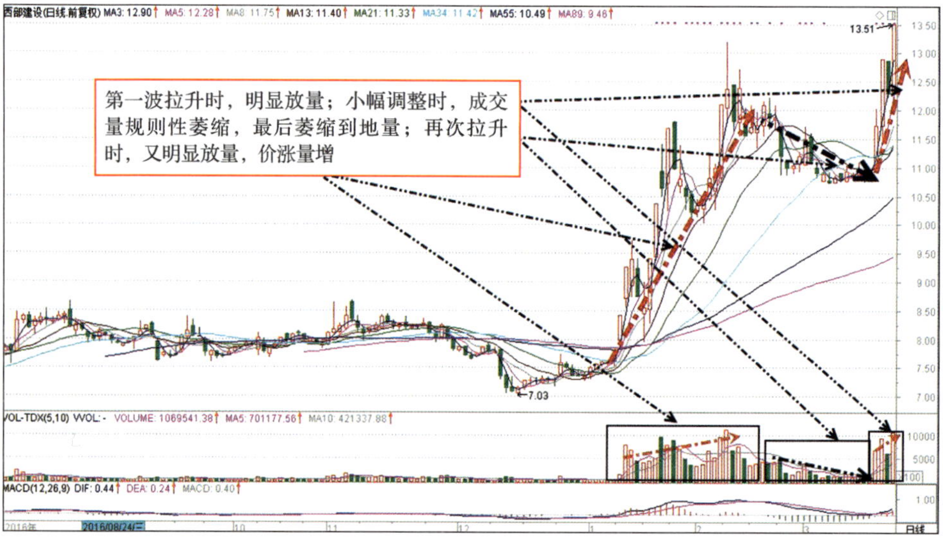

图3－3

4. 均线

均线经过较长周期的收紧缠绕后，于2017年1月上旬形成了“银山谷”，随后又在2017年3月中旬股价第二次启动时形成了“金山谷”。很显然，“金山谷”出现的地方，就是一个最佳的进场点。(图3－4)

［关于“银山谷”“金山谷”等均线的形态详情，参见本书姊妹篇《私募的力量之倚天利剑(技术与心态篇)》。］

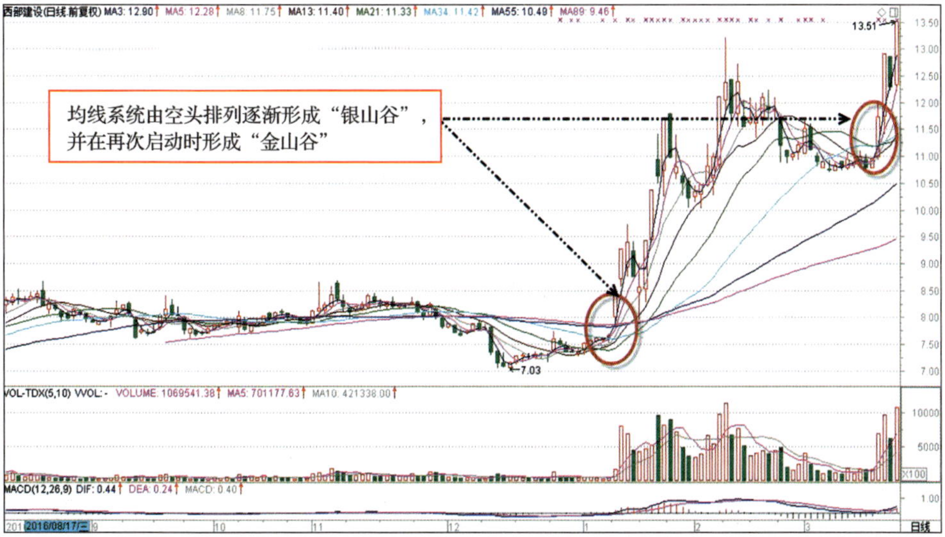

图 3 –4

5. MACD 指标

MACD 指标于 2016 年 12 月底在零轴之下形成第一次金叉，接着于 2017 年 3 月 20 日在零轴之上形成金叉，随后红柱不断地加长，并且一直在零轴上方强势区域运行。3 月 20 日的第二次金叉，我们称之为“零上金叉二次红”。这一指标形态出现之处，往往是比较好的狙击点。(图 3 –5)

［关于 MACD“零上金叉二次红”的详解，参见本书姊妹篇《私募的力量之倚天利剑（技术与心态篇)》。］

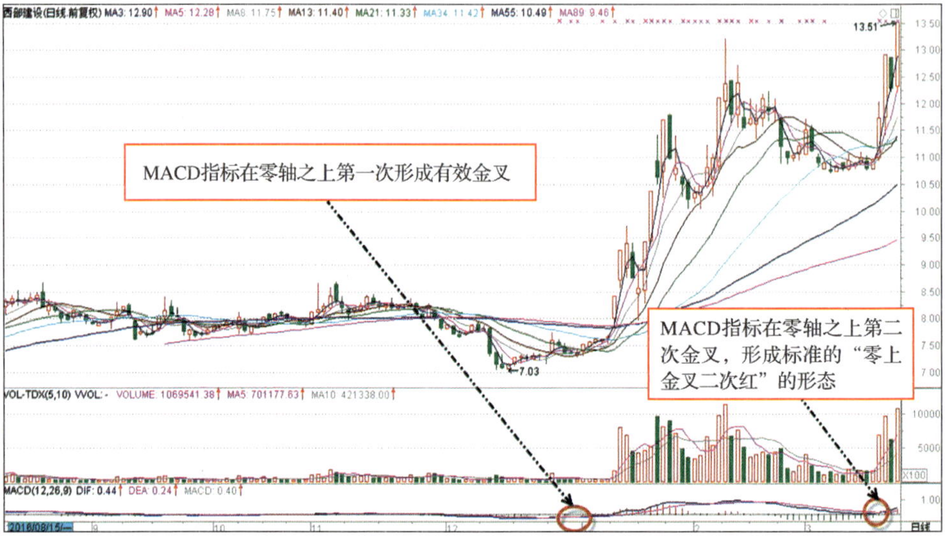

图 3－5

第三节　基本面剖析

西部建设于 2009 年 11 月 3 日在深圳中小板上市，公司总股本 10. 3 亿股。第一波拉升启动时股价在 8 元左右，第二波拉升启动时股价也仅在 12 元左右。西部建设总的流通市值适中，股价比较低，适合中等规模的资金主力进场运作。因为新疆地区巨大的基建投入，市场预计该公司 2017 年业绩会有巨大的增长。

第四节　主力运作剖析

2017 年初，新疆地方政府推出重磅投资计划，中线主力随即于 2017 年 1 月上旬开始采用快速拉高股价的方式建仓，短时间内就把股价拉升了近 50%。在此期间，成交量不断放大，换手充分。主力资金在近一个月的时间里快速吸筹建仓，之后却并不急于拉抬股价，而是开始了长达一个月的窄幅震荡洗盘。洗盘到最后，股价波动幅度越来越小，换手率也越来越低，成交量水平仅为前期成交量水平的 25% 左右。充分洗盘后，主力资金于 2017 年 3 月 17 日开始正式拉升股价。15 个交易日内，股价被从 12 元左右拉升到 24 元左右，不到一个月时间便成功翻倍。（图 3－6）

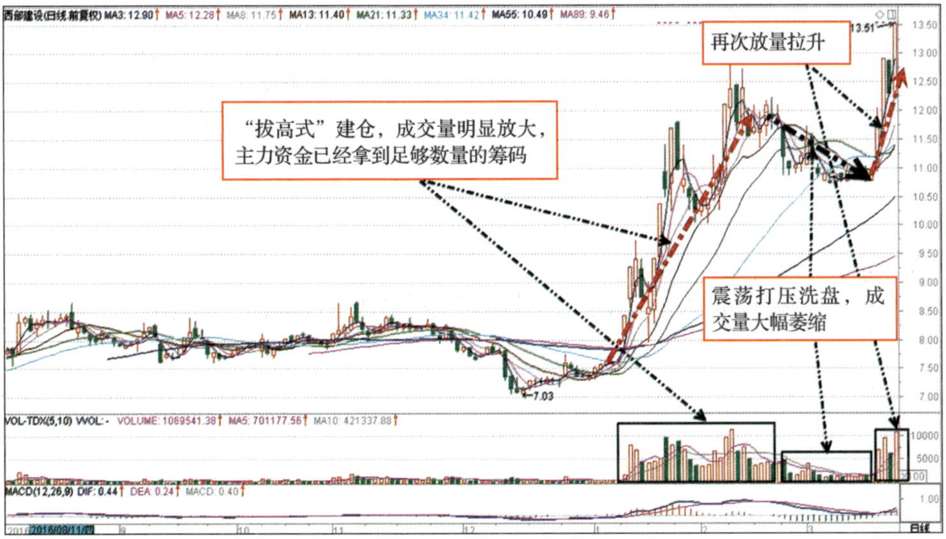

图 3－6

第五节　大盘背景和板块背景

西部建设所在的中小板指数在一个相对比较大的空间内做箱体震荡，当时已经反弹了一段时间，指数从箱体的下沿上升至箱体的中上部，而且可看出反弹的趋势还在延续。当时的“一带一路”和“新疆地区”板块指数处于标准的上升通道中。这样的指数环境，为西部建设的主力快速拉升股价创造了非常好的“天时”条件。（图3－7、图3－8、图3－9）

图3－7

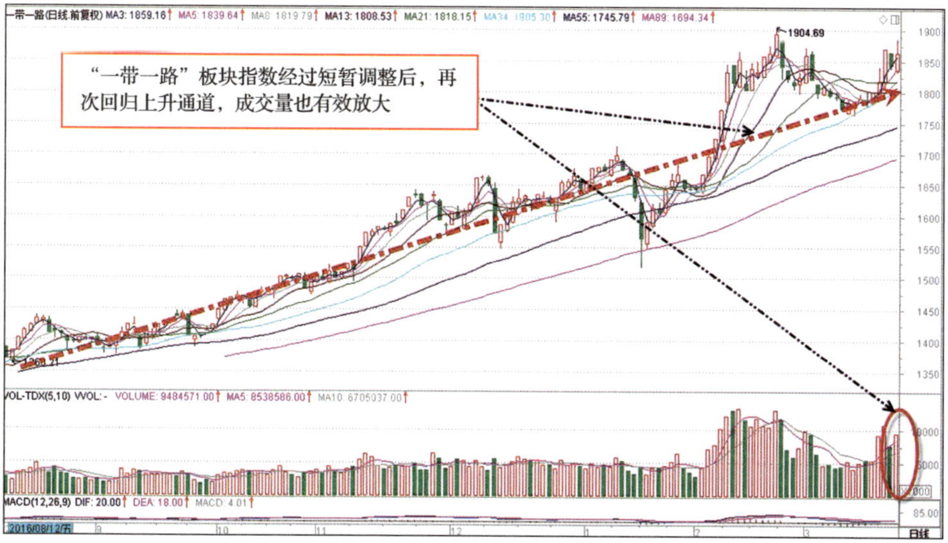

一带一路(日线,前复权) MA3: 1859.16 MA5: 1839.64 MA8: 1819.79 MA13: 1808.53 MA21: 1818.15 MA34: 1805.30 MA55: 1745.79 MA89: 1694.34
1904.69
“一带一路”板块指数经过短暂调整后，再次回归上升通道，成交量也有效放大
VOL-TDX(5,10) VVOL: - VOLUME: 9484571.00 MA5: 8538586.00 MA10: 6705037.00
MACD(12,26,9) DIF: 20.00 DEA: 18.00 MACD: 4.01
2016/08/12/五
日线

图 3－8

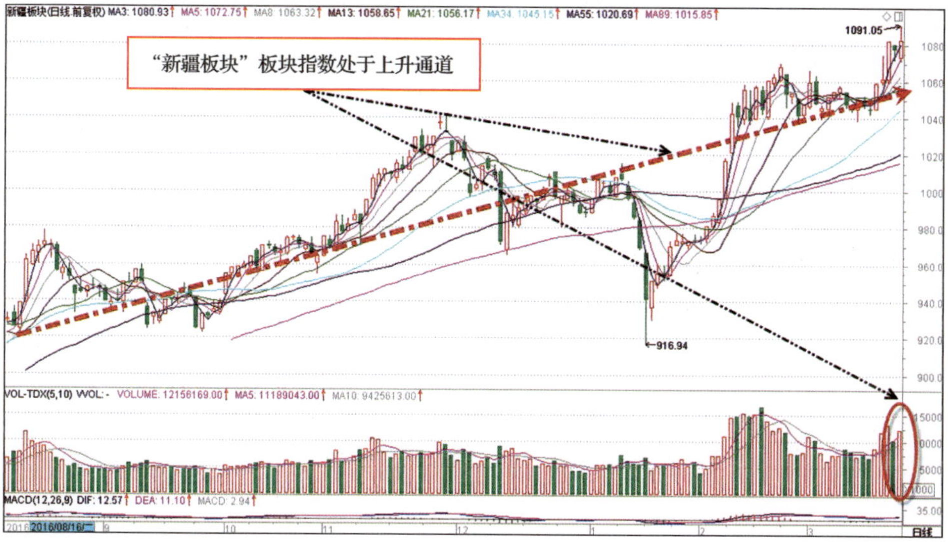

新疆板块(日线,前复权) MA3: 1080.93 MA5: 1072.75 MA8: 1063.32 MA13: 1058.65 MA21: 1056.17 MA34: 1045.15 MA55: 1020.69 MA89: 1015.85
1091.05
“新疆板块”板块指数处于上升通道
916.94
VOL-TDX(5,10) VVOL: - VOLUME: 12156169.00 MA5: 11189043.00 MA10: 9425613.00
MACD(12,26,9) DIF: 12.57 DEA: 11.10 MACD: 2.94
2016/08/16/二
日线

图 3－9

第六节　实战攻略

通过以上多维度的分析，我们判定西部建设的第二波拉升已经是箭在弦上，运作该股票的主力在拿到了足够多的筹码后，将利用大盘相对安全的有利时机快速把股价推升到目标位。2017 年 3 月 17 日放量拉升后的几个交易日，都是进场时机。

2017 年 3 月 23 日，该股小幅低开后随即开始拉升，11：15 左右快速封板。下午涨停板被短暂打开，是典型的“开闸放水”动作。当日上午，我们有充足的时间进场低吸。（图 3－10）

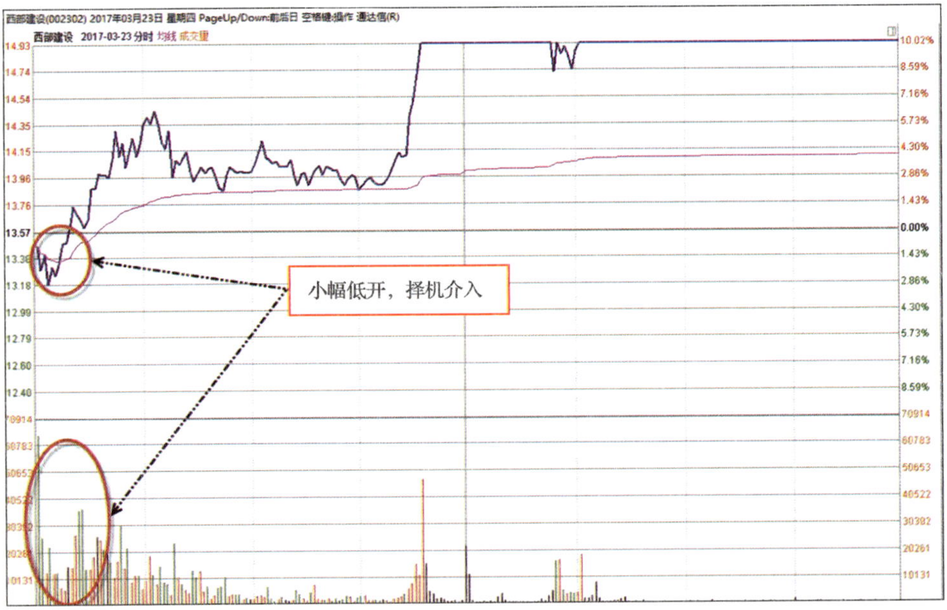

图 3－10

连续几根大阳线快速拉抬股价后，2017 年 3 月 30 日，该股收出了一根带长上影线的 K 线。是股价要见顶了吗？没有明显的见顶信号，我们继续

持股，再观察几天。（图 3－11）

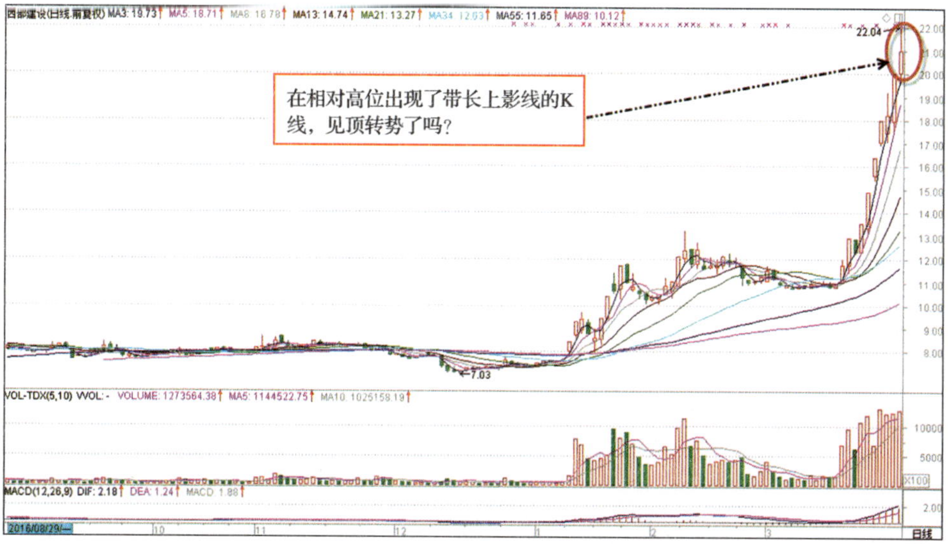

图 3－11

2017 年 4 月 12 日，收盘后该股 K 线图上出现了“倾盆大雨”K 线组合。虽然成交量没有放大，但在股价已经处于相对高位的情况下，出现这样的看跌信号，我们还是谨慎操作，减仓一半，剩余仓位继续持有。（图 3－12）

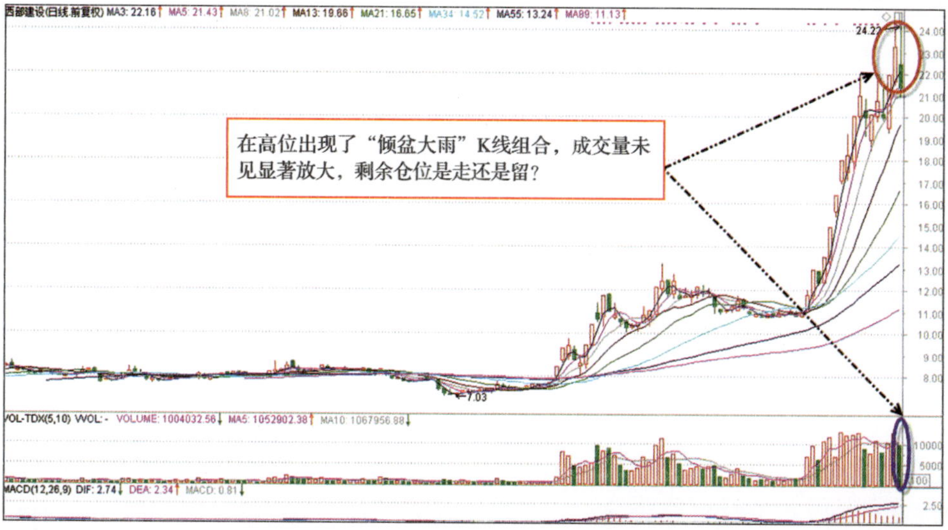

图 3－12

在相对高位又震荡攀升一段时间后，2017 年 5 月 8 日，该股 K 线图上出现了令人胆寒的“断头铡刀”K 线组合。当日该股收盘时接近跌停，我们不再恋战，所有仓位立刻离场出局。（图 3－13）

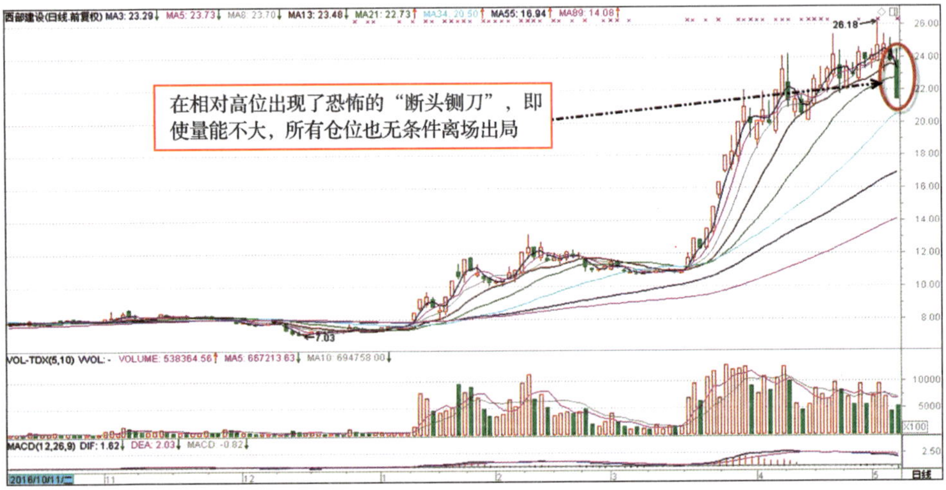

图 3－13

“断头铡刀”逃顶信号出现后，股价快速下跌，短时间内有 30% 的跌幅。（图 3－14）

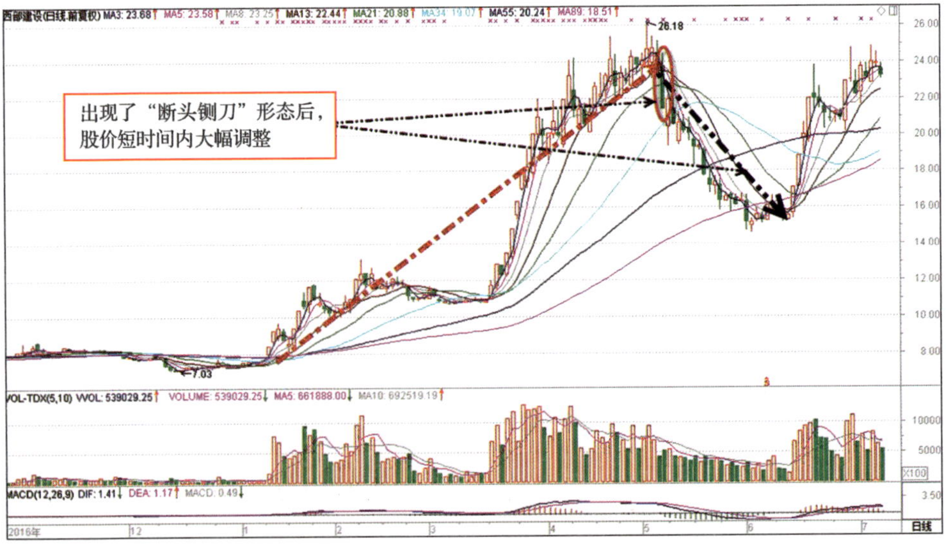

图 3－14

第四章

自信人生二百年，会当击水三千里

上海钢联（300226）的实战

在本书姊妹篇《私募的力量之倚天利剑（技术与心态篇）》中，笔者就已经应编辑之邀，简单分析了是如何于2013年6月底在相对低位发现上海钢联的启动迹象并且调集资金介入的。当时，上海钢联作为创业板“互联网”板块中的一员，经历了一段波澜壮阔的飙升行情，在不到一个月的时间里就涨了1倍有余，在三个月里涨了4倍多，成为2013年度十大牛股之一。在此，我们就上海钢联的实战再作一个详细和全面的分析与回顾。

第一节　题材剖析

上海钢联是以钢铁及相关行业信息服务为基础的B2B电子商务服务提供商，是国内钢铁行业B2B电子商务的唯一代表，属于当时的最大热点“互联网”板块，而且未曾被大肆炒作过。另外，不广为人知的是，其同时也是中国知名企业家复兴集团总裁郭广昌先生参股的公司，在一些渠道中有传闻称郭广昌先生将加大对该公司的投资力度。

第二节　技术剖析

1. 趋势分析

上海钢联当时的趋势呈现为一个中期下跌趋势后的反转，处于新的上升趋势的初段或者中段。（图4－1）

图 4 – 1

2. K 线组合分析

2013 年 6 月 24 至 26 日，该股 K 线图上出现的典型的“早晨之星”K 线组合。结合 K 线所处的位置和周 K 线进行分析后，我们判定此处为不错的进场狙击点，可以入场做多。（图 4 – 2）

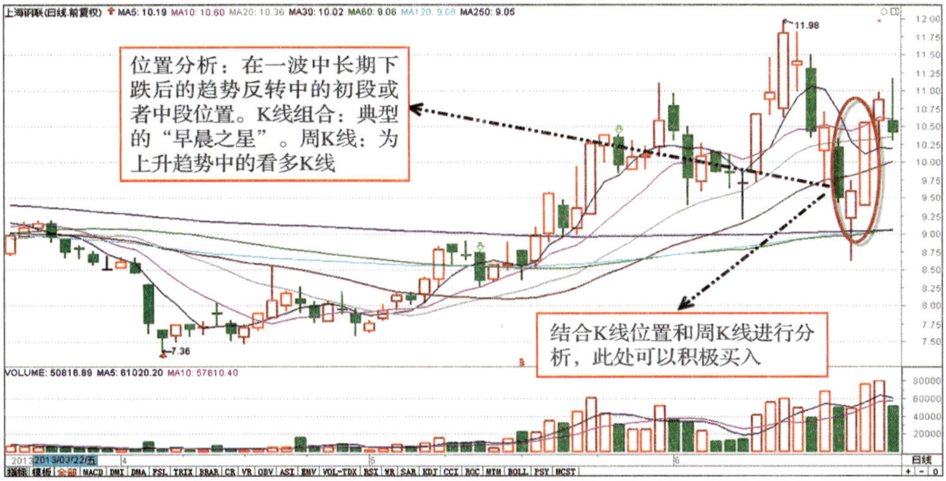

图 4 – 2

3. 成交量

在上升的过程中，阳线放量，而阴线则明显缩量，量价关系非常健康合理。显而易见，阳线是主力在吸筹，阴线则是主力在打压，主力资金买多卖少，在战略性地买入建仓。（图 4－3）

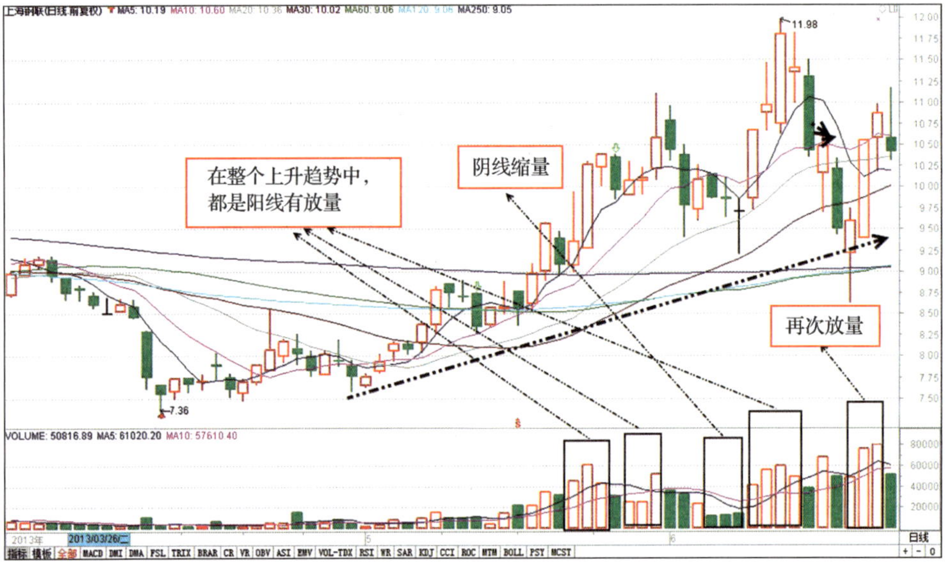

图 4－3

4. 均线

随着趋势的发展，均线系统从空头排列变成了“银山谷”形状，继而有形成多头排列的趋势。（图 4－4）

图 4 – 4

5. MACD 指标

MACD 指标还未形成“零上金叉”，但绿柱在不断地缩短，只要股价在接下来的几天不大幅下跌，就非常有可能性形成“零上金叉二次红”。（图 4 – 5）

图 4 – 5

第三节　基本面剖析

2013年6月时，上海钢联流通盘仅有4000多万股，而且价格也比较低，每股仅10元左右，总流通市值约4亿元，适合中小规模资金主力设局运作。其当时的业绩非常一般，动态PE高达近百倍，但题材火热，具有较大的想象空间。

第四节　主力运作剖析

主力利用该股除权后的交投活跃的时段，短时间内“推土机式”快速收集了大量的筹码。收集筹码完毕后，主力利用大盘回调的机会趁势快速打压洗盘，浮筹清洗干净后，在大盘企稳之时，股价干净利落地反转，一路绝尘而去。在主力快速拉升的过程中，股价仅有两天短暂的回调，随后就以一飞冲天不回头的态势连续逼空上涨，让大部分人都始料未及。（图4－6）

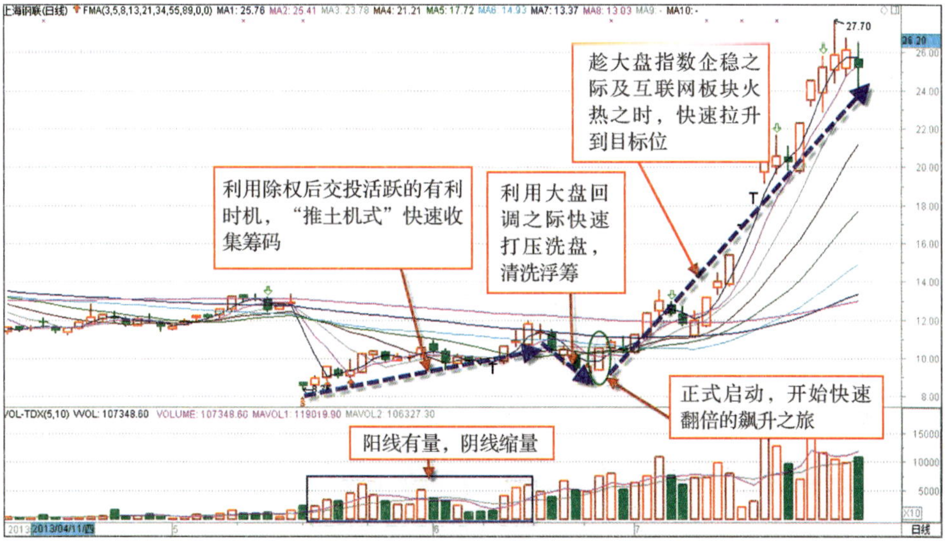

图4－6

第五节　大盘背景和板块背景

当时，上海钢联所在的创业板指数经过一波调整后缩量企稳，并有反弹的迹象。上海钢联所在的“互联网”概念板块指数则迥异于沪深大盘指数，正在走牛市，处于标准的上升趋势与通道中。良好的板块指数走势为主力操盘手接下来的快速拉升提供了一个相对安全的大盘环境。（图4－7、图4－8）

上证指数(日线) FMA(3,5,8,13,21,34,55,89,0,0) MA1: 2021.79 MA2: 2022.80 MA3: 2021.88 MA4: 2032.36 MA5: 2015.86 MA6: 2045.20 MA7: 2133.68 MA8: 2173.32 MA9: - MA10: -
2344.89
大盘指数经过一波快速大幅度杀跌后，已经基本企稳，为上海钢联的拉升提供了较好的大盘环境及有利时机
1849.65
VOL-TDX(5,10) VVOL: 738004.31 VOLUME: 738004.31 MAVOL1: 942880.00 MAVOL2: 969609.63
MACD(12,26,9) DIF: -20.66 DEA: -27.98 MACD: 14.64
2013/04/19/五
日线

图 4－7

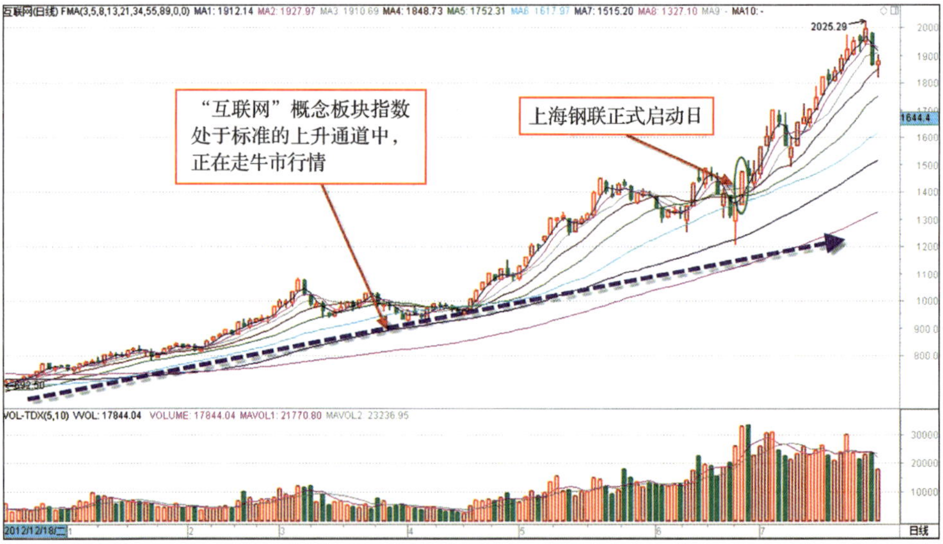
互联网(日线) FMA(3,5,8,13,21,34,55,89,0,0) MA1: 1912.14 MA2: 1927.97 MA3: 1910.69 MA4: 1848.73 MA5: 1752.31 MA6: 1617.97 MA7: 1515.20 MA8: 1327.10 MA9: - MA10: -
2025.29
“互联网”概念板块指数处于标准的上升通道中，正在走牛市行情
上海钢联正式启动日
692.50
VOL-TDX(5,10) VVOL: 17844.04 VOLUME: 17844.04 MAVOL1: 21770.80 MAVOL2: 23236.95
2012/12/18/二
日线

图 4－8

第六节　实战攻略

通过对大盘环境、板块指数态势、题材、基本面、技术分析、主力运作等进行详尽地分析，我们认为上海钢联“天时”“地利”“人和”三者皆具备，其股价将有一波快速的拉升，会迅速展开主升浪。于是我们在2013年6月27日调集资金，果断逢低介入，短时间内就获得了相当不错的收益。

在买入信号出现后，2013年6月27日及28日，我们连续两天逢低介入。（图4－9）

图4－9

2013年6月27日，该股小幅低开，几乎全天都在围绕分时均价线上下小幅震荡，临近收盘时才开始放量拉升，最终以小阳线报收。（图4－10）

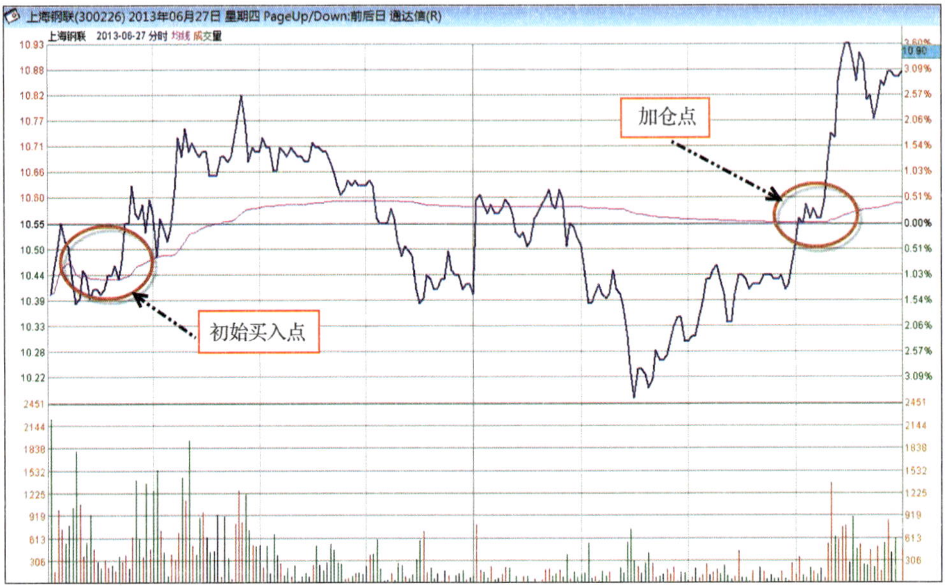

图 4－10

2013 年 7 月 4 日及 5 日，该股连续两天缩量，形成标准的“跳空二阴线”。筹码未见松动，股价涨幅也不大，我们继续持股。（图 4－11）

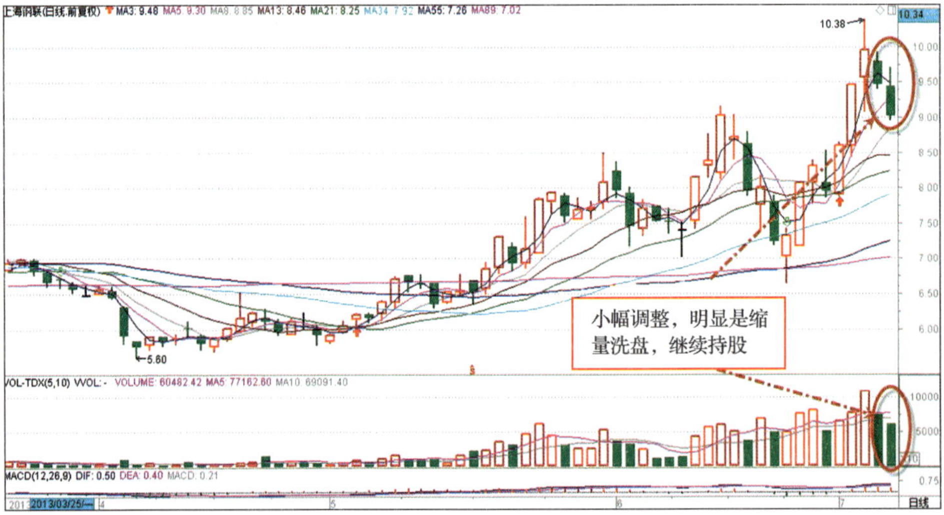

图 4－11

2013 年 7 月 24 日，相对高位上影线出现，此时，股价相对于启动点位已经有了接近 150% 的涨幅。短期涨幅巨大，我们减持部分仓位，锁定部分利润。（图 4－12）

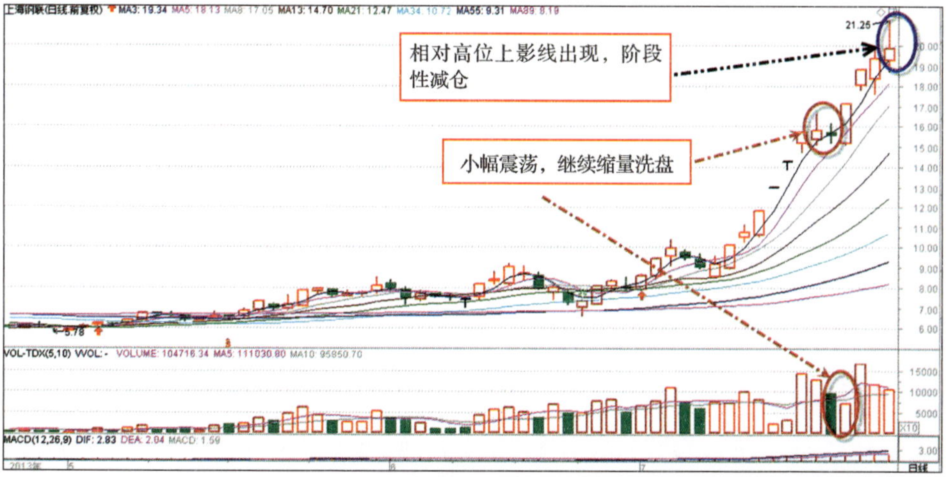

图 4－12

2013 年 7 月 29 日，该股收出一根大阴线，短期走势宣告破位。鉴于短时间内获利已经比较丰厚，我们不再恋战，选择了止盈出局，锁定利润。（图 4－13）

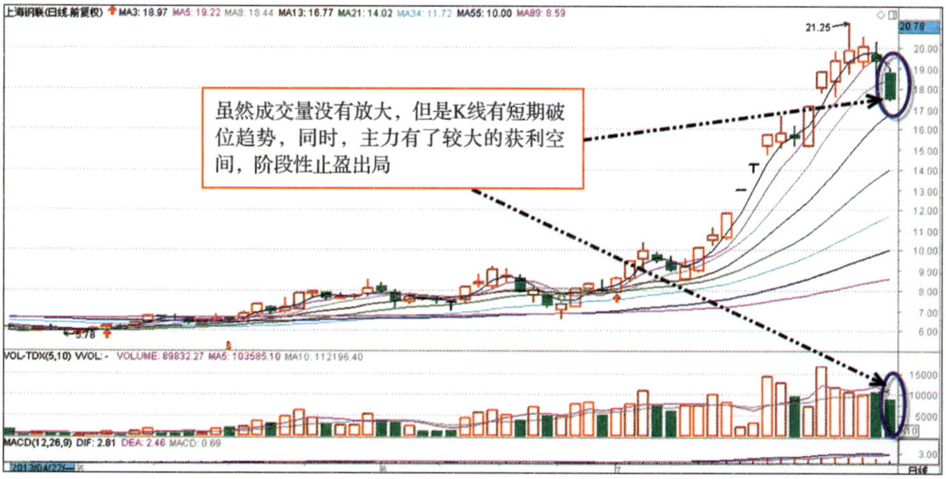

图 4－13

经过一段时间的震荡缩量洗盘后，该股又拉升了一波，随后展开较大幅度和较长时间的调整。（图 4 – 14）

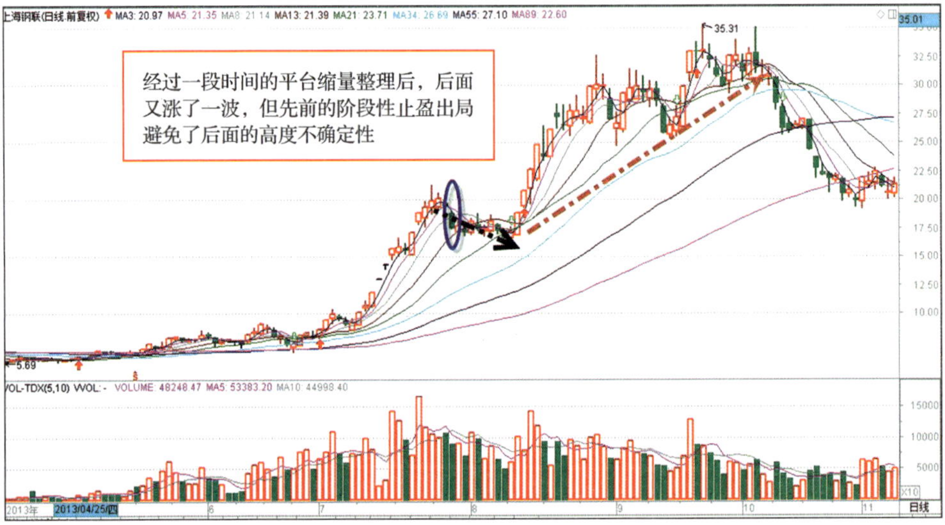

图 4 – 14

后来，上海钢联的股价最高涨至 150 多元，我们在长期上升的中途就完全离场出局，未能吃够主升浪从而猎取更多的利润，不能不说有点遗憾，但是我们按照交易系统执行，拿到自己应得的利润，也算是一次成功的操作。

第五章

直挂云帆济沧海 乘风破浪会有时

中青宝（300052）的实战

中青宝（300052）是2013年度的大牛股之一，是当时“互联网”和“手游”概念板块的绝对龙头。中青宝的股价从2012年12月的4元多启动，在2013年9月10日曾经达到50多元的高价，在十个月左右的时间里股价翻了10倍多，令人叹为观止。

第一节　题材剖析

中青宝是以MMO游戏、网页游戏、手机游戏为主的游戏开发和运营商，公司总部位于改革开放的前沿阵地深圳。在2013年，日本同类型的手游公司股价在很短的时间内就涨了几十倍，A股市场因此深受鼓舞，互联网板块中带手游题材的个股是当时主流资金深度参与的对象。中青宝在2013年开始大举进入手游市场，并且有几款手游开始试运行，与此同时，中青宝还准备展开同行并购。

第二节　技术剖析

1. 趋势分析

经过一段较长时间的下跌后，该股股价于2012年12月4日随着大盘的见底而见底。随后股价走势逐渐转为缓慢向上，期间虽有一个中期级别的调整，但长期趋势已经走好。（图5－1）

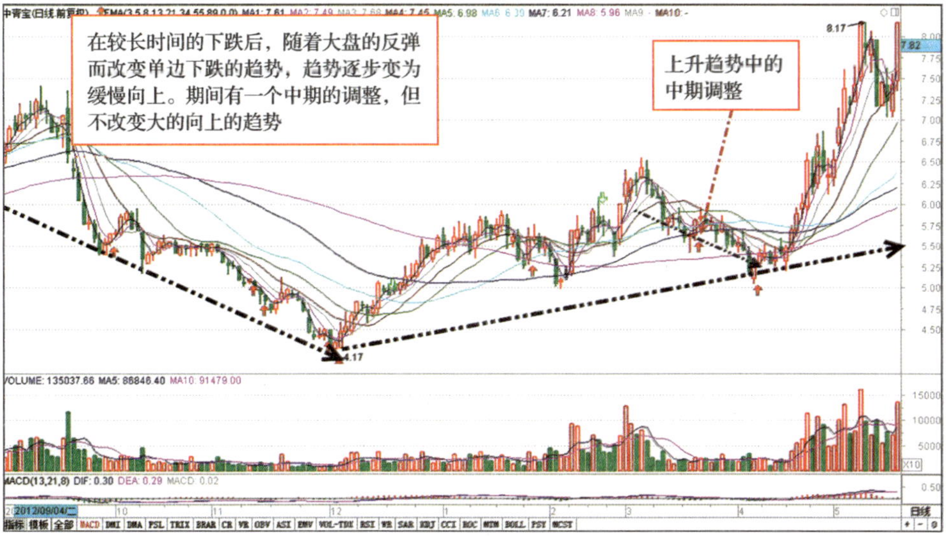

图 5－1

2. K 线组合分析

2013 年 5 月中旬，该股 K 线图上出现变异的“早晨之星”和“多方炮”K 线组合，发出做多信号。结合 K 线所处的位置和周 K 线进行综合分析，我们判定 2013 年 5 月 20 日的涨停大阳线是极佳的狙击点。（图 5－2）

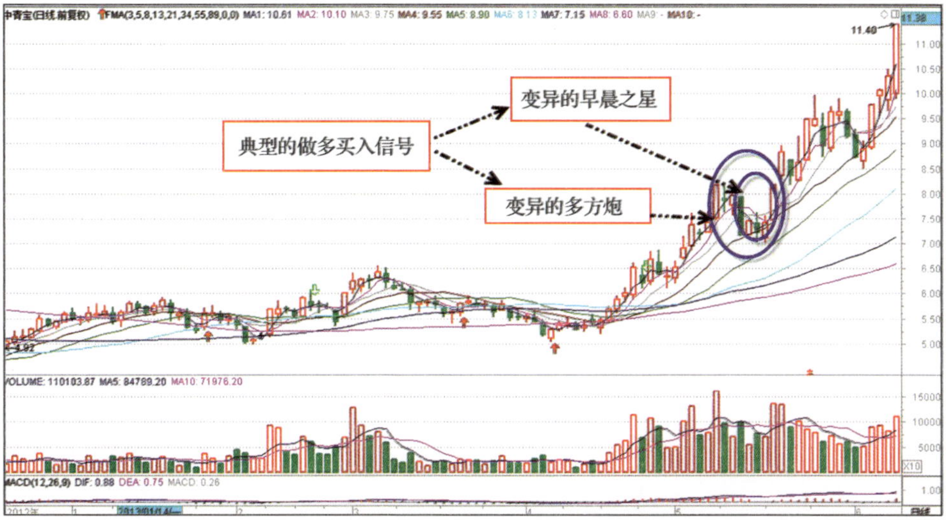

图 5－2

2013年5月20日的涨停大阳线发出强烈信号，是极佳的进场点。（图5－3）

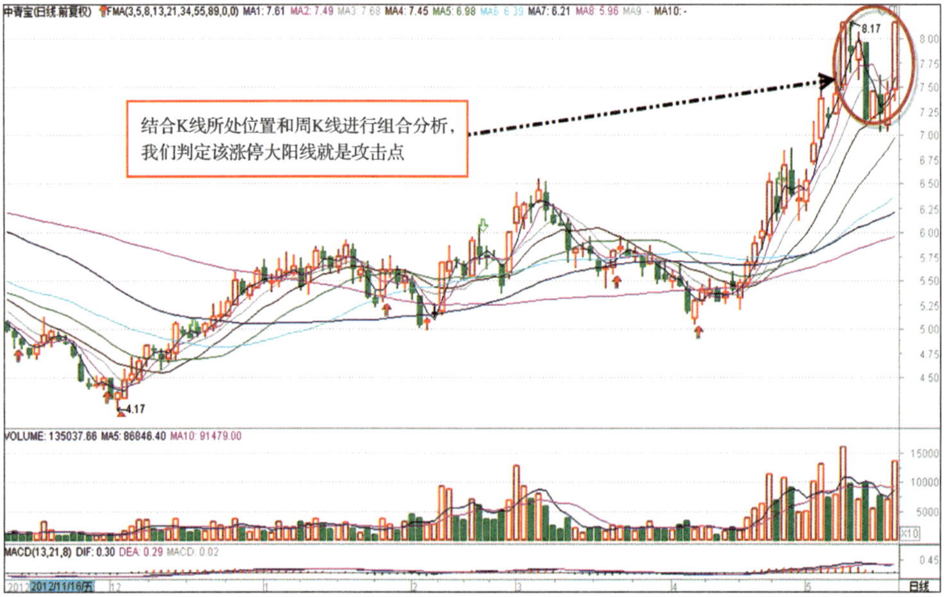

图5－3

3．成交量

回顾进场信号出现之前该股的走势，可看到在整个上升趋势的初期，阳线放量，而阴线则明显缩量，量价关系非常健康合理。显而易见，放量阳线是主力在建仓吸筹，缩量阴线则是主力在战略性地回档调整。建仓完毕后的洗盘过程中，量能萎缩得非常厉害，而在拉升过程中，则伴随着明显放量并且呈现出堆量的状态。（图5－4）

图 5－4

4. 均线

均线在经过较长时间的空头排列后，于 2012 年 12 月中旬形成了“银山谷”，然后又于 2013 年 2 月 7 日形成了“蛟龙出海”之势；再经过两个月左右的震荡后，于 2013 年 4 月中旬形成了“金山谷”，并逐渐形成多头排列。由此开始，中青宝进入了长达五个月的主升浪，股价在五个月内涨了将近 10 倍。（图 5－5）

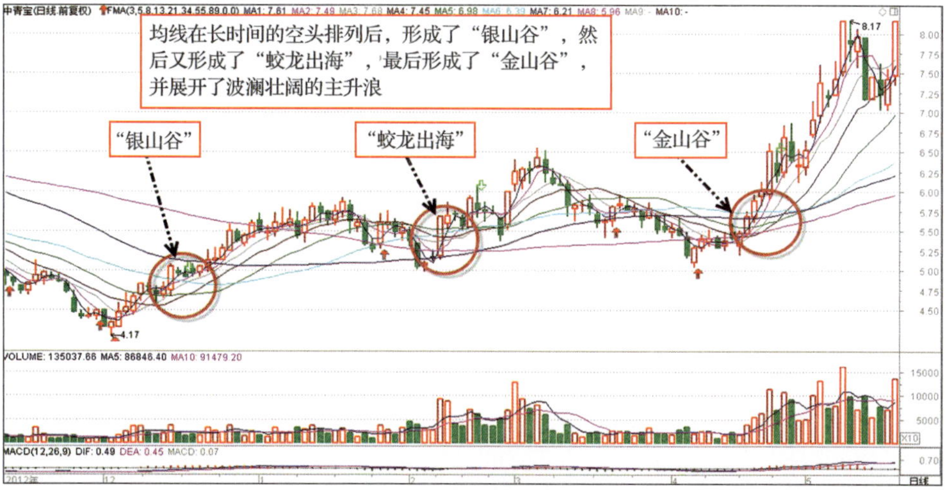

图 5－5

5. MACD 指标

MACD 指标在零轴之下靠近零轴之处形成金叉后，红柱不断加长，并且一直在零轴上方强势区域运行。后来股价调整，红柱不断地缩短，但于2013 年5 月20 日又再次变长。MACD 欲死叉却未死叉，DIF 和 DEA 再次拐头往上走，预示着新一轮上涨来临。（图5－6）

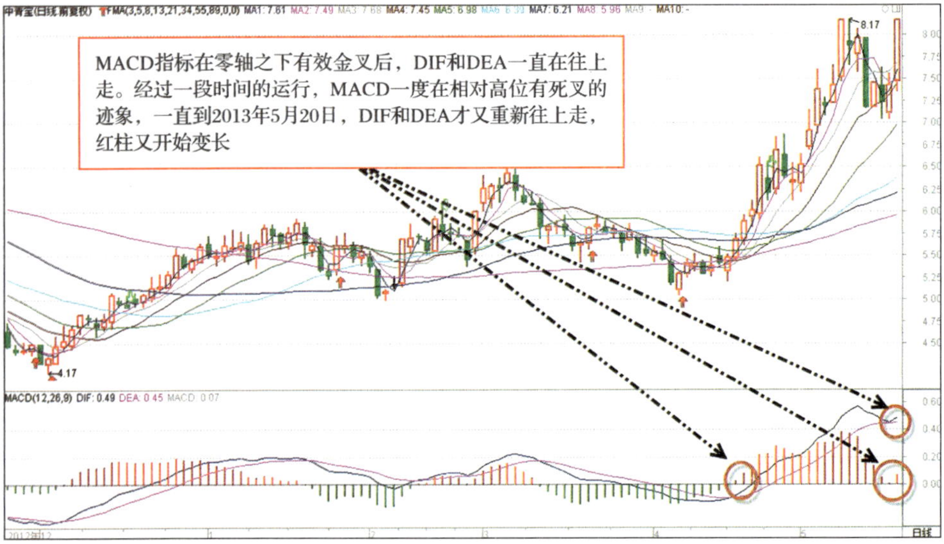

图5－6

第三节　基本面剖析

中青宝流通盘不是很大，总计2.2 亿多股，主升浪启动时股价仅有12元左右，总的流通市值适中，适合中小规模的主力资金设局运作。其当时的业绩尚可，动态 PE 为30 倍左右，而当时市场预计手游在中国会有爆发性增长，因此中青宝的市场想象空间十分巨大，受到了市场资金的高度关注和青睐。

第四节 主力运作剖析

主力利用2012年12月4日大盘见底的有利时间，采用震荡式拉高的手法，花了大概三个月左右的时间来大规模建仓，建仓期间换手率合计达到700%，主力资金已经战略性地买入了足够数量的廉价筹码。筹码收集完毕后，主力又用了一个多月左右的时间来打压洗盘，2013年4月中旬才正式开启主升浪。在这一段主升浪中，股价我行我素，完全不理会大盘指数的涨跌，短短五个月内涨幅达到了惊人的800%，令人咂舌。（图5－7）

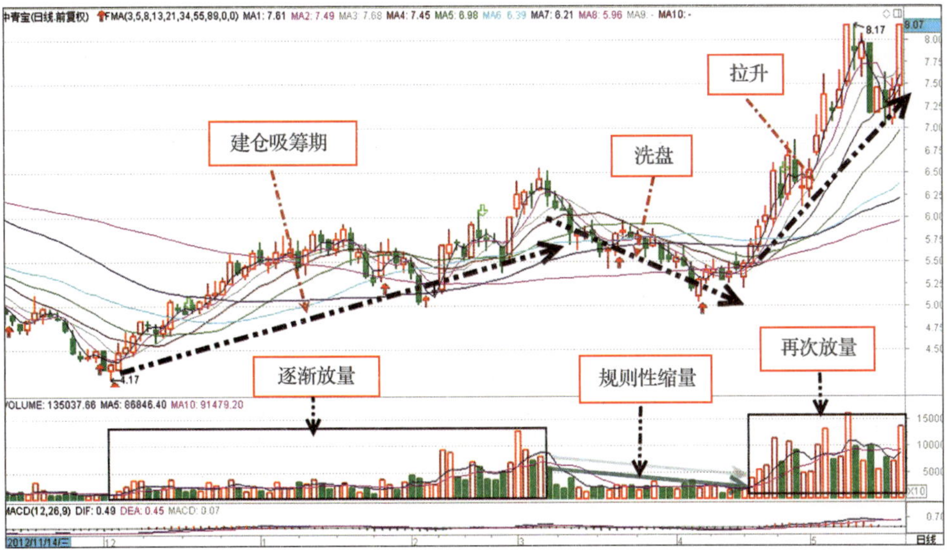

图5－7

第五节 大盘背景和板块背景

中青宝所在的创业板指数经过一段时间的上涨后进入了平台整理，之后再次进入上升浪，处于标准的上升通道中，而且暂时看不到有中期调整的迹象。同期的“互联网”概念板块指数走势与创业板指数走势类似。这样有利的大盘环境为中青宝的主力快速拉升股价创造了非常好的“天时”条件。(图5－8、图5－9)

图5－8

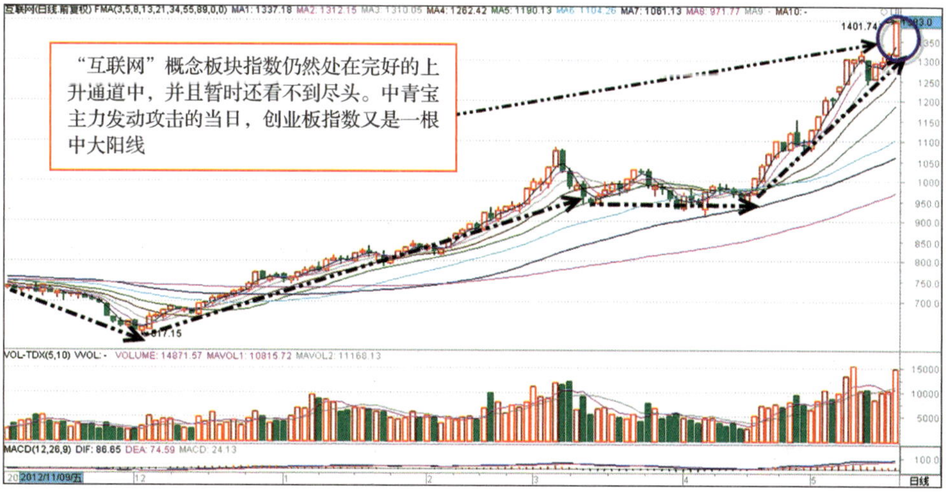

图 5－9

第六节　实战攻略

通过对大盘环境、板块指数态势、题材、基本面、技术形态、主力运作轨迹等进行分析，我们判定中青宝将会继续展开主升浪。2013 年 5 月 20 日及 21 日，我们入场狙击。（图 5－10）

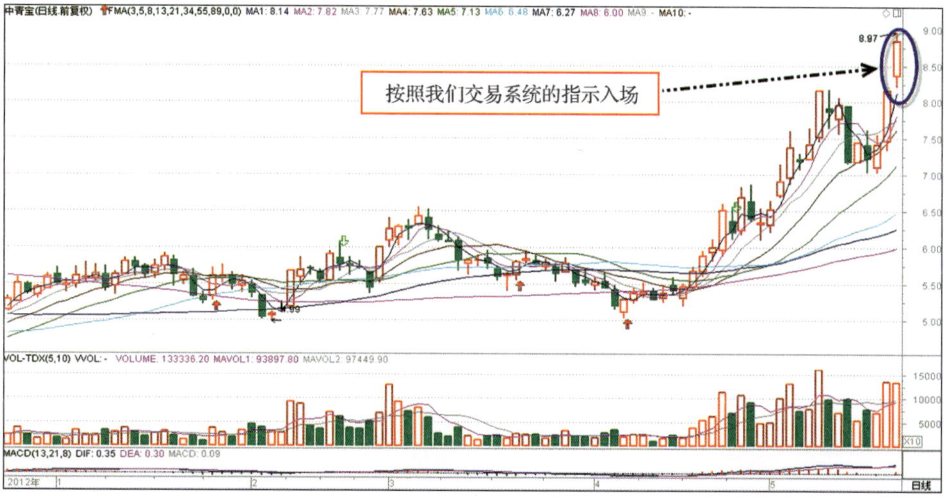

图 5－10

2013 年 5 月 21 日，该股小幅高开，整个上午都在围绕分时均价线小幅震荡，我们有充足的时间进场建仓。下午开市后，股价开始缓慢拉升，最终以大阳线收盘，涨幅达 8 个多点。(图 5－11)

图 5－11

2013 年 5 月 31 日和 6 月 3 日两个交易日，主力打压股价，收出中阴线，但可看到成交量明显萎缩，说明筹码很稳定，明显是洗盘动作。我们持股不动，让利润去奔跑。(图 5－12)

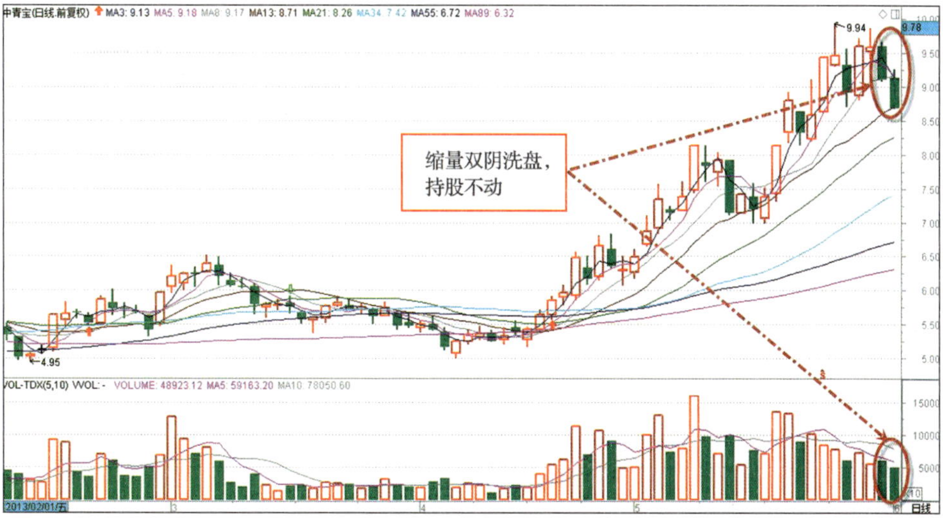

图 5 – 12

2013 年 6 月 27 日，该股 K 线图上出现了放量的“倒拔杨柳”K 线形态。这是拉升中途的快速震仓洗盘还是筹码已经松动？我们需要看看第二天的走势才能判断和决定是否继续持股。（图 5 – 13）

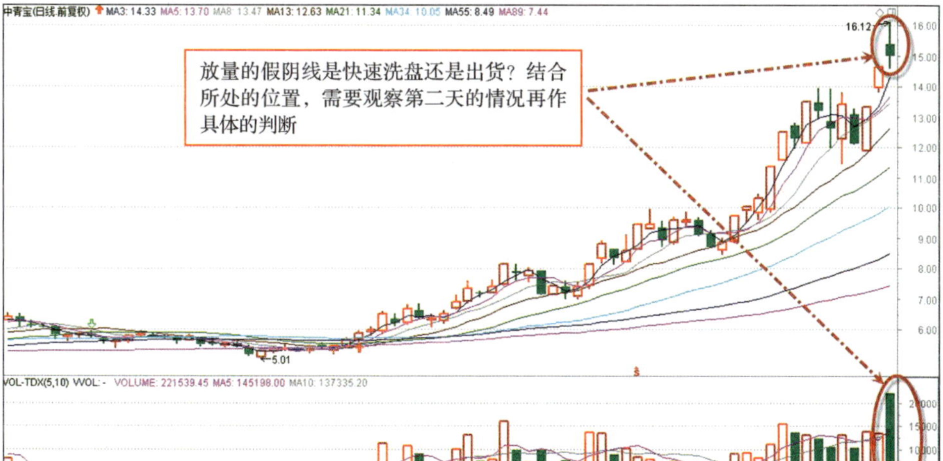

图 5 – 13

2013 年6 月28 日，该股低开高走，把前一天无论以何种价位买进去的投资者都给解套了，这充分证明前一天的假阴线是主力资金在快速震仓洗盘。2013 年7 月4 日至7 月8 日连续三个交易日，主力资金用“回档三线”的方式快速打压洗盘，但缩量明显。我们继续持股不动。（图 5 – 14）

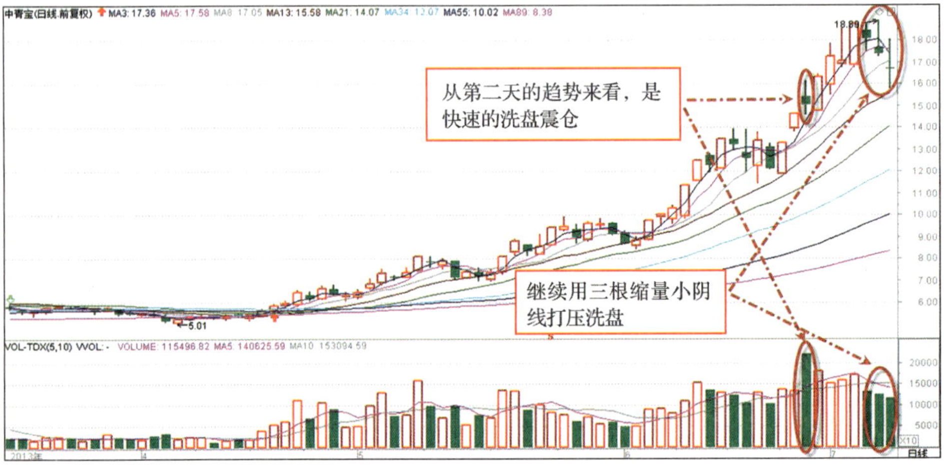

图 5 – 14

2013 年7 月25 日，该股以大阴线收盘，有跌破小平台的趋势。鉴于短期获利已经不菲，我们阶段性减仓一半，锁定利润，剩余仓位继续持有。（图 5 – 15）

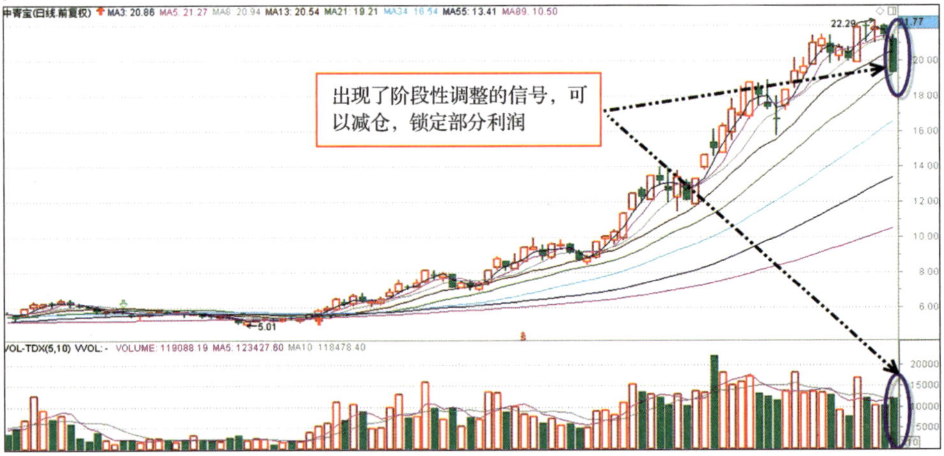

图 5 – 15

2013年9月11日，该股K线图上出现“黄昏之星”K线组合。这是高位逃顶的信号，我们采取部分减仓的措施。2013年10月10日，“倾盆大雨”K线组合出现，又是一个高位逃顶信号。这说明主力筹码在此区间已经开始松动，我们大幅减仓，锁定大部分利润，仅保留少量仓位。（图5－16）

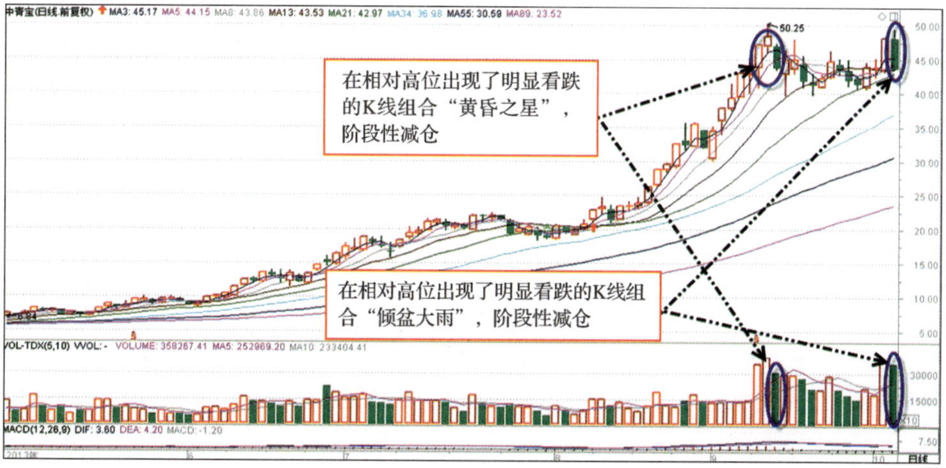

图5－16

2013年10月16日，一根大阴线从高空落下，形成了恐怖的“断头铡刀”，最终的离场信号出现，我们毫不犹豫地清仓离场。（图5－17）

图5－17

“断头铡刀”形成后，股价一路下跌，期间的小反弹无法改变下跌的大趋势。随着主力资金的撤出，留给市场的只有一地鸡毛。(图 5－18)

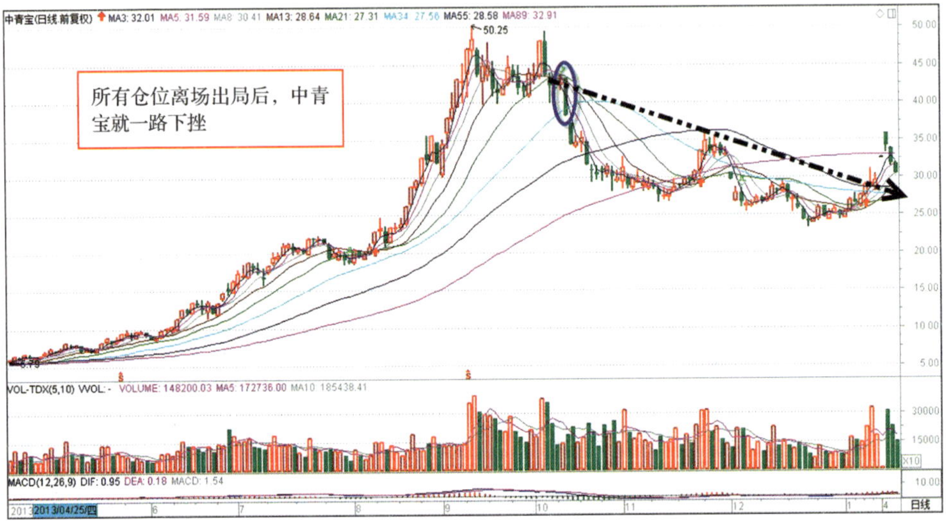

图 5－18

第六章

春风得意马蹄疾，一日看尽长安花

东方新星（002755）的实战

东方新星（002755）是2015年5月份上市的次新股，得益于当时市场正处于牛市，其股价从上市之初的不到9元一路上涨到70元左右，短时间内暴涨了近8倍。东方新星股价见到70元左右的高点后，就开始了调整，最低落到22元左右，调整幅度达到60%。随着股价低点的出现，东方新星开始了较长时间的箱体震荡。2016年8月下旬，市场热炒次新股，东方新星趁势再起一波，股价短时间内从不到40元再次回升到前期的高点70元左右。现就东方新星2016年8月的实战过程作一个详细的复盘。

第一节 题材剖析

东方新星是2015年5月份才在中小板上市的公司，公司主要从事石油化工、新型煤化工行业的工程勘察和岩土工程施工业务。2016年8月份，市场开始热炒次新股。作为一个上市才一年多的公司，东方新星显然可以归入次新股之列。

第二节 技术剖析

1. 趋势分析

自2016年初开始，该股股价震荡上行，以大约30度角缓慢攀升，大趋势向上无疑。（图6－1）

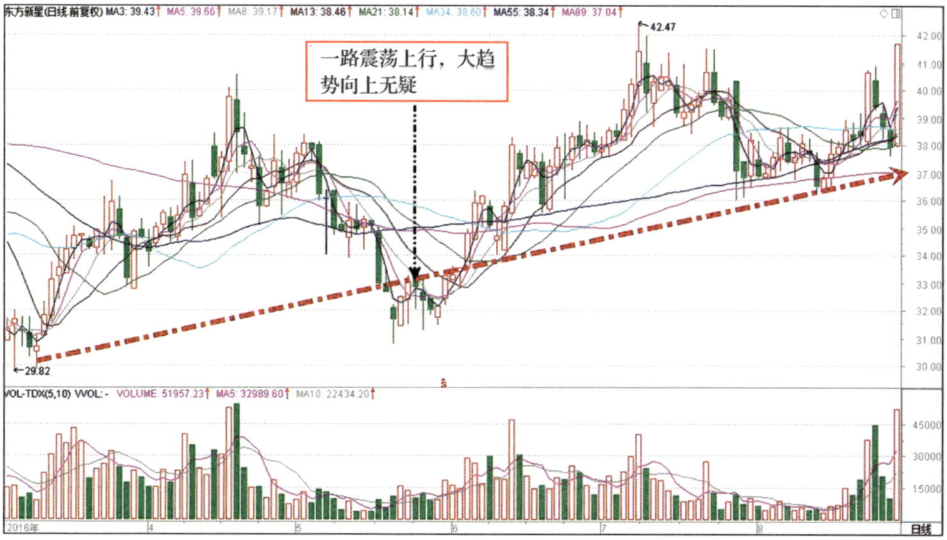

图 6 – 1

2. K 线组合分析

2016 年 8 月 22 日至 26 日，该股 K 线图上出现变异的“多方炮”K 线组合，而且处于相对比较低的位置。结合 K 线所处的位置和周 K 线进行分析，我们判定此处是较佳进场做多点，风险可控。（图 6 – 2）

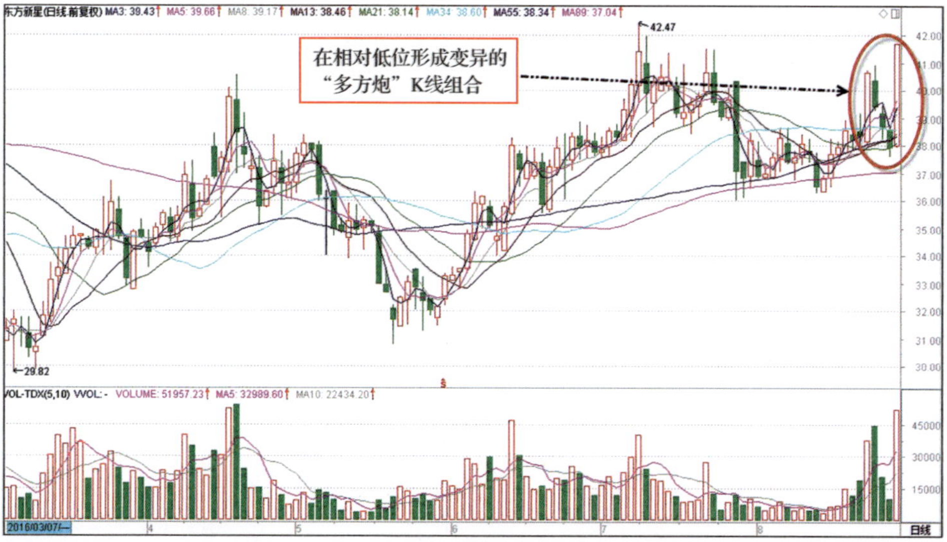

图 6 – 2

3. **成交量**

回顾之前一段时期的量能形态，可看到成交量在上升阶段有效放大，而在调整阶段则明显萎缩，量价关系非常健康合理，这表明大资金控盘节奏良好，控盘能力较强。(图6－3)

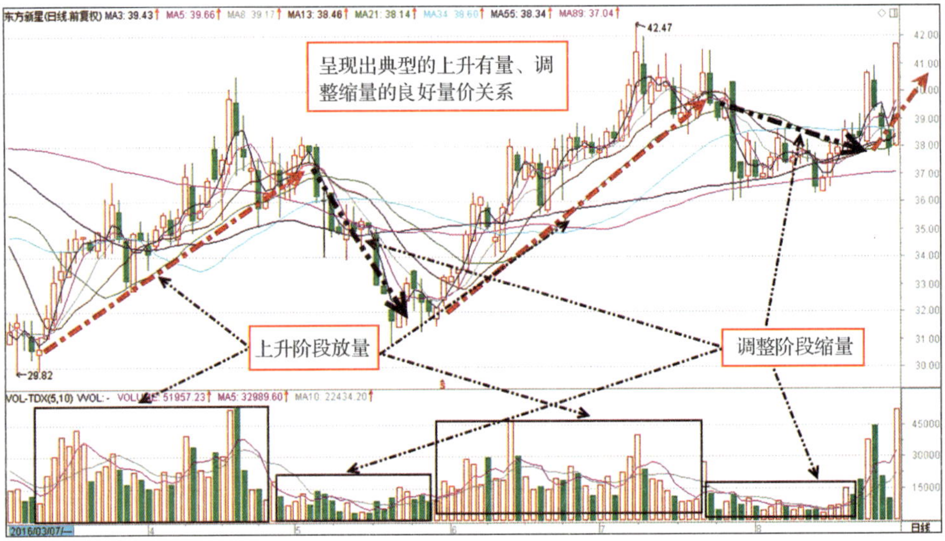

图6－3

4. **均线**

随着股价震荡上行，短中期均线系统由空头排列转变为收紧黏合的形态，不断形成“银山谷”和“金山谷”。2016年8月26日，股价放量启动时，短中期均线系统有形成多头排列的趋势。(图6－4)

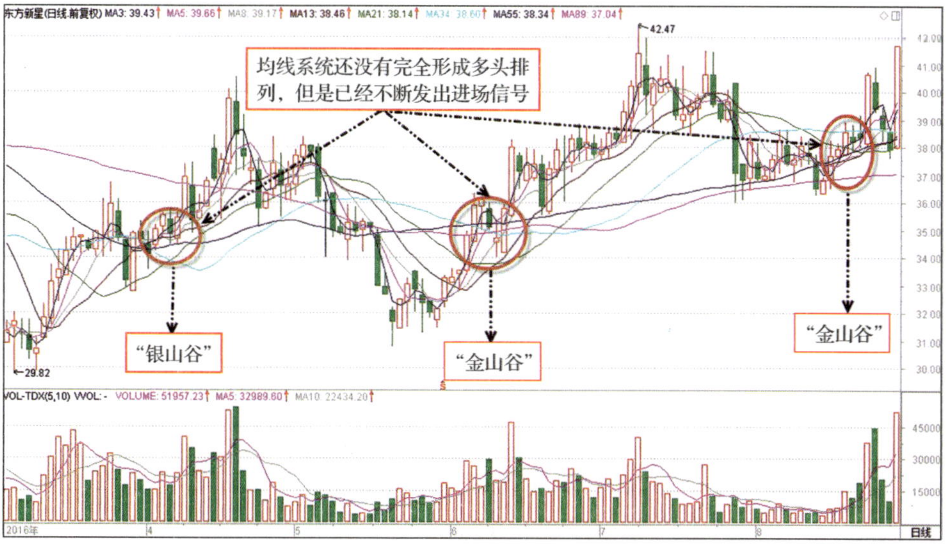

图6－4

5. MACD 指标

MACD 指标已经在零轴之上靠近零轴处形成有效金叉，而且红柱在不断地变长。（图6－5）

图6－5

第三节 基本面剖析

东方新星流通盘较小，仅有3500多万股，当时的市值在40亿元左右。其当时的业绩较为一般，动态PE较高，但因其属于次新股，而且流通市值不大，故仍然被炒作资金相中。

第四节 主力运作剖析

主力通过震荡吸筹的方式在相对低位反复吸纳筹码。在此期间，上升阶段放量，而调整阶段缩量，这是震荡吸筹的典型量价表现。吸筹完毕，

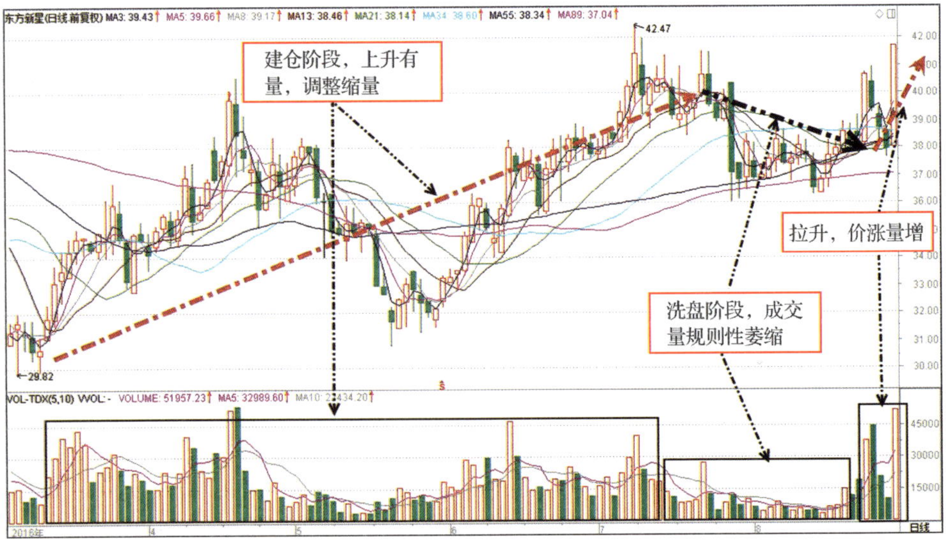

图6-6

主力又采用震荡打压的方式洗盘。在洗盘阶段，成交量萎缩得非常厉害。浮筹清洗干净后，主力以一个干净利落的涨停大阳线将股价拉起，股价进入了轰轰烈烈的主升浪。（图 6 –6）

第五节　大盘背景和板块背景

东方新星所在的中小板指数处于箱体震荡格局之中，上下波动幅度较小。“次新股”概念板块指数则不断地攀升，处于一个良好的上升趋势和上升通道中。相对健康的大盘指数和板块指数为东方新星接下来的快速拉升提供了一个相对安全的环境。（图 6 –7、图 6 –8）

图 6 –7

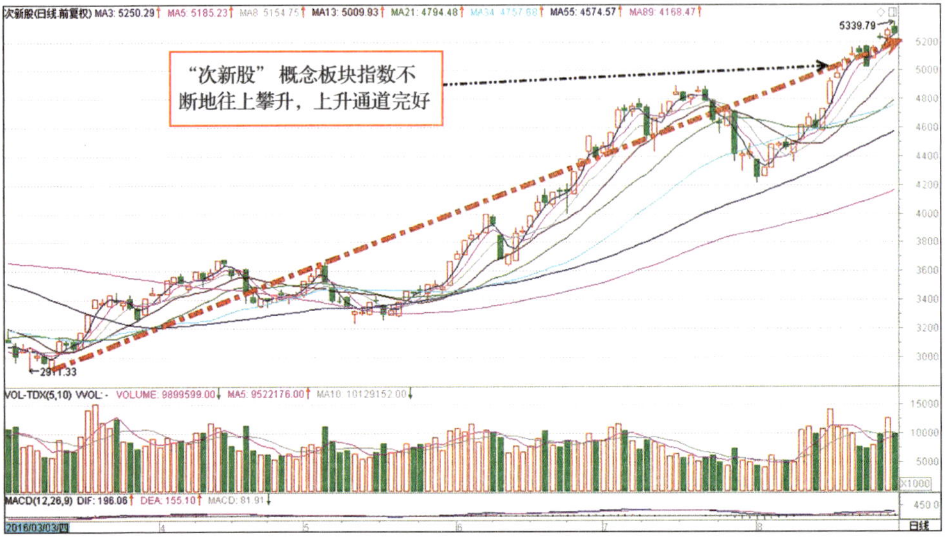

图 6－8

第六节　实战攻略

东方新星本身没有特别好的题材，受到资金的青睐仅仅因为它是一只盘子不大、流通市值较小的次新股，而当时市场正在热炒次新股。

2016 年 8 月 29 日，该股高开，快速冲上涨停板后便开始调整。涨停板打开后的震荡调整阶段是比较好的进场建仓时机，我们在此阶段入场。震荡调整完毕后，该股再次封板，下午虽还有"开闸放水"的动作，但时间较短，不易把握。(图 6－9)

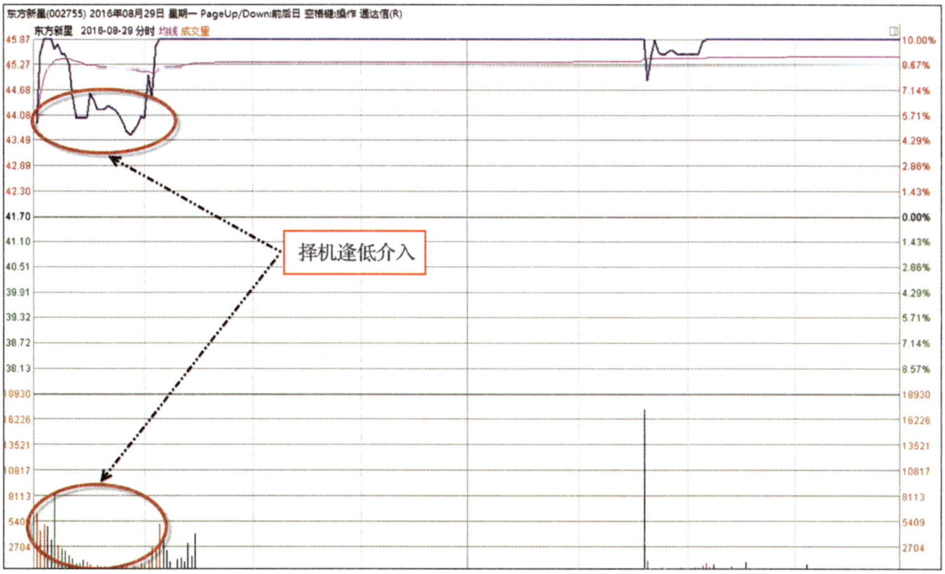

图 6－9

连续拉升了几天后，2016 年 9 月 1 日，该股收盘形成了一根带有较长上影线的放量“十字星”。这是要见顶了吗？考虑到拉升幅度还不大，此位置不算高，出货迹象不明显，我们继续持股。（图 6－10）

图 6－10

2016 年 9 月 14 日，该股低开高走，最终收出一根假阳线，成交量萎缩。筹码未见松动，我们继续捂住筹码。(图 6 - 11)

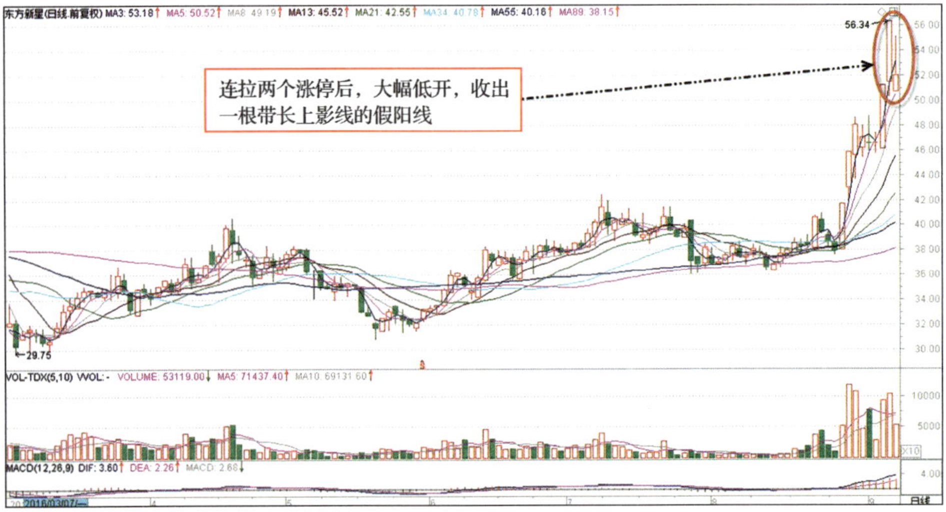

图 6 - 11

2016 年 9 月 23 日，该股收出放量大阴线，与前一交易日形成了“乌云盖顶”的 K 线组合，逃顶信号出现。在相对高位放出巨量，说明筹码已经大幅松动。我们没有丝毫犹豫，坚决离场。(图 6 - 12)

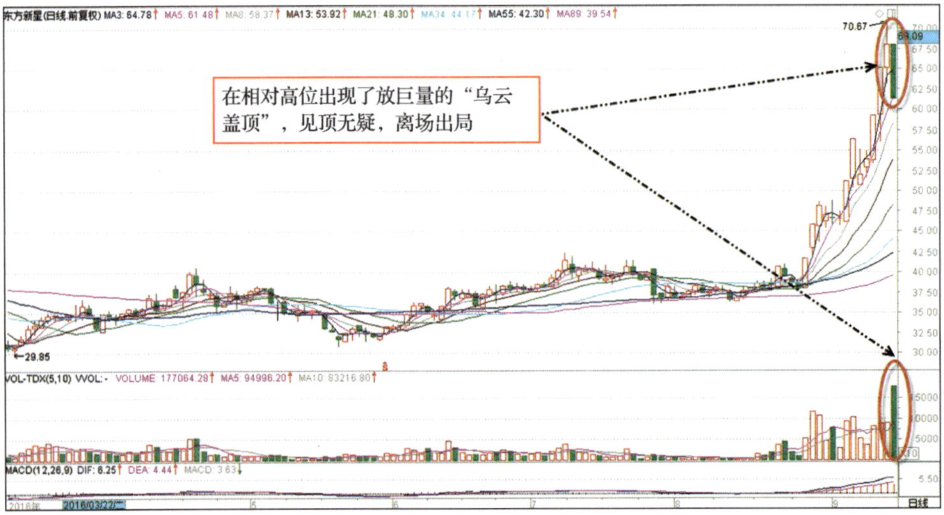

图 6 - 12

2016 年 9 月 23 日的见顶信号出现后，该股股价一路狂跌，短短 5 个交易日，跌幅就高达 25%。由此可见，筹码一旦在高位松动，其杀伤力是很大的。（图 6－13）

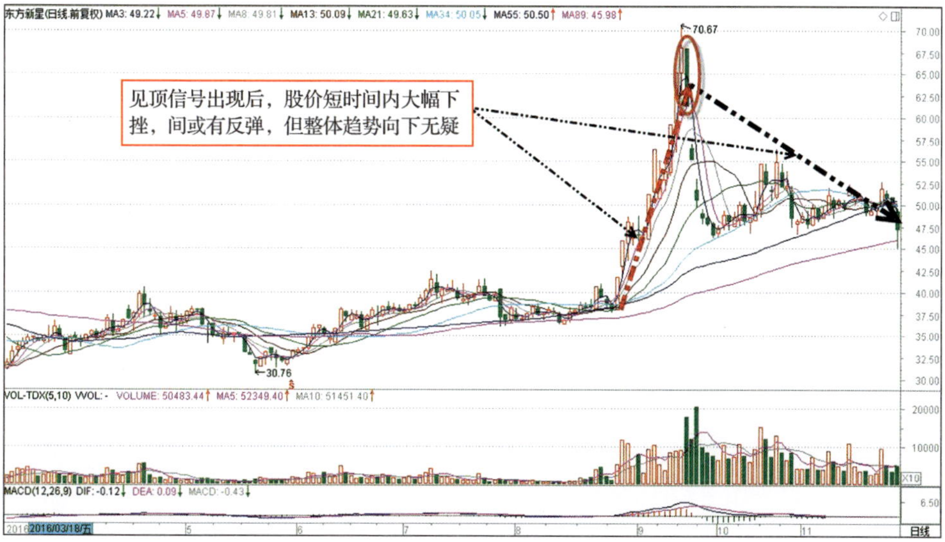

图 6－13

第七章

黄沙百战穿金甲，不破楼兰终不还

天舟文化（300148）的实战

天舟文化（300148）作为“传媒娱乐”概念板块中的一员，于2011年10月至11月间经历了一段波澜壮阔的飙升行情，在不到一个月的时间里股价涨幅超过100%，成为当时弱势市场中的一抹亮色。为什么在相对比较弱势的行情中，天舟文化能够脱颖而出呢？在此，我们就天舟文化的实战作一个全方位、多维度的分析与回顾。

第一节　题材剖析

天舟文化是以青少年读物的策划、设计、制作与发行为主要业务的一家上市公司，上市日期为2010年12月15日。2011年10月份，国务院推出“文化振兴”产业政策，天舟文化刚好属于这个概念范畴。单从上市公司名称来看，“天舟文化”与“文化振兴”的概念就很符合，市场号召力很强，而这也为后来该股被大幅炒作埋下了伏笔。

第二节　技术剖析

1. 趋势分析

天舟文化当时处于一个中期下跌趋势后的反转阶段，也是新的上升趋势中的初段或者中段，上升的角度不是很陡峭，股价缓慢爬升。（图7－1）

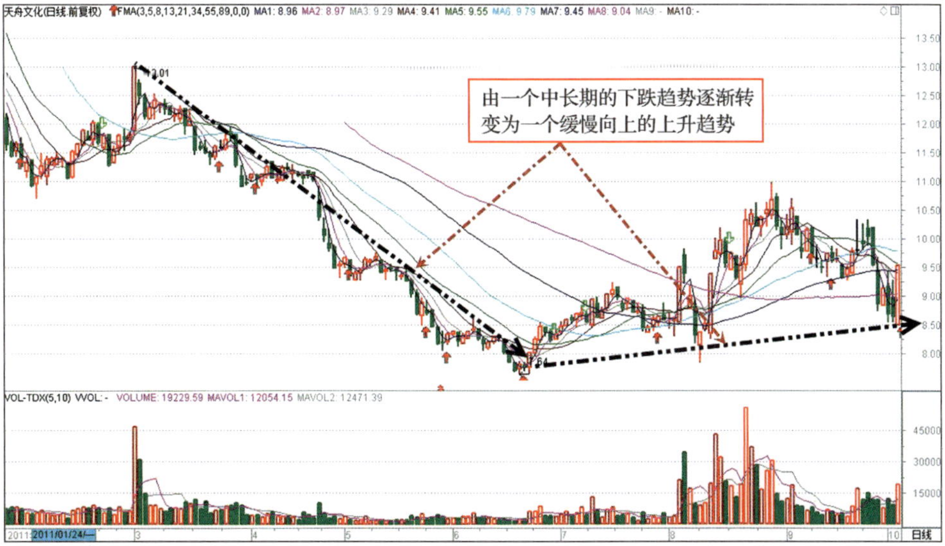

图 7－1

2. K 线组合分析

2011 年 10 月 12 日，该股 K 线图上出现典型的“阳包阴”K 线组合形态。鉴于该 K 线组合处于相对低位，再结合周 K 线进行分析，我们基本可以确定此处是比较理想的建仓买入点，风险可控。（图 7－2）

图 7－2

3. 成交量

在趋势发展的初段，呈现出上升时成交量不断放大，调整时成交量则规律性萎缩的特征。2011 年 10 月 12 日，该股以涨停大阳线启动时，成交量放大到前期上升阶段的平均水平。整个震荡上升过程中，量价关系非常健康合理，即上升放量、调整缩量，阳线有量、阴线放量。由此可见，主力操盘手法非常老道，控盘力度比较大。(图 7－3)

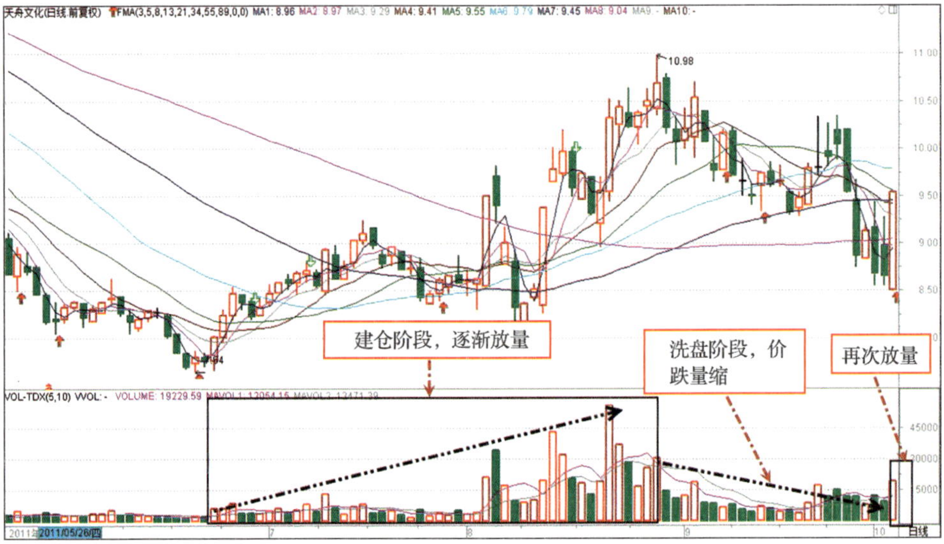

图 7－3

4. 均线

随着趋势的改变，均线系统从空头排列逐渐变化为短中期均线收紧，继而形成“银山谷”和“金山谷”。2011 年 10 月 12 日股价启动时，更是形成了“蛟龙出海”的形态。(图 7－4)

[关于“蛟龙出海”形态的详情，请参见本书姊妹篇《私募的力量之倚天利剑（技术与心态篇）》]

图 7－4

5. MACD 指标

2011 年 10 月 12 日形成“蛟龙出海”形态时，MACD 指标还未形成金叉，但绿柱在不断地缩短，只要股价在接下来的几天里不大幅下跌，MACD 指标就会在零轴附近形成金叉。（图 7－5）

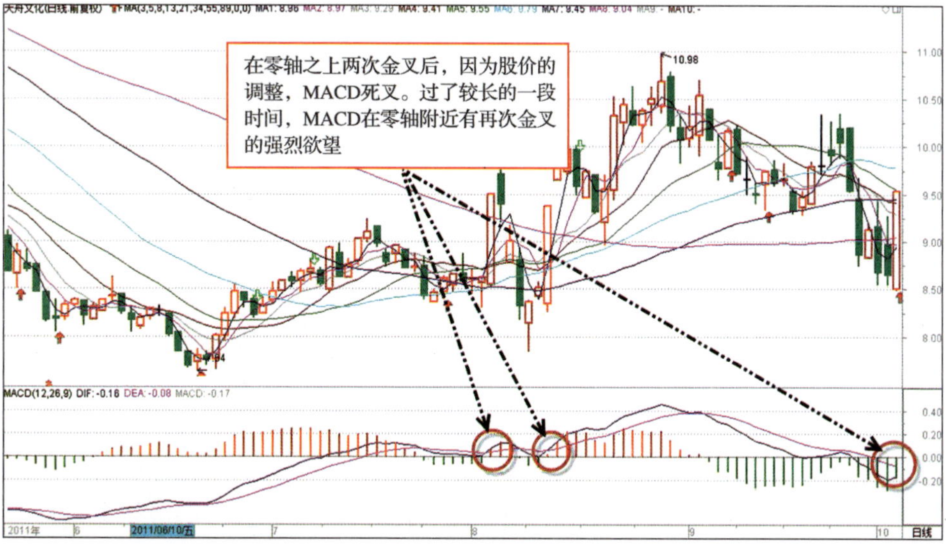

图 7－5

第三节　基本面剖析

天舟文化当时上市时间不长，流通盘不大，而且价格也比较低，流通市值不大，适合于中小资金运作。国务院“文化振兴”产业扶持政策的出台，对天舟文化而言是一个非常大的利好，这给了主力资金一个很好的炒作理由。

第四节　主力运作剖析

主力利用该股复权后的交投活跃时段，采用“推土机式”建仓手法快速收集了大量的筹码。筹码收集完毕后，主力趁大盘指数回调之际，快速地打压洗盘。洗盘期间，成交量快速萎缩。浮筹被清洗干净后，股价趁大盘企稳之时干净利落地反转，腾空而起，在不到一个月的时间内成功翻倍。(图 7－6)

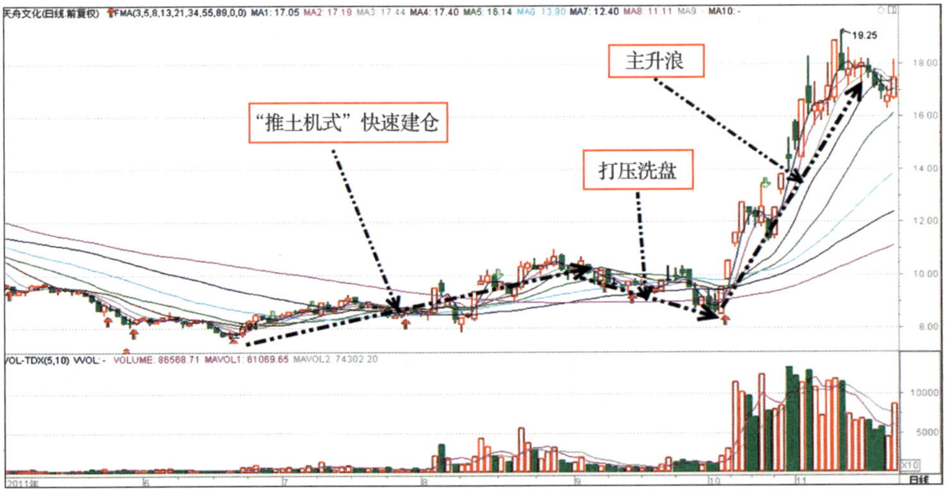

图 7－6

第五节 大盘背景和板块背景

天舟文化所在的创业板指数当时经历了一波幅度不小的调整，后于2011年10月12日收出了一根放量的大阳线，有企稳的迹象。与此同时，“传媒娱乐”概念板块指数也在调整的相对低位收出了一根放量大阳线，与前一交易日的K线形成低位看涨的“阳包阴”K线组合。筑底成功的板块指数为天舟文化接下来的快速拉升提供了比较好的大盘环境和有利时机。（图7－7、图7－8）

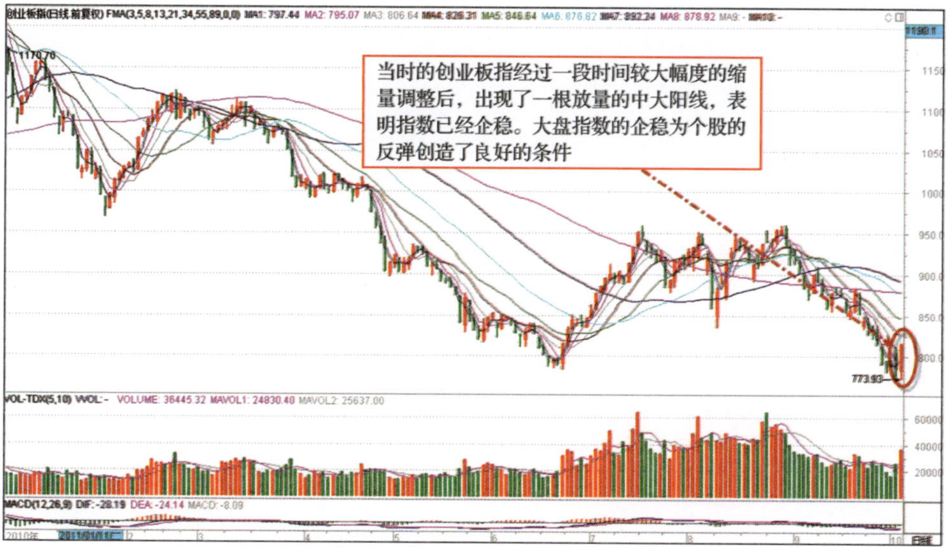

图7－7

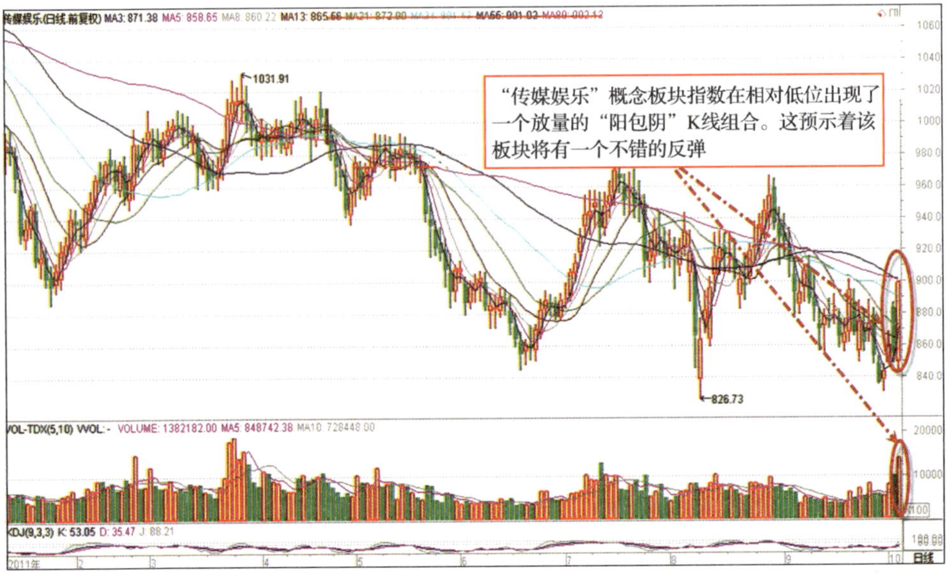

图 7－8

第六节 实战攻略

通过对大盘环境、板块指数态势、炒作题材、主力如何运作设局等进行全方位分析，我们认为天舟文化将会迎来一波炒作，2011 年 10 月 12 日的涨停大阳线就是强烈启动信号，我们选择在第二个交易日逢低择机介入。

2011 年 10 月 13 日，该股高开但幅度不大，高开后直接高走，10：00 左右封住涨停板，而且再也没有打开。（图 7－9）

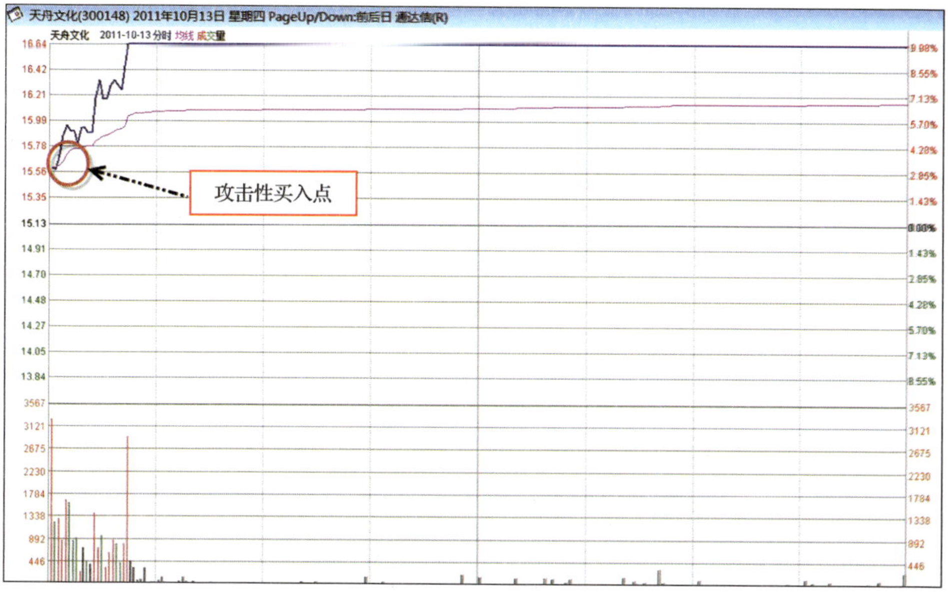

图 7－9

2011 年 10 月 13 日这根高开高走的涨停大阳线有突破箱体平台的趋势。（图 7－10）

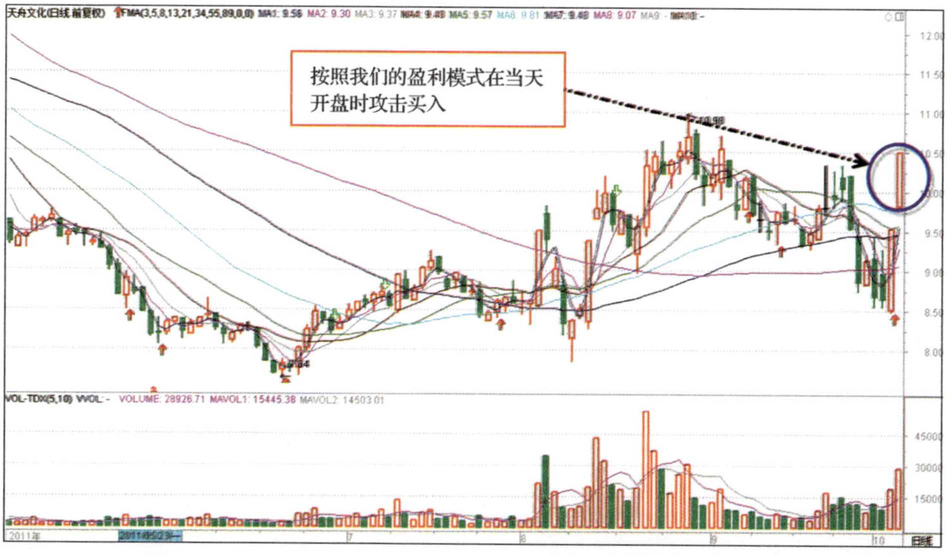

图 7－10

连续拉出四个涨停后，出现了两根缩量小阴线。缩量显示筹码未见明显松动，我们继续持股。（图 7－11）

图 7－11

2011 年 10 月 26 日，该股收盘后形成了高位的“避雷针”。这是快速震仓洗盘还是主力已经出货？是减仓还是继续持有？我们先看第二天的走势再作决定。（图 7－12）

图 7－12

"避雷针"信号出现后，该股又连续拉升了两天。2011 年 11 月 3 日，该股收出了带长上影线的放量 K 线。鉴于短期涨幅已经不小，在高位出现这样的 K 线，说明已经开始转势，多方已经力不从心，我们大幅减仓，锁定大部分利润。（图 7 – 13）

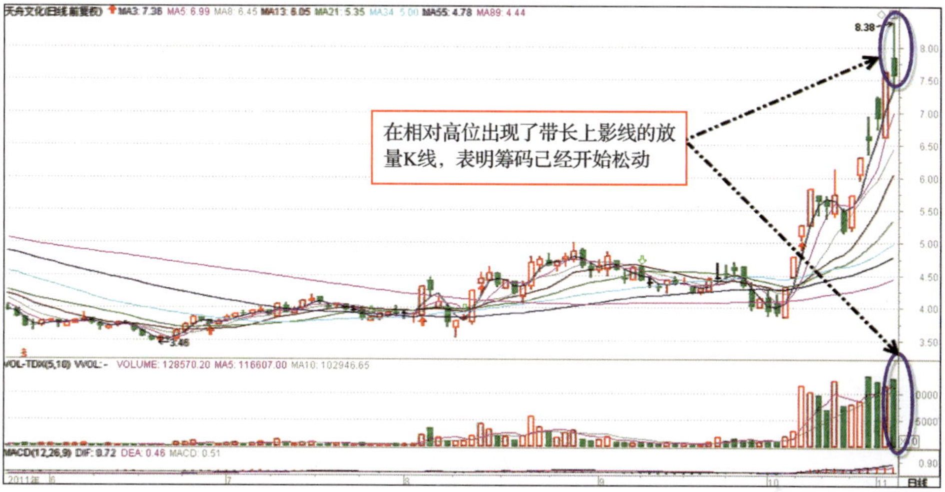

图 7 – 13

在高位横盘震荡一段时间后，2011 年 11 月 28 日，一根大阴线出现，该股走势彻底破位，我们清空所有剩余仓位，离场出局。（图 7 – 14）

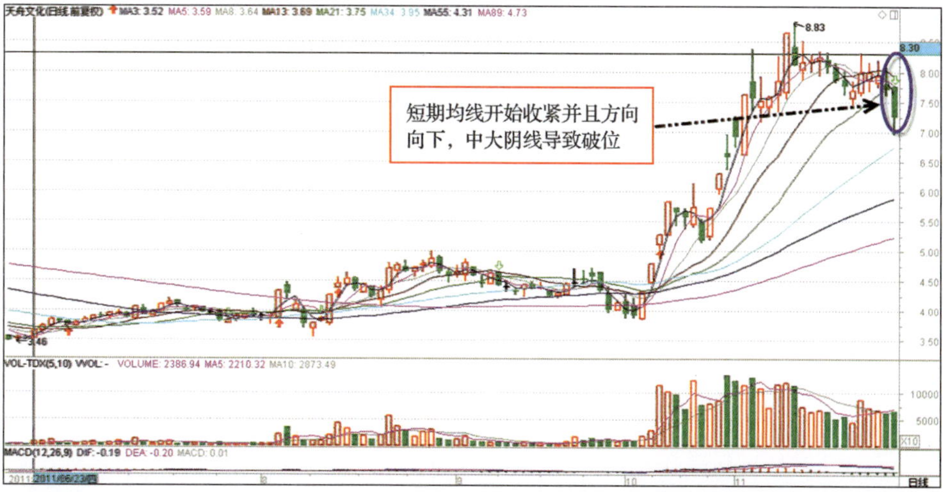

图 7 – 14

该股破位下跌后，又反抽了一小段，然后就开始了漫长的调整之旅。（图7－15）

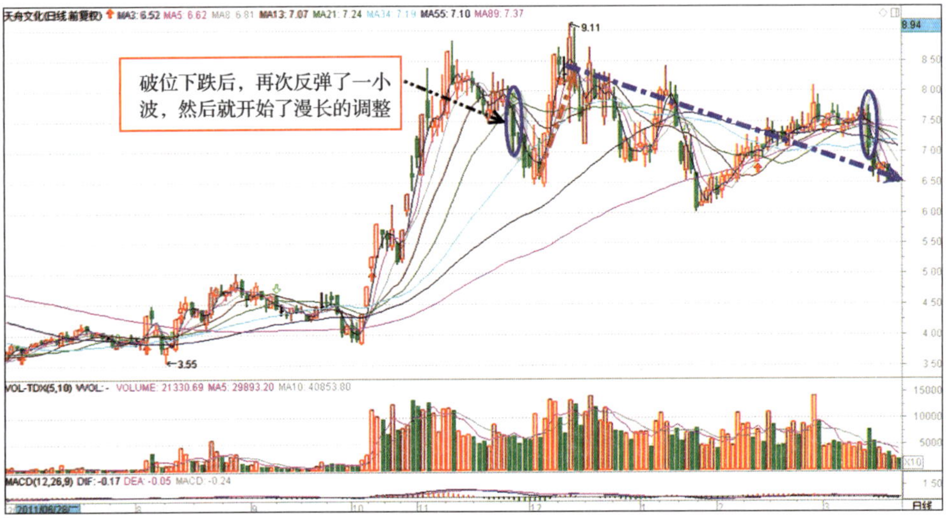

图7－15

第八章

千淘万漉虽辛苦，吹尽狂沙始到金

冀东装备（000856）的实战

冀东装备（000856）是2017年上半年“雄安新区”概念板块的龙头之一。2017年4月，国家宣布开发建设雄安新区，借助这一重大利好，冀东装备的股价在一个半月的时间里从14元左右飙涨到45元左右，涨幅超过200%，成为当时市场的明星股之一。为什么冀东装备能够从众多的“雄安新区”概念股中脱颖而出呢？现在我们就冀东装备的实战作一个全面的回顾与分析。

第一节　题材剖析

冀东装备是以水泥机械设备、普通机械设备及配件制造、销售为主业的河北地区上市公司。2017年4月1日，中共中央、国务院印发通知，决定设立河北雄安新区。雄安新区规划范围涵盖河北省雄县、容城、安新3县及周边部分区域，远期控制区面积约2000平方公里。建立新区，基建先行，规模庞大的雄安新区其基础建设规模也必将是巨大的。冀东装备是河北境内唯一的工程机械设备类上市公司，具有天然的“地利”优势，雄安新区的设立对其来说无疑是巨大的利好。

第二节　技术剖析

1. 趋势分析

2017年4月1日，设立雄安新区的消息发布，该股股价于2017年4月3日开始“一字板”涨停启动。连续几日的涨停突破了前期的大箱体震荡平台，股价走势发生了明显改变，即由横盘震荡趋势转为上升趋势。（图8－1）

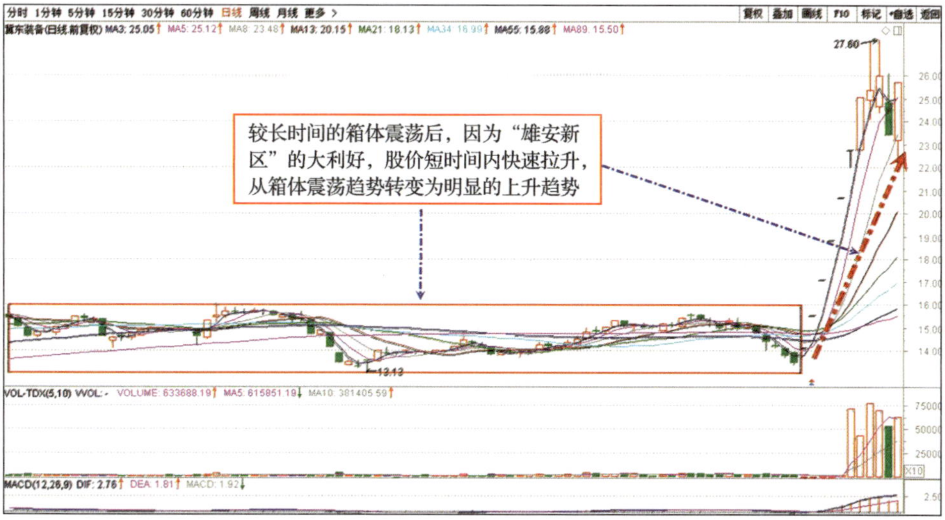

图 8－1

2. K 线组合分析

2017 年 4 月 21 日及其前后两个交易日，该股 K 线图上出现变异的“多方炮”K 线组合，这是标准的做多信号。但在相对中高位出现这样的 K 线组合，我们还需要结合其他参考因素来判定其市场含义。（图 8－2）

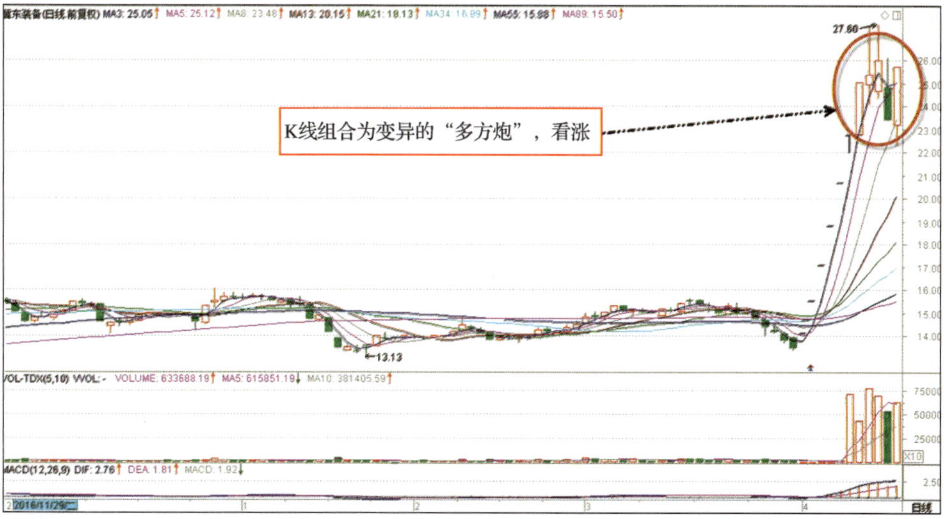

图 8－2

3. 成交量

在连续拉出五个缩量“一字板”后，第六个“一字板”在盘中被打开并放出巨量。随后出现三根放量的阳线。2017 年4 月21 日，出现了一个缩量的跌停板。4 月 24 日，该股再度成功涨停，成交量有效放大。（图 8 – 3）

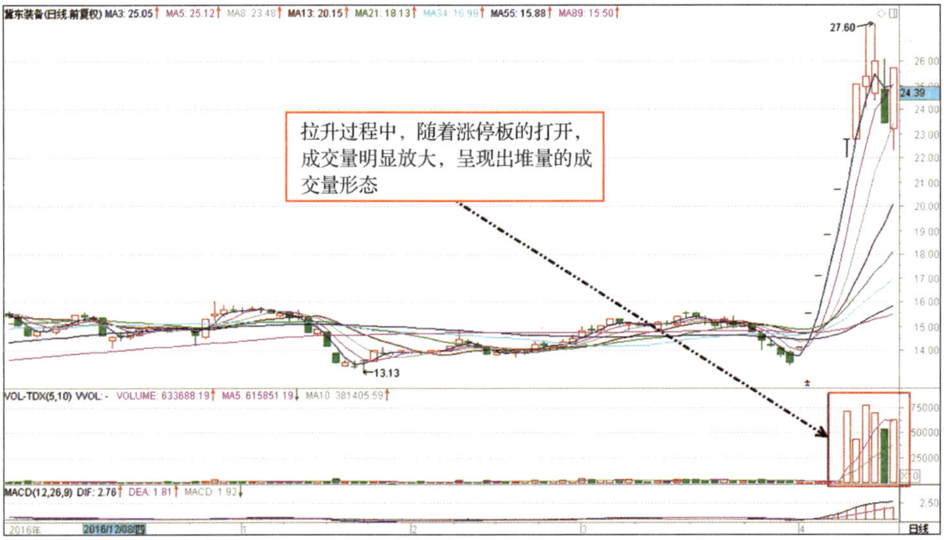

图 8 – 3

4. 均线

在起涨之前，由于长时间的箱体震荡，该股的均线系统呈现出收紧缠绕的形态特征。随着股价的连续拉升，均线系统由“金蜘蛛”形态转变为多头排列。（图 8 – 4）

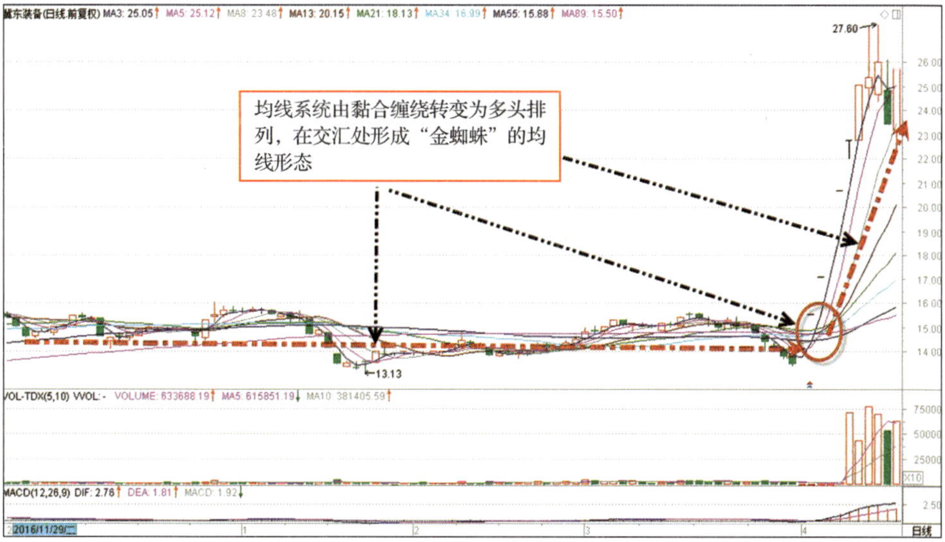

图 8－4

5. MACD 指标

2017 年 4 月 10 日，该股的 MACD 指标于零轴之上靠近零轴处形成有效金叉后，一直在零轴上方强势区域运行，红柱在不断变长。（图 8－5）

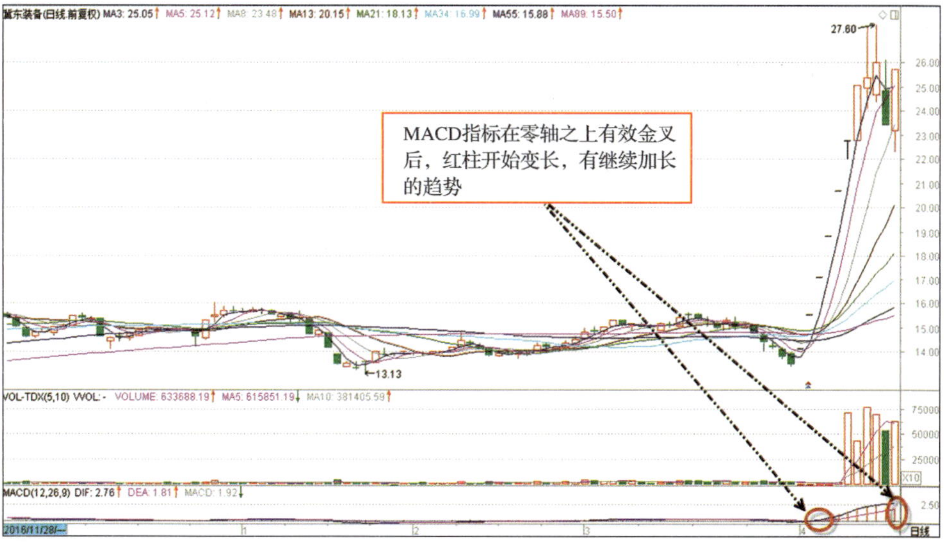

图 8－5

第三节　基本面剖析

冀东装备的盘子不是很大，总计仅有2.27亿股，属于小盘股。主升浪启动时该股价格仅有14元左右，流通市值在30亿元左右。冀东装备当时的业绩并不佳，处于亏损状态，但因为其股票价格较低，市值不大，而且是正宗的“雄安新区”概念，故而受到了市场炒作资金的高度青睐与追捧。

第四节　主力运作剖析

因为设立雄安新区的消息来得比较突然，主力并没有事先收集到筹码。不得已之下，主力只能利用2017年4月17日涨停板打开的时机快速抢筹，并在随后三天继续大量买入建仓。这短短4个交易日，换手率之和高达到115%，说明主力已经以比较高的价位拿到了大量的筹码。拿到了足够的筹码后，2017年4月21日，主力用缩量跌停板的方式快速打压洗盘，一天时间里就洗盘完毕。4月24日，涨停板再度出现，宣告第二波拉升正式开启。（图8－6）

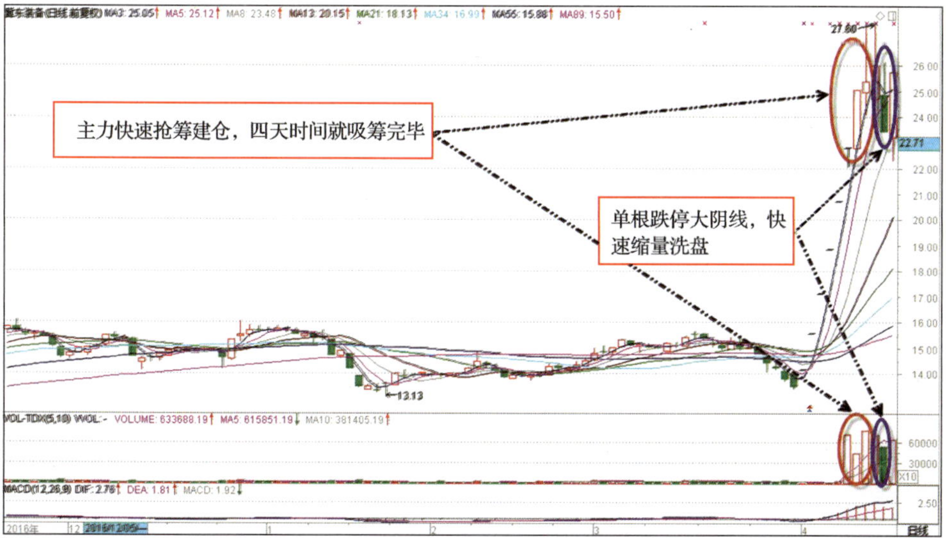

图 8－6

第五节　大盘背景和板块背景

冀东装备所在的深圳成指已经调整了一段时间，成交量在逐渐萎缩，这意味着下跌动力接近枯竭，反弹随时可能出现。当时“雄安新区”概念板块指数经过前期的快速大幅飙升后，已经连续调整了 7 个交易日，调整到了前期涨幅一半的位置，成交量也日渐萎缩。从调整的时间和空间来看，短期调整已经基本到位，反弹即将出现。（图 8－7、图 8－8）

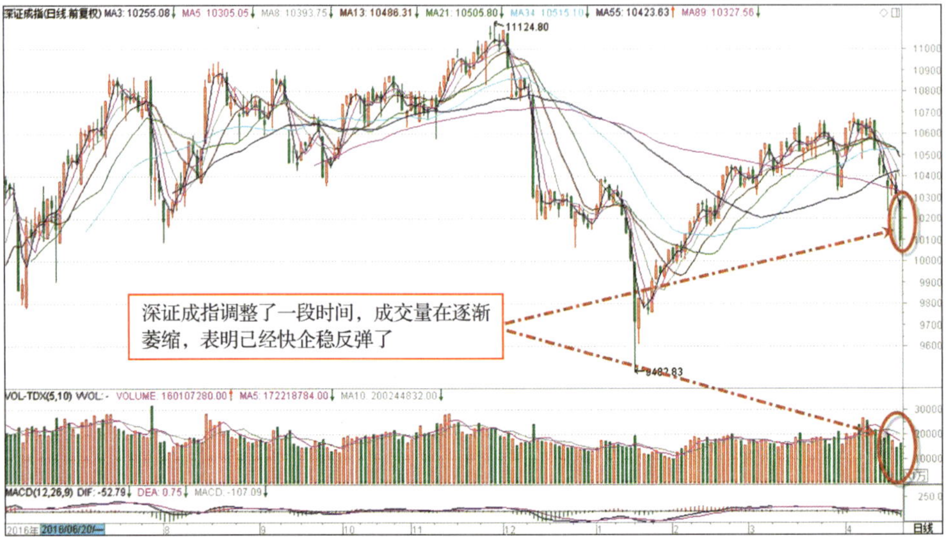
深证成指(日线 前复权) MA3: 10255.08 MA5: 10305.05 MA8: 10393.75 MA13: 10486.31 MA21: 10505.80 MA34: 10515.10 MA55: 10423.63 MA89: 10327.56
11124.80
深证成指调整了一段时间，成交量在逐渐萎缩，表明已经快企稳反弹了
VOL-TDX(5,10) VOL: - VOLUME: 160107280.00 MA5: 172218784.00 MA10: 200244832.00
MACD(12,26,9) DIF: -52.79 DEA: 0.75 MACD: -107.09
日线

图 8－7

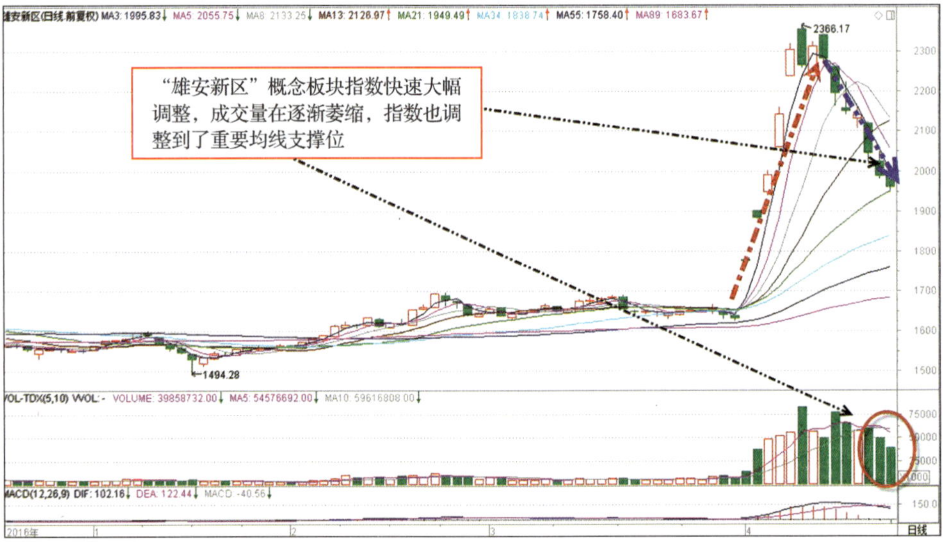
雄安新区(日线 前复权) MA3: 1995.83 MA5: 2055.75 MA8: 2133.25 MA13: 2126.97 MA21: 1949.49 MA34: 1838.74 MA55: 1758.40 MA89: 1683.67
2366.17
“雄安新区”概念板块指数快速大幅调整，成交量在逐渐萎缩，指数也调整到了重要均线支撑位
1494.28
VOL-TDX(5,10) VOL: - VOLUME: 39858732.00 MA5: 54576692.00 MA10: 59616808.00
MACD(12,26,9) DIF: 102.16 DEA: 122.44 MACD: -40.56
日线

图 8－8

第六节　实战攻略

通过全方位分析，我们认为运作冀东装备的主力为短线资金，而2017年4月24日的那根涨停大阳线就是第二波上涨的启动点，其后股价拉升的速度将是非常快的。2017年4月25日，我们逢低介入，狙击第二波拉升行情。

2017年4月25日，该股小幅高开，小幅拉升一波后展开短暂调整，之后迅速封板。小幅拉升后的调整阶段是比较好的分时进场点。（图8－9）

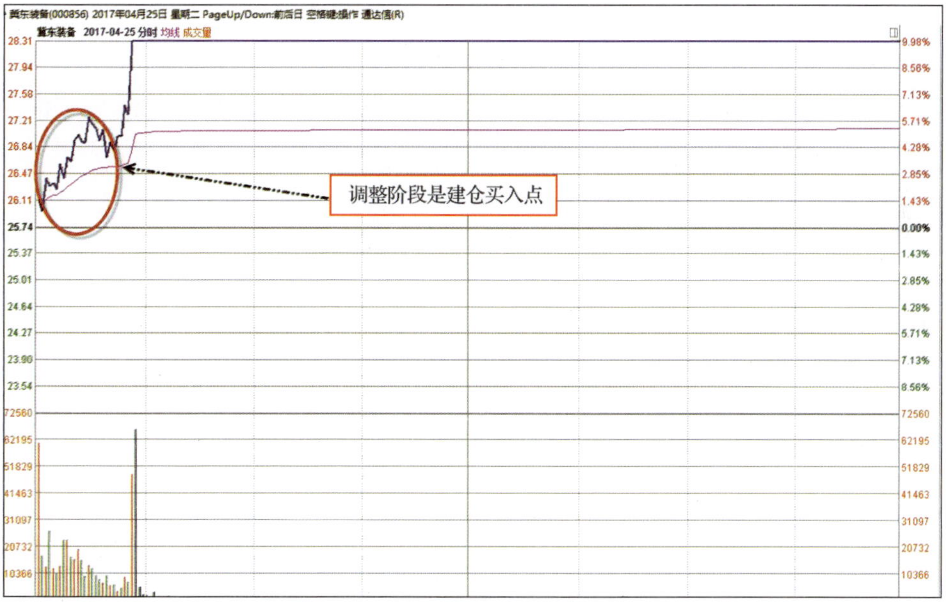

图8－9

2017年4月27日，该股收盘形成了放量的“十字星”，也就是俗称的“避雷针”信号。看空信号出现，是走还是留？鉴于与第一波拉升的涨幅相比，第二波拉升至此涨幅还不算很大，筹码也相对稳定，我们决定先观察两天再下结论。（图8－10）

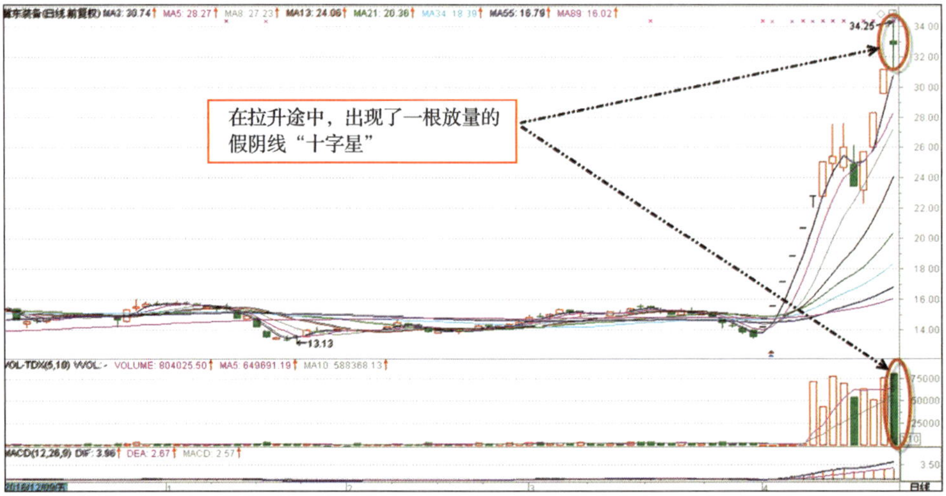

图 8－10

2017 年 5 月 3 日，该股再次收出了放量的大阴线，“避雷针”再次出现。考虑到短期涨幅已经比较可观，我们决定减仓一半，锁定部分利润，剩余仓位继续持有。（图 8－11）

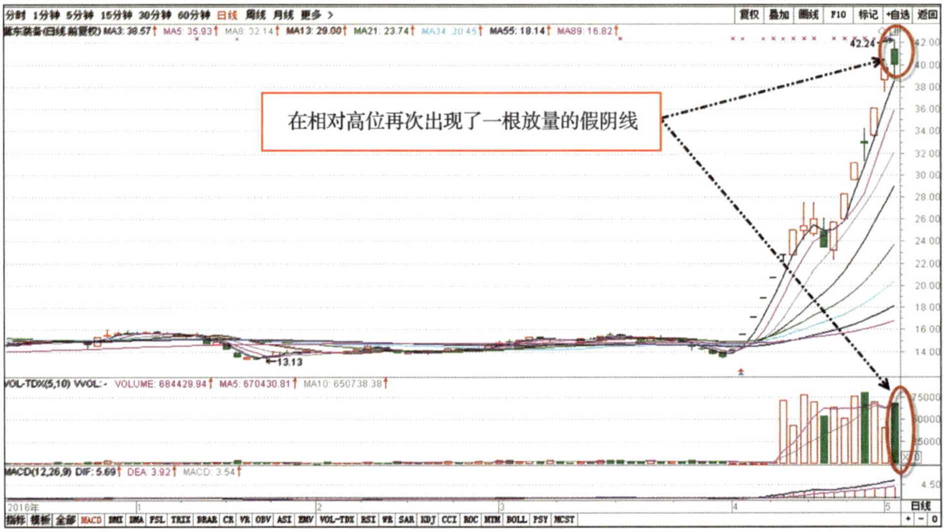

图 8－11

2017 年 5 月 4 日，该股收出一根低开低走的放量阴线，与前一日的 K 线构成了变异的“黄昏之星”K 线组合。在高位出现此 K 线组合，表明筹码已经大幅松动，主力开始战略性派发筹码，我们不再恋战，剩余仓位全部清空，撤退离场。（图 8－12）

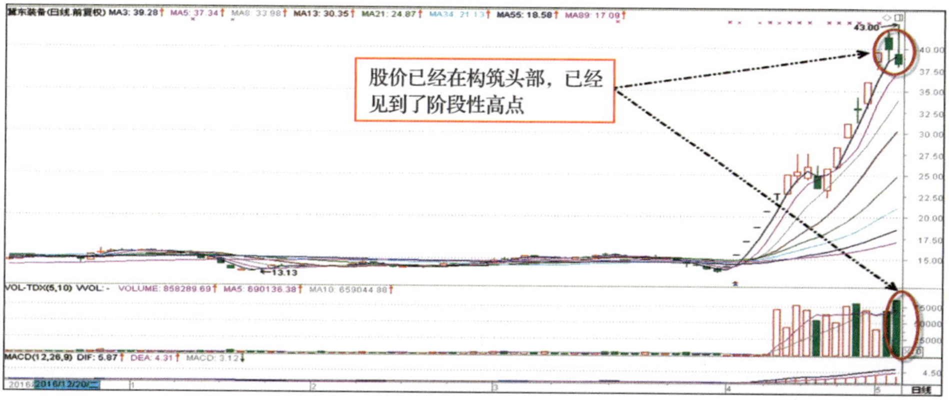

图 8－12

“黄昏之星”见顶信号出现后，该股虽又再创新高，但涨幅有限，并很快就陷入漫长的调整。（图 8－13）

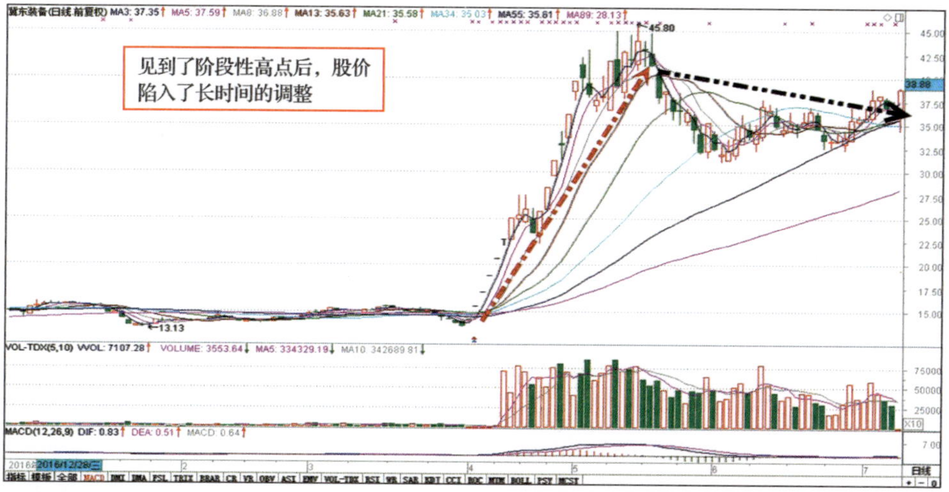

图 8－13

第九章

会当凌绝顶，一览众山小

柘中股份（002346）的实战

柘中股份（002346）是2016年下半年的大牛股之一，股价从2016年11月份的18元左右开始启动，到2017年1月上旬，股价就超过50元，在两个月时间内涨幅接近180%。为什么在2016年底相对比较弱势的大盘环境之下，柘中股份能有如此令市场侧目的精彩表现呢？在此，我们就柘中股份的实战作一个全面的分析与回顾。

第一节　题材剖析

柘中股份的主营业务是高强度混凝土管桩（PHC管桩）的生产与销售。其主营业务没有太大的增长空间，而且技术含量也不算很高，属于传统行业。但是，因其有整体上市的预期，因此还是给市场以丰富的想象空间。另外，柘中股份即使在2015年牛市的时候，也未曾被大幅炒作过，股价一直处于低位，这为后来的资金炒作埋下了伏笔。

第二节　技术剖析

1. 趋势分析

该股曾在很长一段时间内处于不明显的整体向上趋势。2016年11月，该股强劲拉升，随后在12月上旬大幅回调，12月下旬再次拉升。经过这一番上下折腾，新的上升通道已经形成。（图9－1）

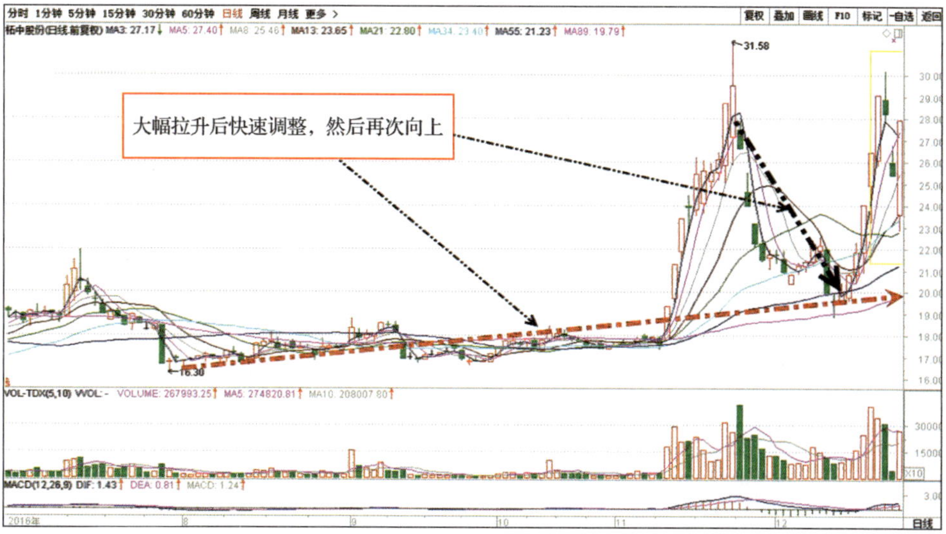

图 9－1

2. K 线组合分析

2016 年 12 月 21 日至 26 日，该股 K 线图上出现标准的“多方炮”K 线组合。结合该 K 线组合所处的位置和周 K 线进行分析，我们认为此处是最佳进场点，可以大举入场做多。（图 9－2）

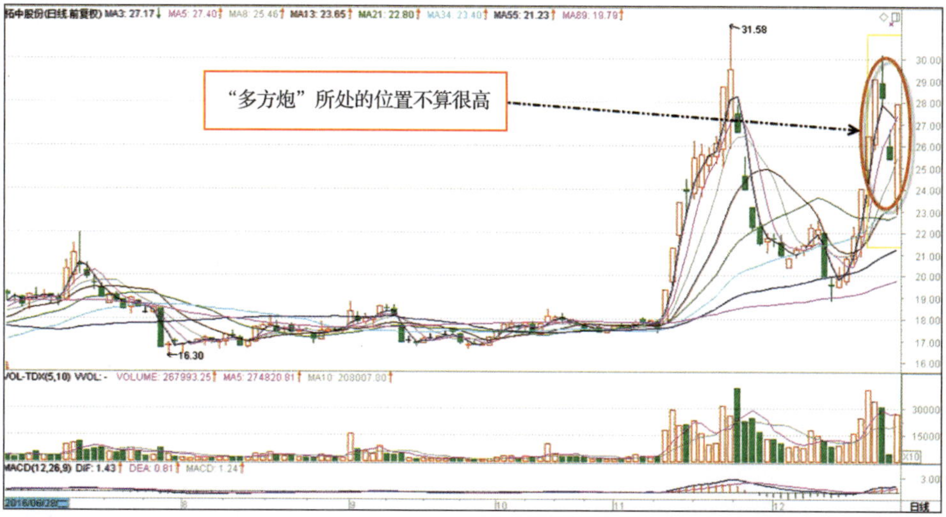

图 9－2

3. 成交量

在前期的底部横盘整理阶段，成交量非常小。在第一波拉升时候，成交量明显放大，而在之后的调整阶段，成交量则呈现出规则性萎缩的特征。第二波拉升时，价涨量增，成交量恢复到第一波拉升时的水平。（图9－3）

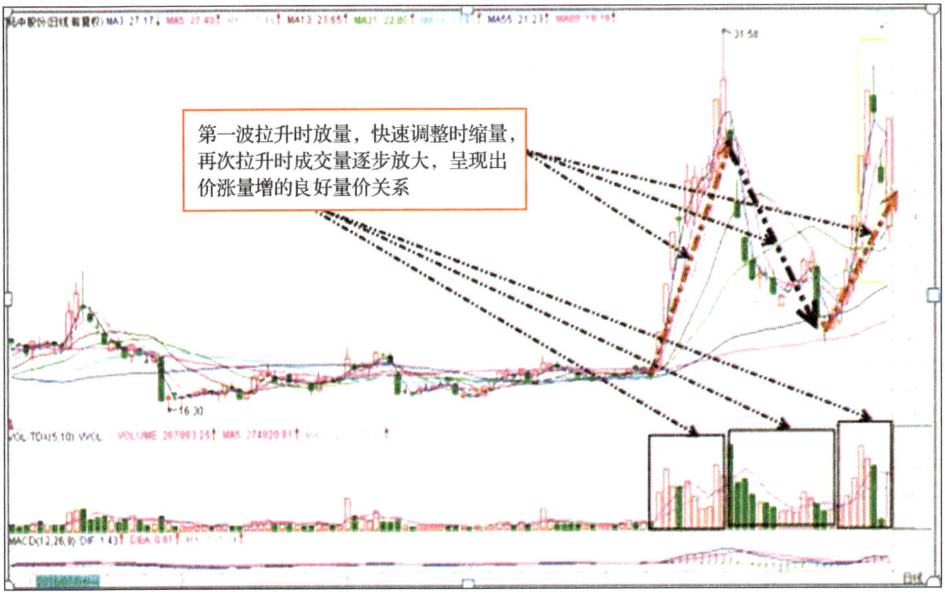

图9－3

4. 均线

随着趋势的改变，均线系统从收紧黏合的缠绕状态逐渐转变为短中期均线多头排列，并在第二波拉升开始时形成了“银山谷”。（图9－4）

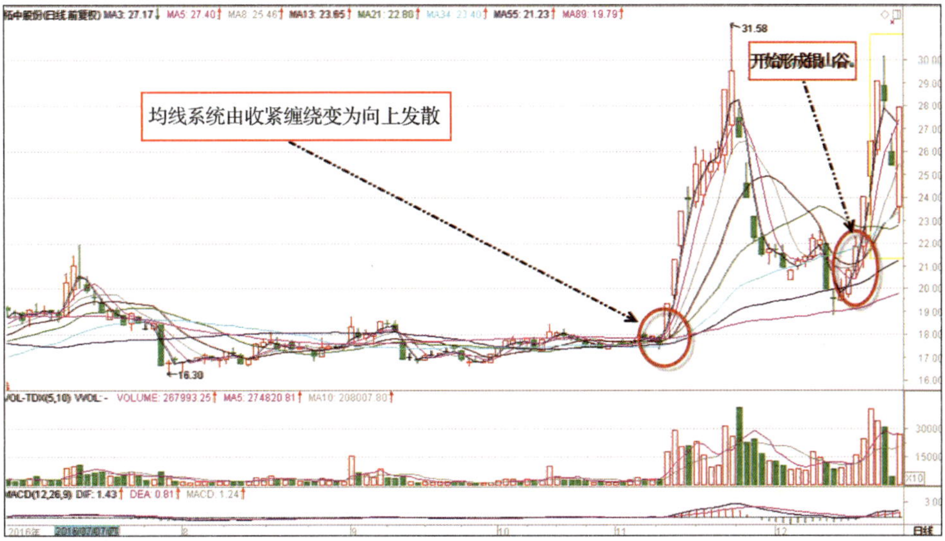

图 9－4

5. MACD 指标

MACD 指标于 2016 年 11 月上旬形成“零上金叉”后，在 2016 年 12 月 20 日再次形成“零上金叉”，“零上金叉二次红”出现，红柱也在不断地变长。（图 9－5）

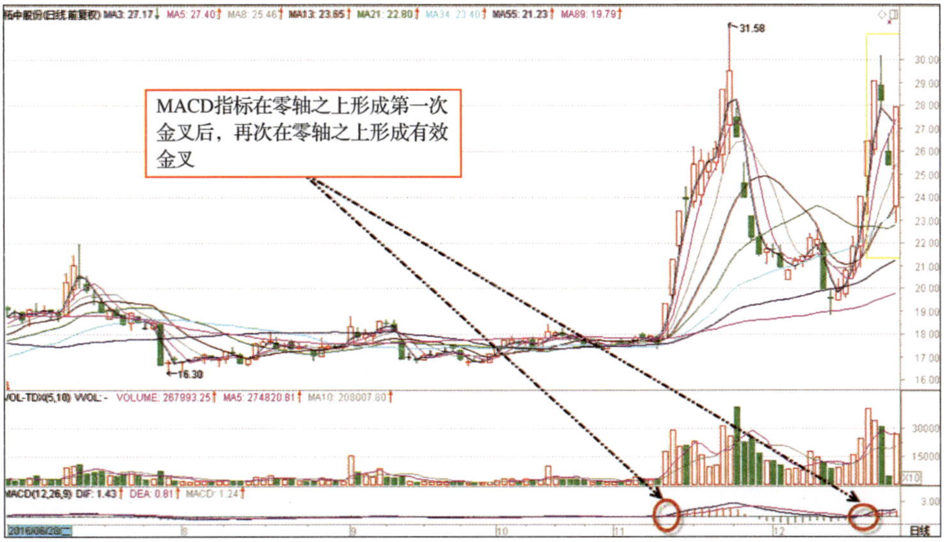

图 9－5

第三节 基本面剖析

柘中股份于2010年1月28日在深圳中小板上市，总股本在4.4亿股左右，流通盘不到8000万股，第二波拉升时，流通市值在22亿元左右。其经营业绩一般，但因有整体上市预期，因此股价具有较大的想象空间。

第四节 主力运作剖析

主力采用快速拉高股价的方式“拔高式”建仓，短时间内就吸纳了相当数量的筹码。拿到了所需数量的筹码后，主力利用几根中大阴线连续、快速打压洗盘，在此阶段，成交量不断萎缩。洗盘完毕后，2016年12月19日，主力以涨停板的方式启动第二波拉升。在第二波拉升中途，曾有过短暂的两天洗盘，随后股价一飞冲天，连续逼空上涨，一路涨至50元的目标价位。（图9-6）

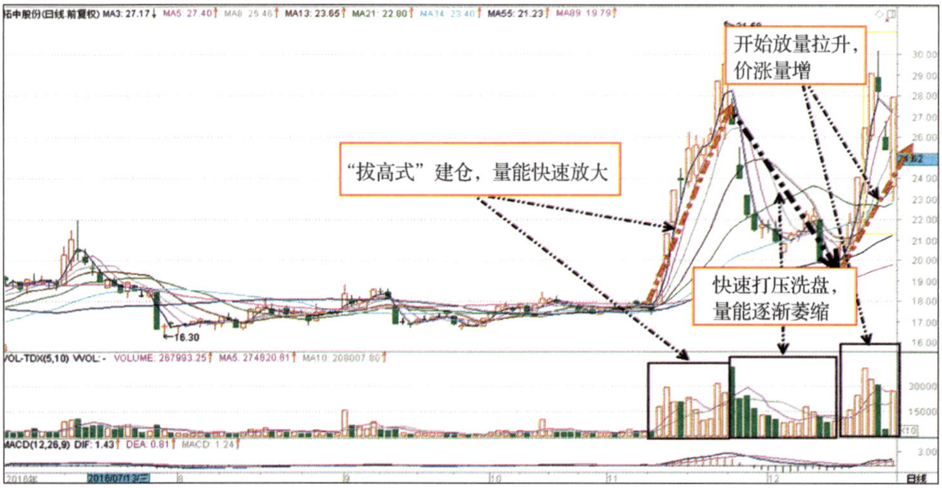

图9-6

第五节　大盘背景和板块背景

柘中股份所在的中小板指数当时在一个大箱体内上下震荡，经过一波小幅调整后，来到了箱体的中下沿位置，成交量未见明显萎缩。（图 9 - 7）

图 9 - 7

第六节　实战攻略

柘中股份第二波拉升的启动点很难把握，但是在拉升中途，主力进行了短暂的洗盘，洗盘之后的再次拉升，我们是完全可以抓住的。

2016 年 12 月 27 日，该股平开，然后一路震荡上行，将近 14：00 才成功封住涨停板。整个上午都是非常好的进场机会。（图 9 - 8）

图 9－8

2017 年 1 月 9 日，该股收出带长上影线和长下影线的 K 线。同时带有长上影线和长下影线，说明盘中多空双方的博弈非常激烈，双方分歧巨大。此处未有明显的逃顶信号出现，我们继续持股。（图 9－9）

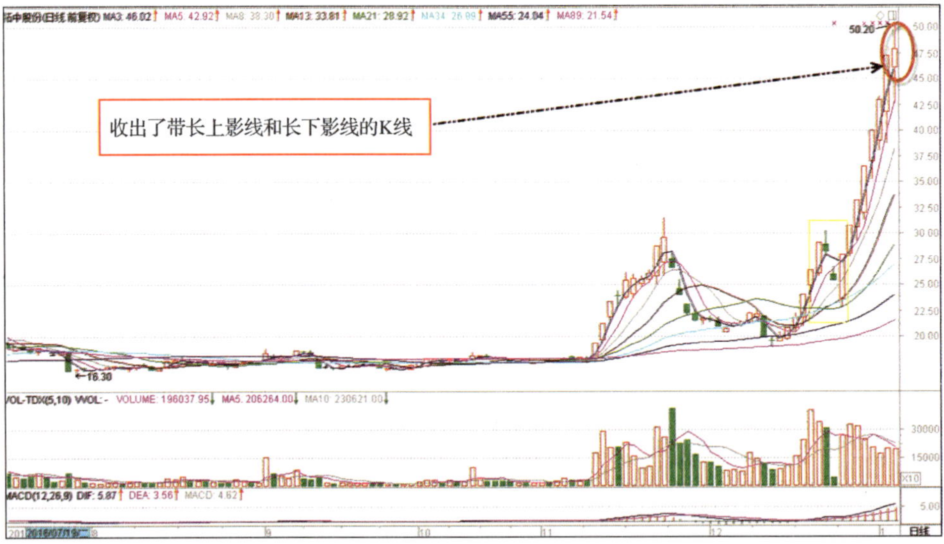

图 9－9

2017年1月10日，低开低走的大阴线出现，与前两根K线构成了变异的“黄昏之星”K线组合，在高位出现了看空信号。虽然成交量未见明显放大，但是短期涨幅已经很大，我们已经获利不菲，于是出掉一半仓位出，剩余仓位继续持有。（图9-10）

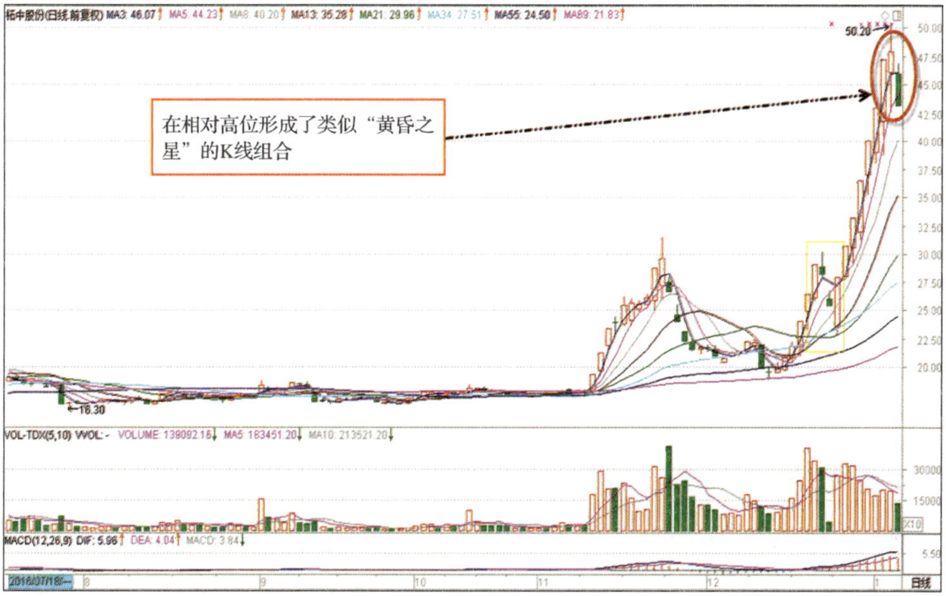

图9-10

随后，股价在高位震荡了几个交易日。2017年1月17日，一根低开低走的跌停大阴线出现，宣告走势彻底破位。此时不能有丝毫的侥幸心理，所有剩余仓位全部离场！（图9-11）

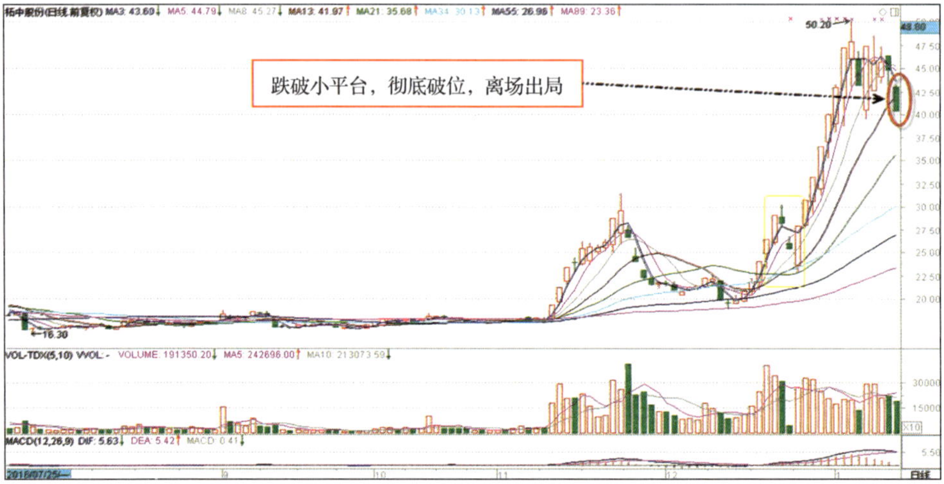

图 9－11

破位后，股价就再也没有收复前期的高点，一路下行。（图 9－12）

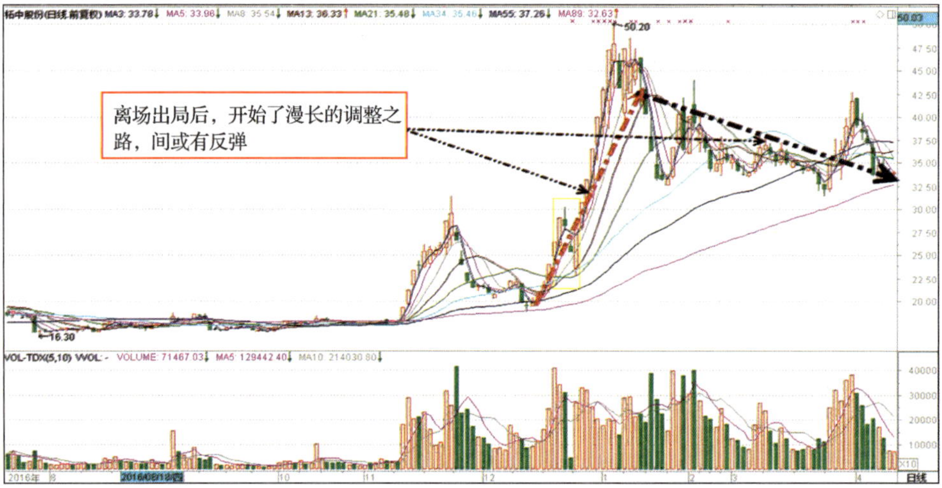

图 9－12

第十章
醉里挑灯看剑，梦回吹角连营
华贸物流（603128）的实战

华贸物流（603128）是2013年下半年“上海自贸”概念板块龙头之一。华贸物流的股价从2013年8月中旬不到3元启动（前复权后的价格），2013年9月10日最高曾经摸到9块多（前复权后的价格），在不到一个月的时间里涨幅超过200%，成为当时市场的大牛股之一。

第一节　题材剖析

华贸物流是以现代物流为主业、以国际货代为核心的跨境“一站式”综合物流及供应链贸易商。2013年8月，国务院正式批准设立中国（上海）自由贸易试验区（简称上海自贸区）。上海自贸区以上海外高桥保税区为核心，辅之以机场保税区和洋山港临港新城，旨在开辟为中国经济新的试验田，探索实践政府职能转变、金融制度、贸易服务、外商投资和税收政策等多项改革，并将大力推动上海市转口、离岸业务的发展。这是中国的第一个自贸区，示范意义重大。对市场而言，上海自贸区的横空出世无疑是一个巨大的利好，是一个超级题材。华贸物流公司处于上海自贸区范围内，是最直接的受益者。

第二节　技术剖析

1. 趋势分析

在2013年8月之前相当长的一段时间内，该股的股价一直在做箱体震荡。在设立上海自贸区的消息公布之后，随着股价的连续拉升，箱体平台被有效突破，趋势转为向上，形成新的上升通道。（图10－1）

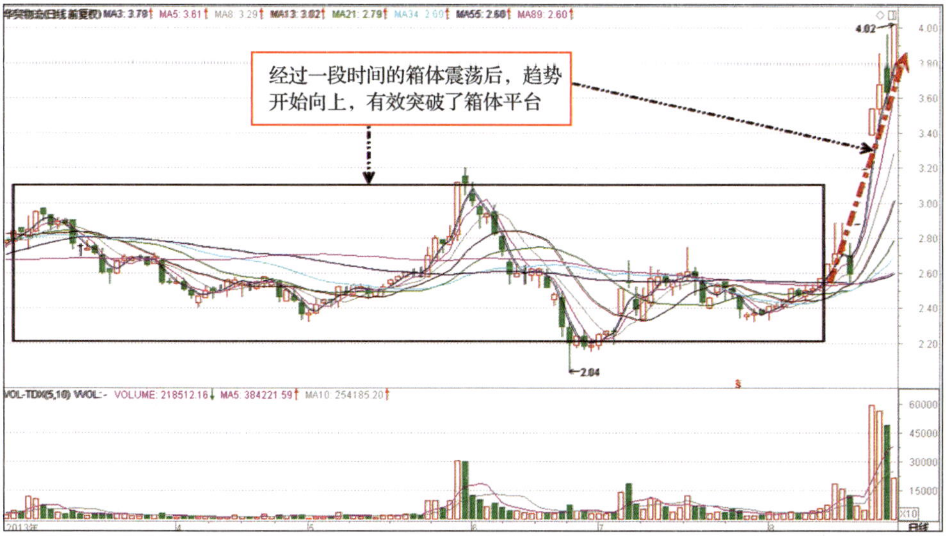

图 10 - 1

2. K 线组合分析

2013 年 8 月 26 日，该股收出一根涨停大阳线，与前一根 K 线构成变异的“阳包阴”K 线组合，突破力度非常强。结合 K 线组合所处的位置和周 K 线进行综合分析，我们基本可以确定此处是一个进场点。（图 10 - 2）

图 10 - 2

3. 成交量

在整个箱体震荡过程中，成交量都未见明显放大，而且呈现出不规则缩放的特征。在设立上海自贸区消息出台前的几个交易日，成交量则急剧放大，创出一段时间以来的天量。（图 10－3）

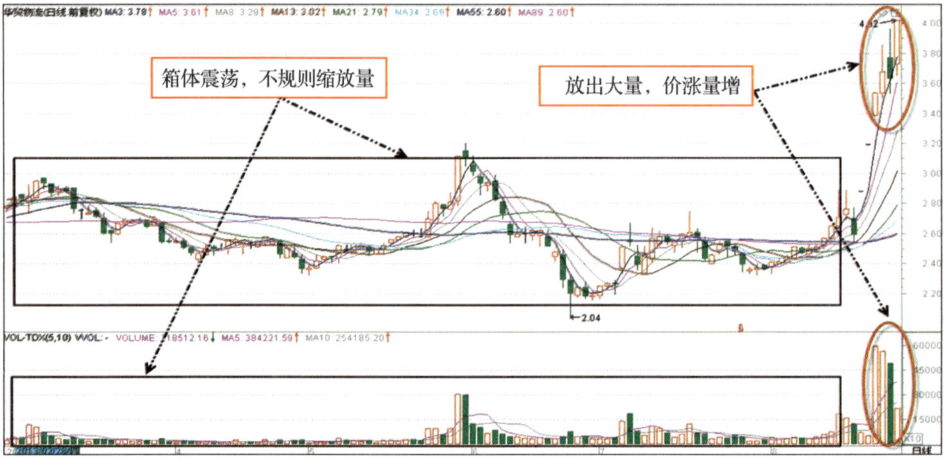

图 10－3

4. 均线

均线系统一开始黏合缠绕，逐渐形成“银山谷”和“金山谷”，继而有形成多头排列的趋势。（图 10－4）

图 10－4

5. MACD 指标

MACD 指标在靠近零轴处形成金叉后，红柱不断地加长，没有出现顶背离和红柱背离。(图 10－5)

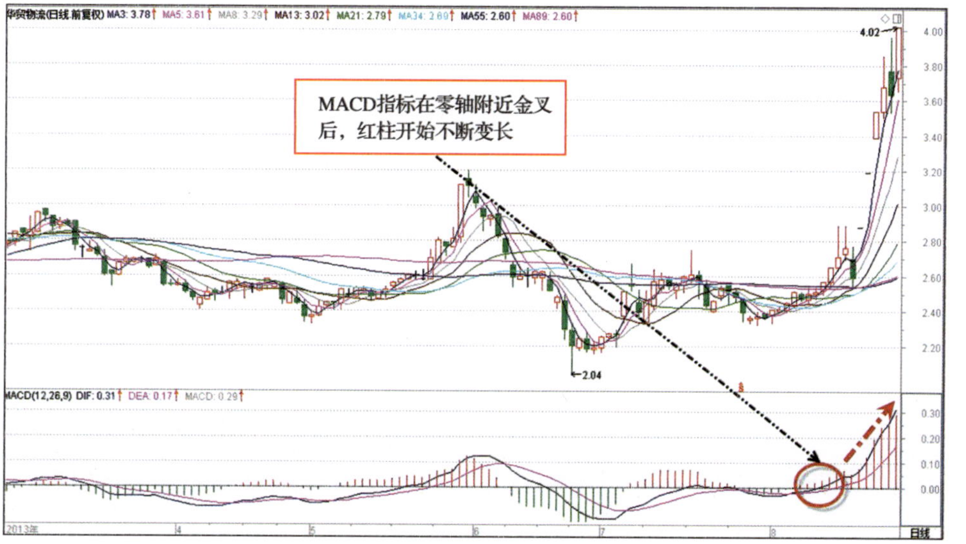

图 10－5

第三节　基本面剖析

华贸物流主升浪启动时价格在 3 元左右，当时的市值不到 40 亿元，适合中等规模的资金参与运作。其业绩不算突出，但因其直接受益于上海自贸区的设立，而且概念非常正宗，故此得到了市场资金的高度认可与追捧。

第四节　主力运作剖析

主力在2013年8月21日和22日强力拉升吸筹，两天的换手率之和达到了72%，说明主力资金已经拿到了相当数量的筹码。2013年8月23日，主力快速洗盘，造出高开低走的一根缩量中阴线。洗盘完毕后，2013年8月26日，股价直接高开高走，开始了波澜壮阔的一轮快速上涨。（图10－6）

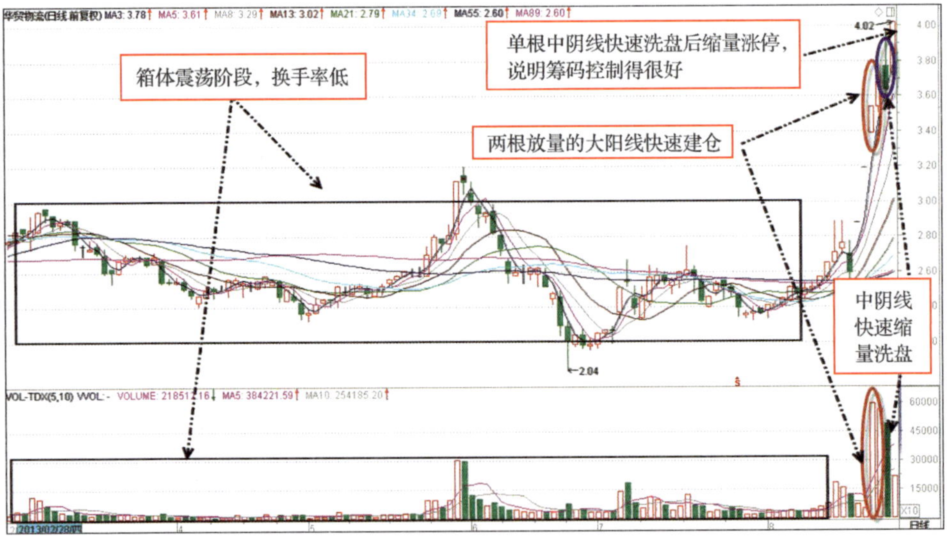

图10－6

第五节　大盘背景和板块背景

华贸物流所在的上证指数当时处于反弹格局中，“上海自贸”概念板块指数则是刚创立。相对安全的大盘环境为华贸物流的主力拉升股价创造了良好的“天时”条件。（图 10－7、图 10－8）

图 10－7

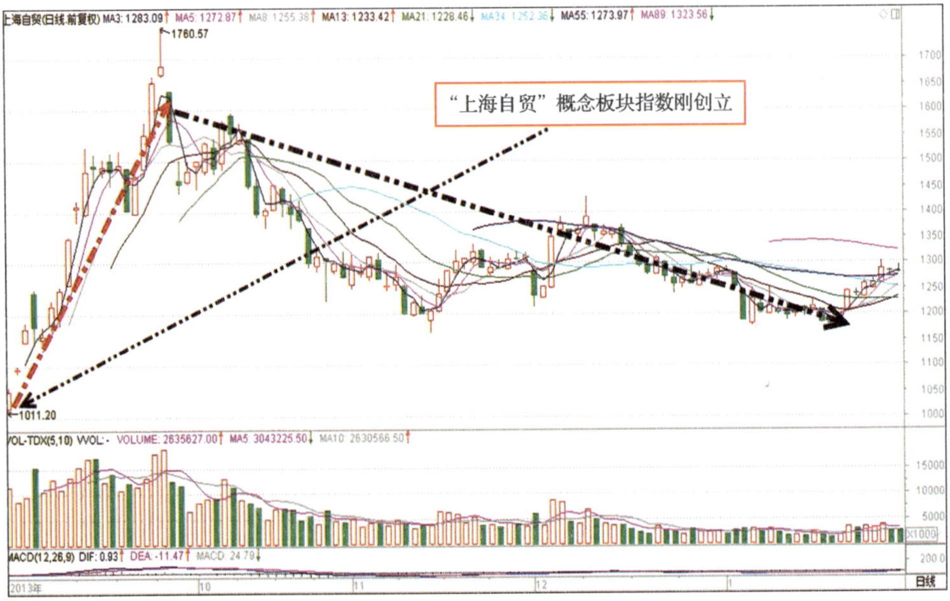

图 10－8

第六节　实战攻略

通过以上详尽的分析，华贸物流“天时”“地利”“人和”三者皆具，由此，我们可以确认，华贸物流将会展开一轮主升浪，而 2013 年 8 月 26 日就是绝佳的进场时机。

2013 年 8 月 26 日，该股小幅放量高开，稍微下探后就转身向上，9：45就成功封板。下探期间是最佳的分时进场点。（图 10－9）

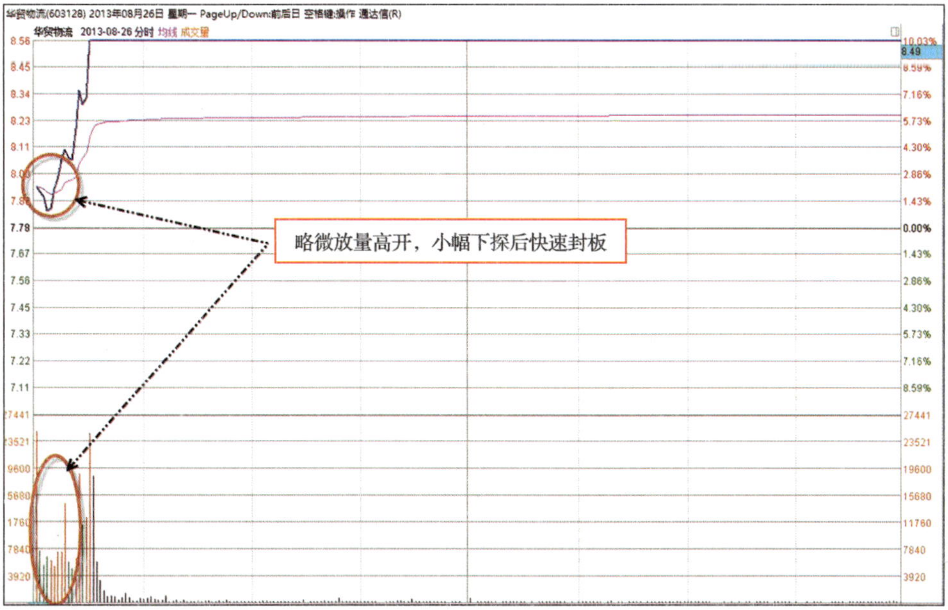

图 10－9

2013 年 9 月 2 日，该股以涨停价开盘，盘中有过短暂的“开闸放水”动作，但很快又封在了涨停板的位置。虽然当日的成交量比较大，但是仍然没有发出逃顶卖出信号，我们继续持股。（图 10－10）

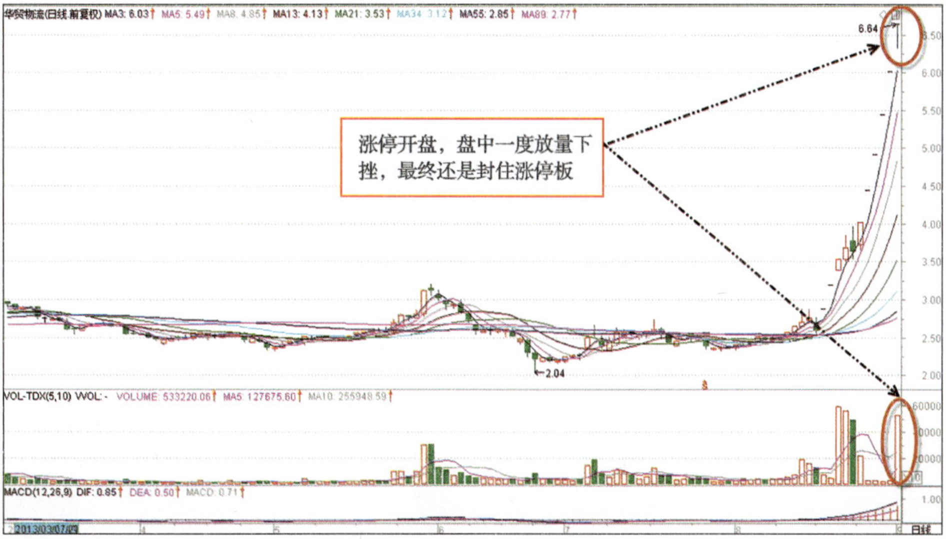

图 10－10

2013 年 9 月 9 日，该股在相对高位出现了放量的“避雷针”，鉴于短期获利巨大，我们减仓一半，锁定部分利润，剩余一半仓位继续持有，观察两天再决定如何处理。（图 10－11）

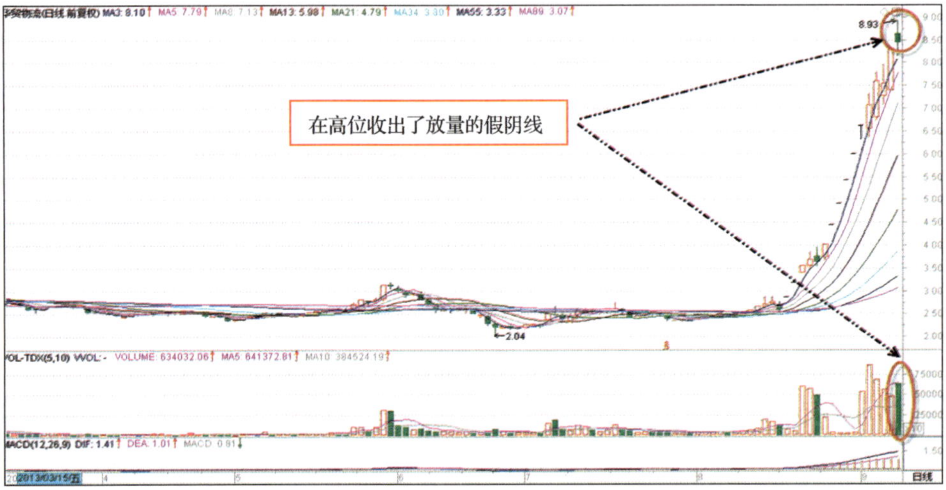

图 10－11

2013 年 9 月 17 日，该股收出一根大阴线，走势彻底破位，剩余的仓位全部出局。（图 10－12）

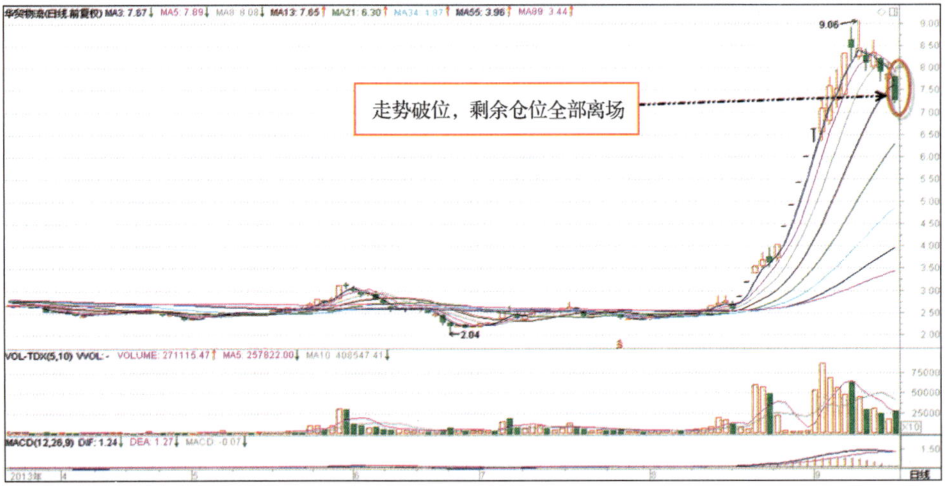

图 10－12

走势破位后，该股又反抽了几天，然后开始了漫长的下跌之路。（图 10－13）

图 10－13

第十一章

俱怀逸兴壮思飞，欲上青天揽明月

万讯自控（300112）的实战

万讯自控（300112）是2010年8月27日在创业板上市的公司。2013年底，国务院推出振兴高端制造行业的政策，“工业4.0”以及“智能制造”概念横空出世，万讯自控为当时“工业4.0”概念板块龙头之一。2013年12月底，其股价出现一波轰轰烈烈的拉升，不到10天的时间涨幅接近100%，成为当时相对弱势市场行情下的明星股之一。

第一节 题材剖析

万讯自控的主营业务是工业自动化仪器、仪表的研发、生产与销售。2013年底，国务院推出振兴高端制造业的政策，意欲效仿德国的“工业4.0”计划，这一政策的推出，对高端制造行业的上市公司构成了巨大的利好，而万讯自控就是典型的高端制造企业，直接受益于这一产业振兴政策。

第二节 技术剖析

1. 趋势分析

自2013年6月开始，该股股价一直在缓慢震荡上行，处于一个中长期的上升趋势中。（图11－1）

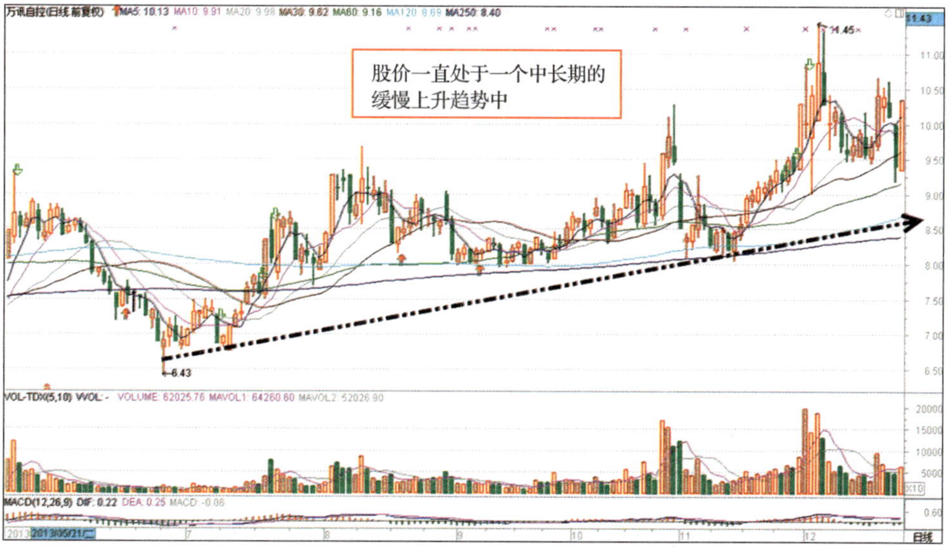

图 11－1

2. K 线组合分析

2013 年 12 月 18 日至 24 日的几个交易日，该股 K 线图上出现了变异的"多方炮"K 线组合和典型的"阳包阴"K 线组合。(图 11－2)

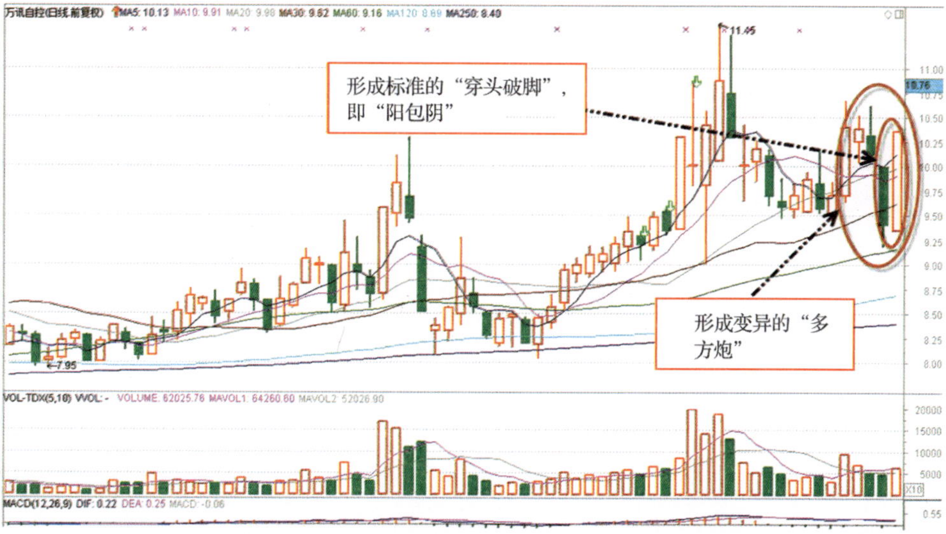

图 11－2

这两个K线组合所处的位置不高，在相对中低位。结合周K线进行分析后，我们判定此处风险极低，可以积极进场做多。（图11－3）

［如何精准辨析K线的性质和市场含义有三个法宝，相关内容参见本书姊妹篇《私募的力量之倚天利剑（技术与心态篇）》中关于K线的章节。］

图11－3

3. 成交量

在整个震荡上升趋势中，阳线放量，阴线缩量。显而易见，阳线是主力资金在吸筹，阴线则是在打压洗盘。（图11－4）

图 11－4

4. 均线

在缓慢爬升的过程中，均线系统先形成“银山谷”，继而又形成“金山谷”。2013 年 12 月 24 日，股价涨停，以“蛟龙出海”之势启动升势。（图 11－5）

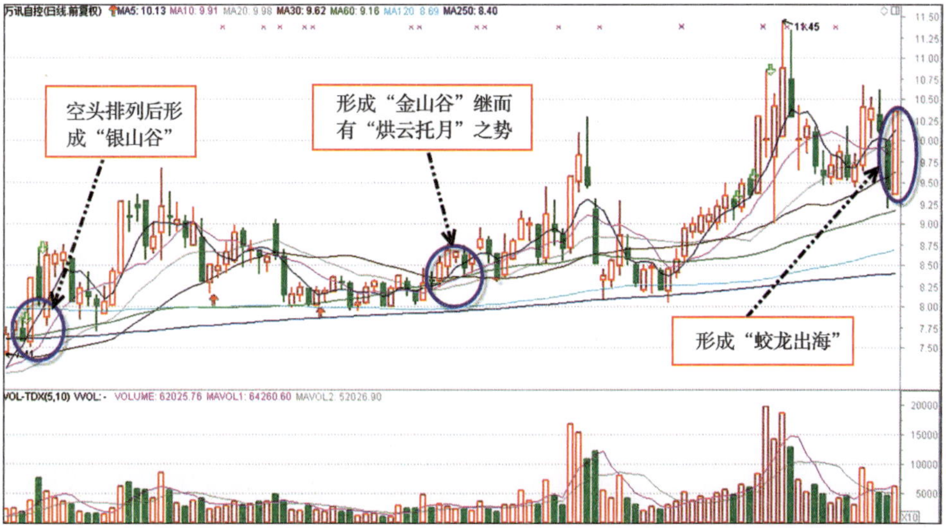

图 11－5

5. MACD 指标

股价涨停的同时，MACD 指标形成了标准的“零上金叉二次红”。结合 K 线、均线、成交量进行综合判断，这毫无疑问将会是一波拉升的开始。(图 11－6)

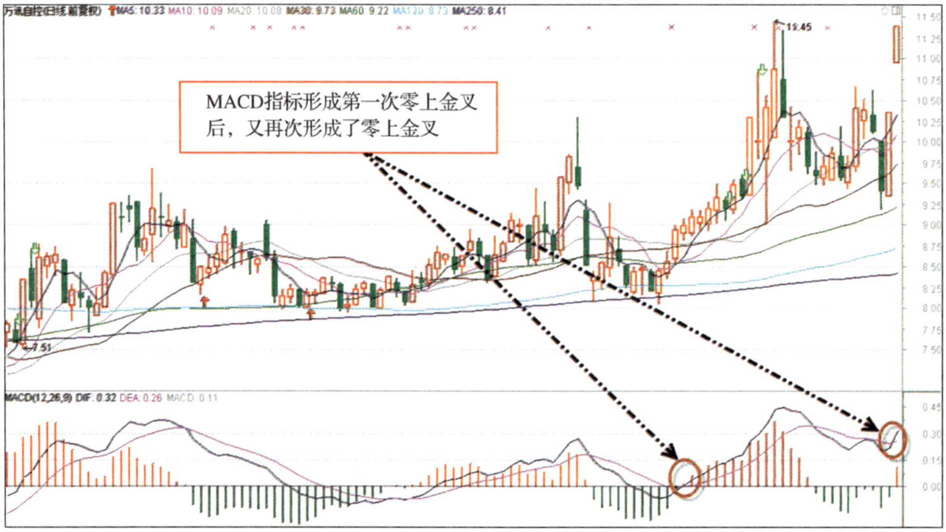

图 11－6

第三节　基本面剖析

万讯自控总股本约 2.6 亿股，流通盘约 1.6 亿股，股价启动时，流通市值不足 20 亿元，这样大小的市值适合中小规模的主力资金运作。其业绩当时尚可，股票价格不高。

第四节　主力运作剖析

主力“推土机式”建仓。建仓周期内，股价不断抬升，成交量也逐渐放大。主力拿到了一定数量的筹码后，再通过震荡打压的方式来震仓洗盘。洗盘到后期，成交量日渐萎缩，短中期均线也在收紧黏合。2013 年 12 月 24 日，一根量能不算大的涨停大阳线拔地而起，一轮波澜壮阔的主升浪就此开启。（图 11－7）

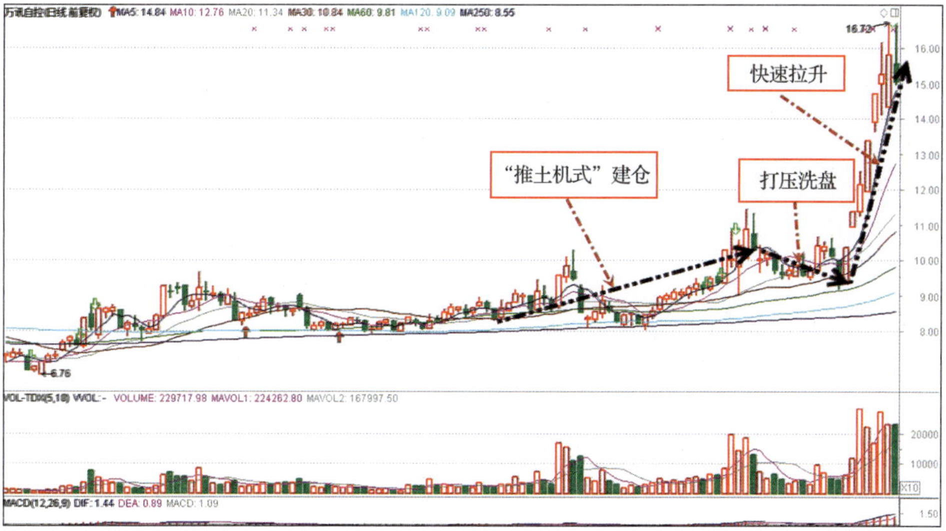

图 11－7

第五节 大盘背景和板块背景

万讯自控所在的创业板指数经过大半年的上涨后，正处于一个中期的调整趋势中，但中长期趋势仍然完好，而且短期内有企稳的迹象。(图 11 –8)

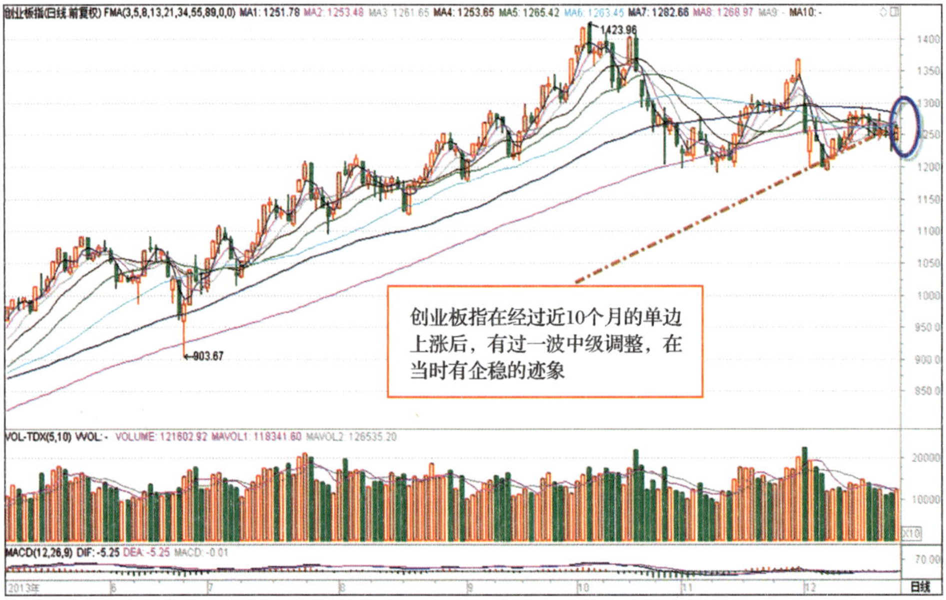

图 11 –8

第六节 实战攻略

通过对大盘环境、题材、基本面、技术形态、主力运作等进行全方位分析，我们基本可以判定，万讯自控 2013 年 12 月 24 日的这根涨停大阳线就是主升浪的启动点，我们决定在下一个交易日择机逢低介入。(图 11 –9)

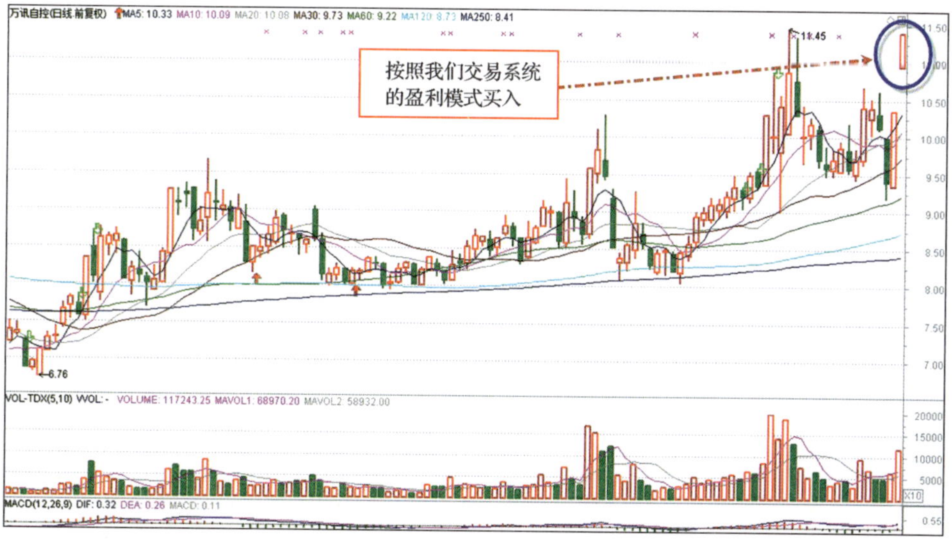

图 11－9

2013 年 12 月 25 日，该股大幅高开，然后震荡调整，10：00 左右成功封住涨停板。震荡调整期就是比较好的建仓买入点。因为可以确定此处就是一轮拉升的“起爆点”，所以即便追高也无所畏惧。（图 11－10）

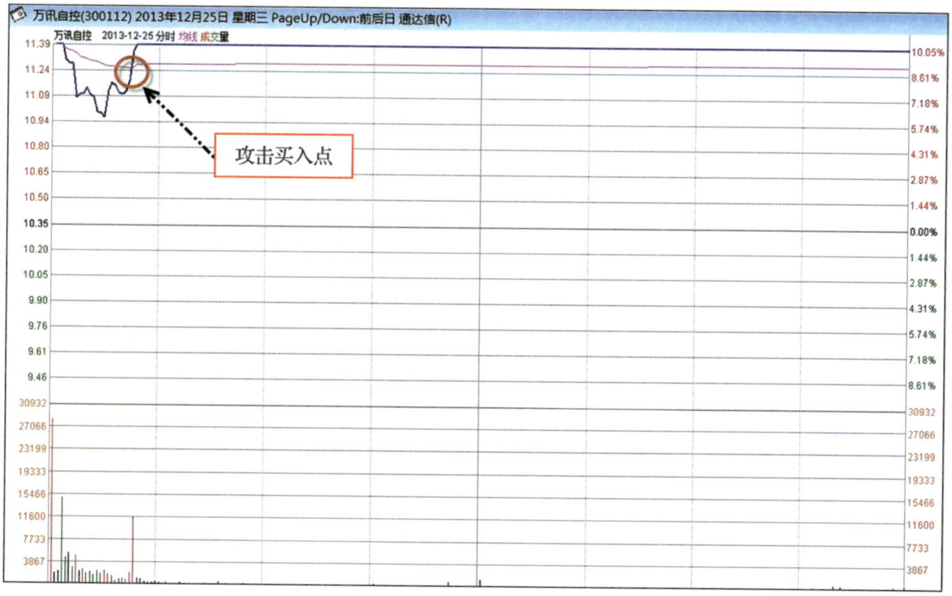

图 11－10

2013 年 12 月 31 日，该股收盘后形成了带有长上影线和长下影线的 K 线，这表明当日盘中波动幅度较大，多空双方博弈非常激烈，筹码有松动迹象。小幅减仓，其余大部分仓位继续持有。（图 11－11）

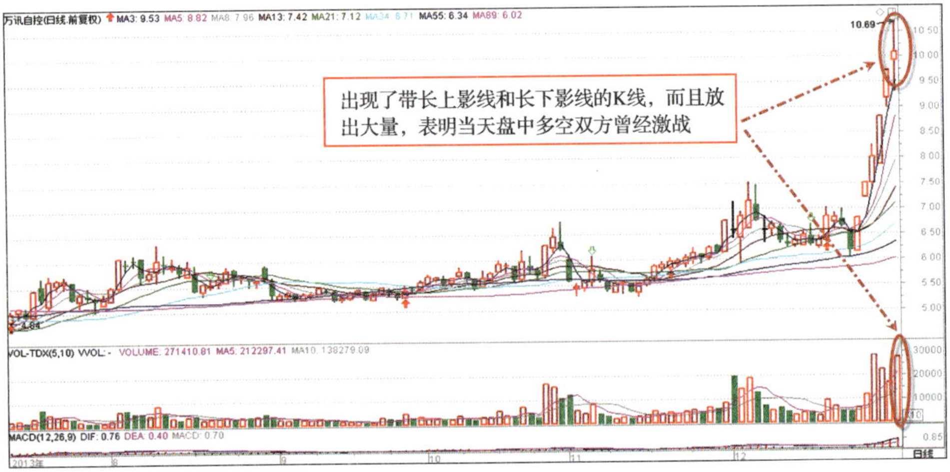

图 11－11

紧接着的两个交易日连续收出了带长上影线的 K 线，表明多方上攻动能大幅减弱，有形成头部的迹象。鉴于短期获利已经不菲，我们减掉一半仓位，锁定部分利润，剩余仓位继续持有。（图 11－12）

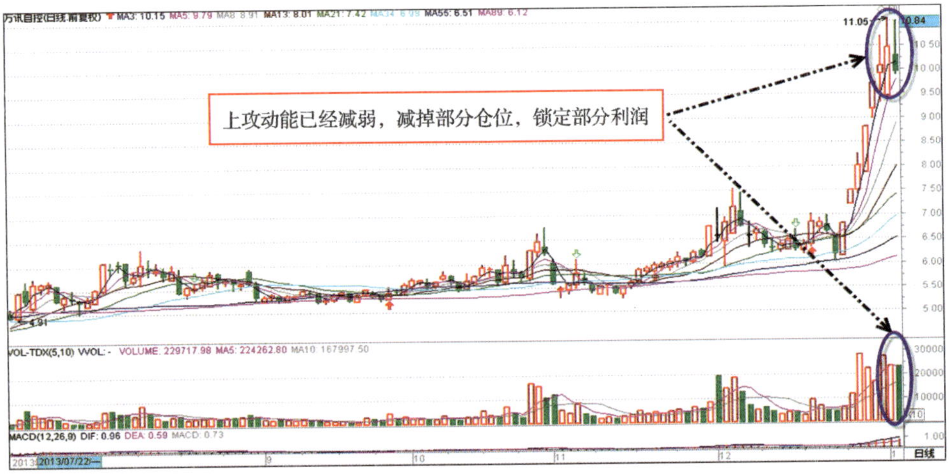

图 11－12

2014年2月25日，最终离场信号出现，清仓出局。（图11－13）

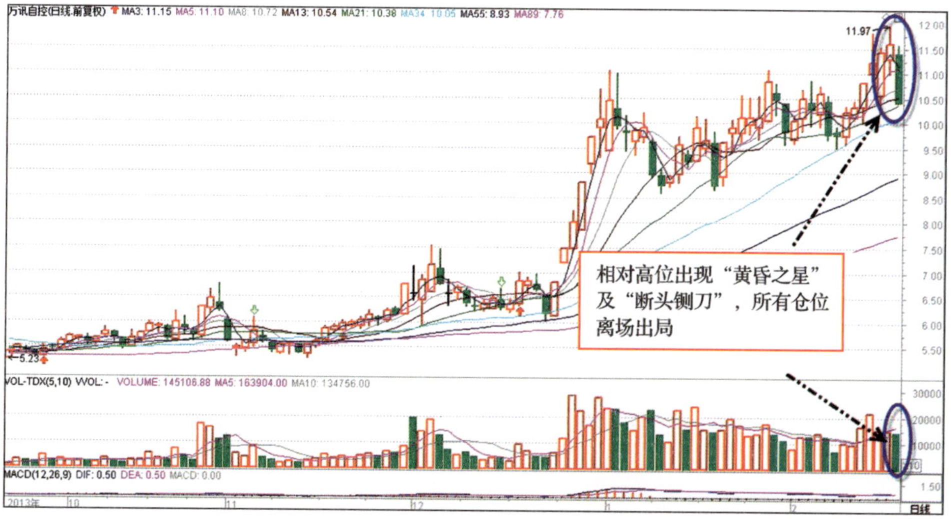

图11－13

此后，该股开始了长时间的大幅调整，中间连像样的反弹都未曾出现。（图11－14）

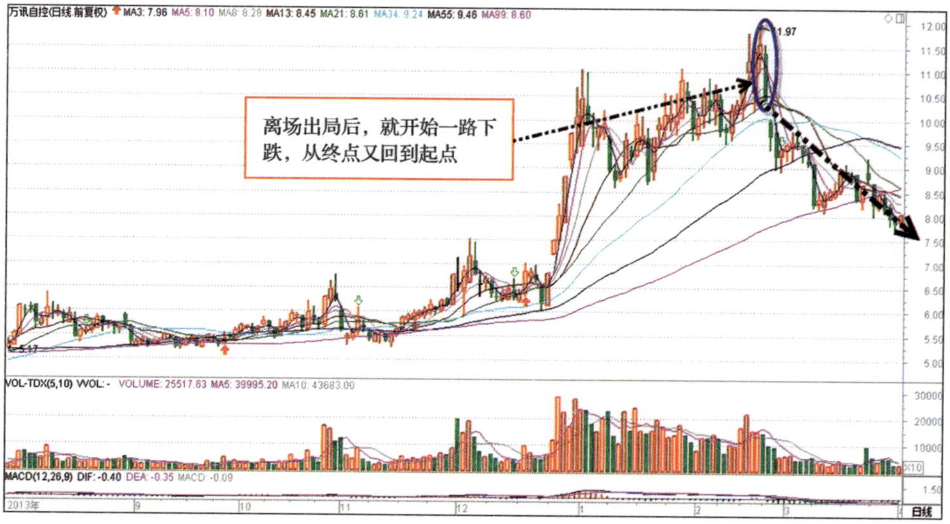

图11－14

第十二章

小荷才露尖尖角，早有蜻蜓立上头

福建金森（002679）的实战

2016年底，福建金森（002679）有过一轮快速的拉升，股价从27元左右起步，短短的一个多月时间就突破62元，涨幅超过120%，成为当时市场的大牛股之一。为什么福建金森能够一鸣惊人，股价一飞冲天？在此，我们就福建金森的实战作一个全面的分析与回顾。

第一节　题材剖析

福建金森以森林培育营造、森林保有管护、木材生产销售为主营业务。自2012年6月5日在深圳中小板上市至2016年底，该公司从未实施过送转股票。福建金森股本比价小，股价相对比较高，公积金及净资产也都较高，因而市场对其实施高送转有非常强烈的预期。而每年年底都是炒作高送转题材的最佳时间段。

第二节　技术剖析

1. 趋势分析

自2016年初开始，该股股价一直在缓慢爬升，而且有逐渐加速的趋势。（图12－1）

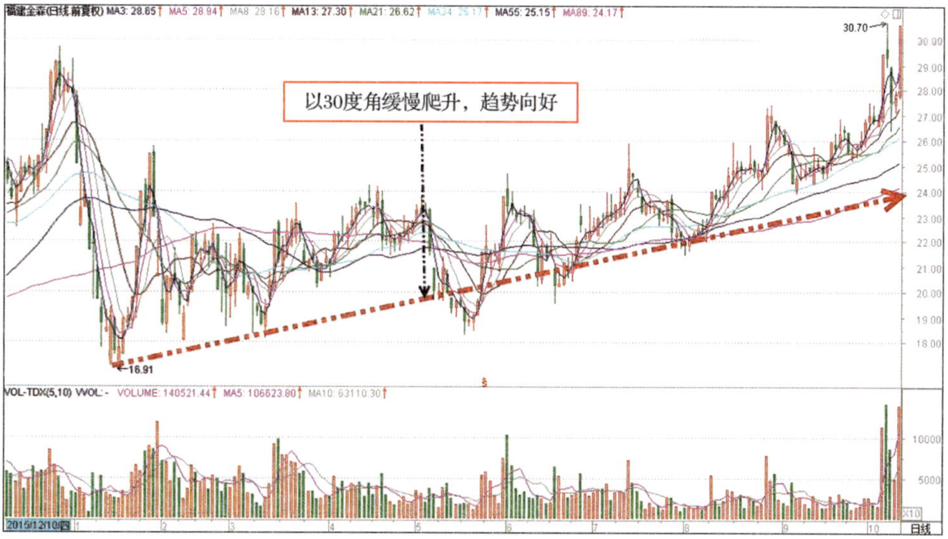

图 12－1

2. K 线组合分析

2016 年 10 月 13 日至 2016 年 10 月 19 日，该股 K 线图上出现变异的"多方炮"K 线组合。在相对低位出现这样的 K 线组合，看涨。（图 12－2）

图 12－2

3. 成交量

在整个震荡的过程中，上升时放量，调整时则明显缩量，量价关系非常健康合理。在加速拉升阶段，价涨量增，成交量明显超过前期的成交量。(图12－3)

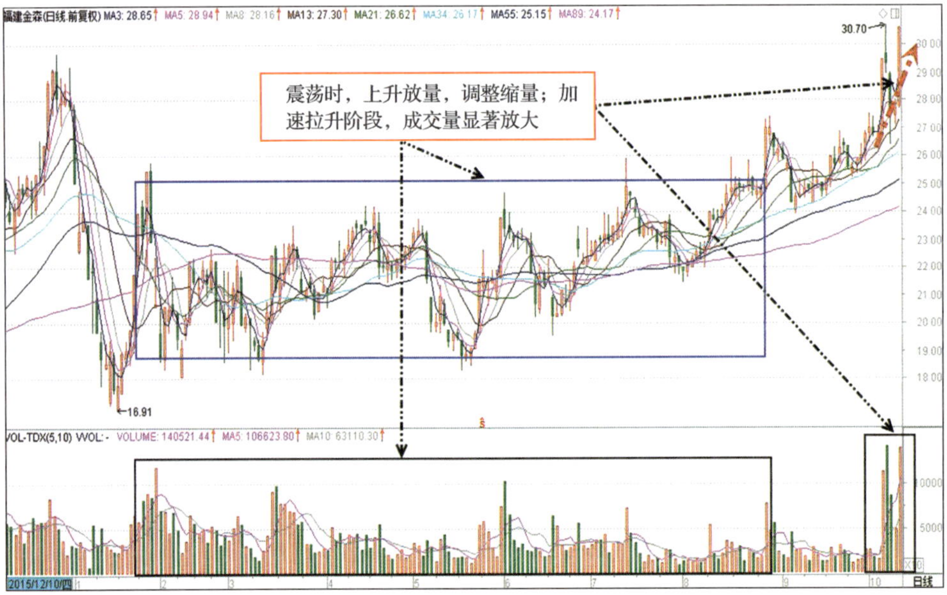

图12－3

4. 均线

在震荡上升阶段，均线系统一直在黏合缠绕，随着股价的加速上涨，均线系统逐渐形成多头排列。(图12－4)

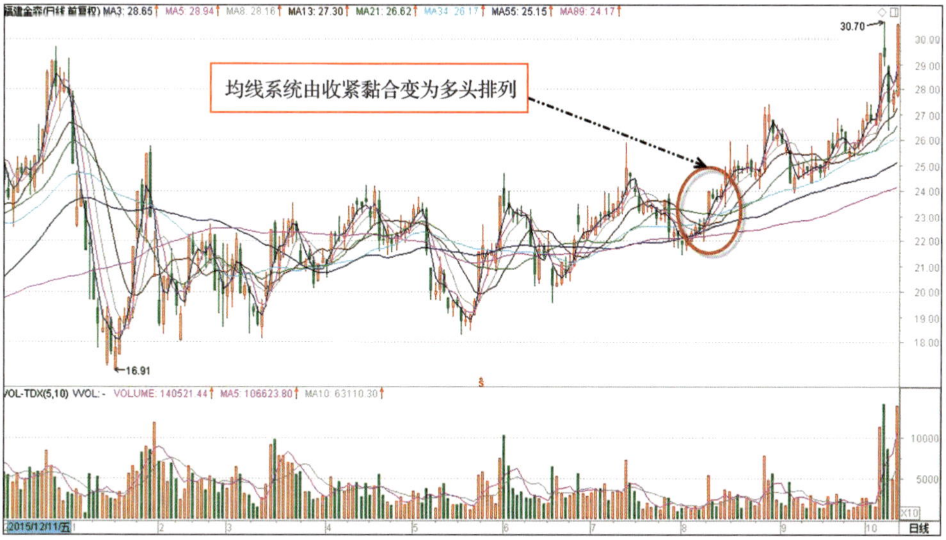

图 12 - 4

5. MACD 指标

MACD 指标在零轴之上多次形成金叉，最后一次金叉后，红柱不断地加长，未出现顶背离。(图 12 - 5)

图 12 - 5

第三节 基本面剖析

福建金森股本较小，仅有1.39亿股，全流通，在起涨之前，整个公司的市值在40亿元左右。这样的流通市值，适合中小规模的资金参与运作。其当时的业绩非常一般，但因为有强烈的高送转预期，所以引来活跃资金深度参与。

第四节 主力运作剖析

主力采用震荡建仓的方式来获取筹码，建仓周期比较长，建仓期间没有明显地拉抬股价，因而其建仓成本比较低。建仓完毕后，有过短暂的震仓抖码。该股的主力行事比较谨慎，在正式拉升前，曾有过试拉这一专业动作。试拉完毕后，2016年10月19日，该股以放量涨停板的方式正式启动主升浪，股价连续逼空上涨，成为当时市场的大黑马。(图12－6)

[关于试拉行为的探讨，可参见本书姊妹篇《私募的力量之倚天利剑(技术与心态篇)》中的相关内容。]

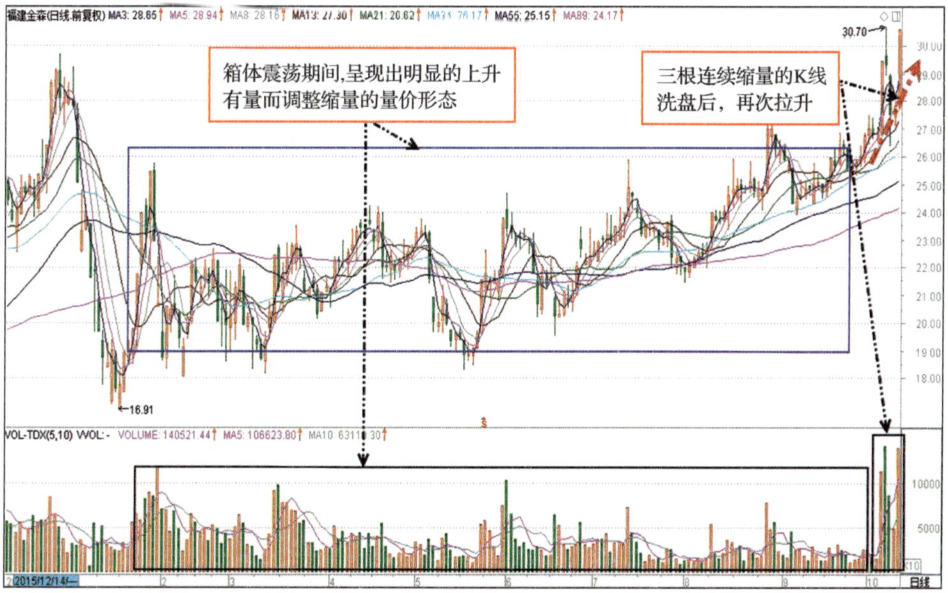

图 12－6

第五节 大盘背景和板块背景

福建金森所在的中小板指数当时在一个狭窄的箱体内震荡，而“送转潜力”概念板块指数和“农林牧渔”概念板块指数则处于标准的上升通道内。相对安全的大盘指数和板块指数为主力资金快速拉升股价提供了一个良好的大盘环境和有利时机。(图 12－7、图 12－8、图 12－9)

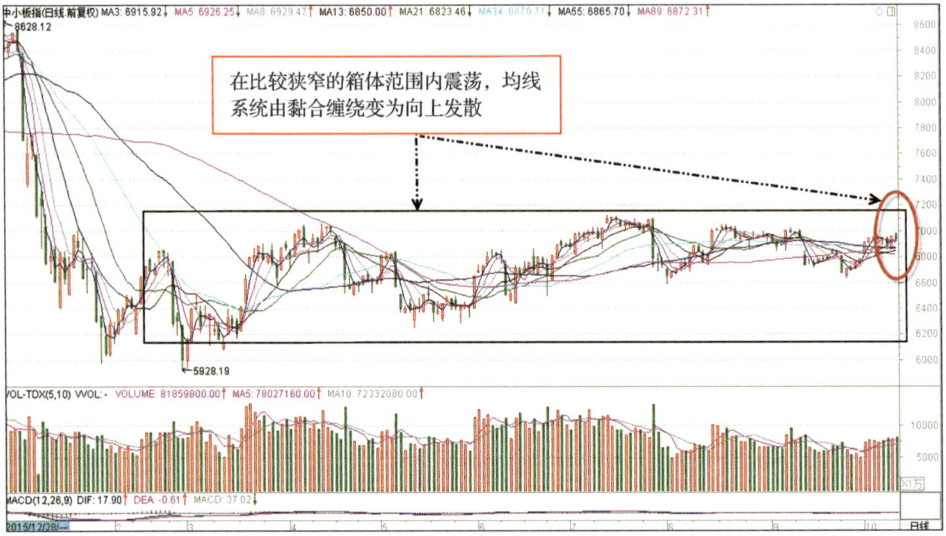

图 12－7

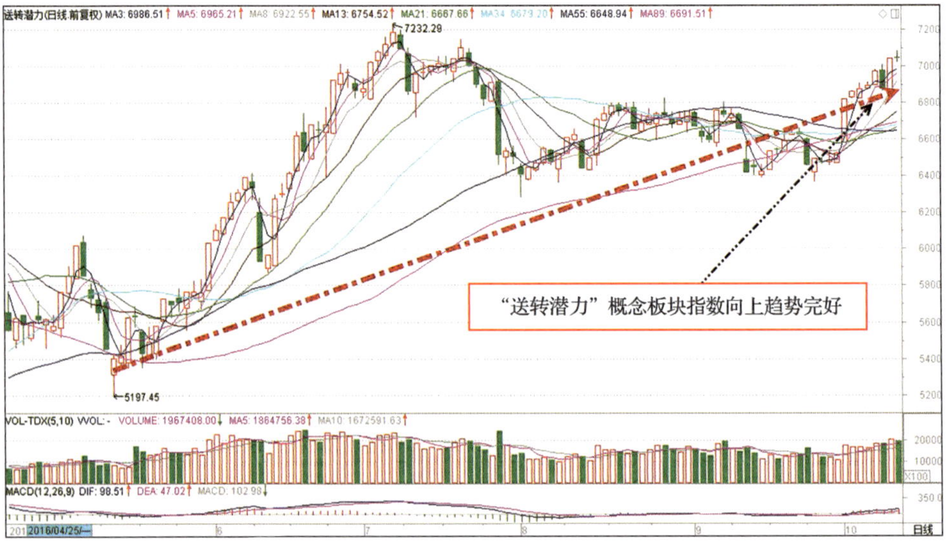

图 12－8

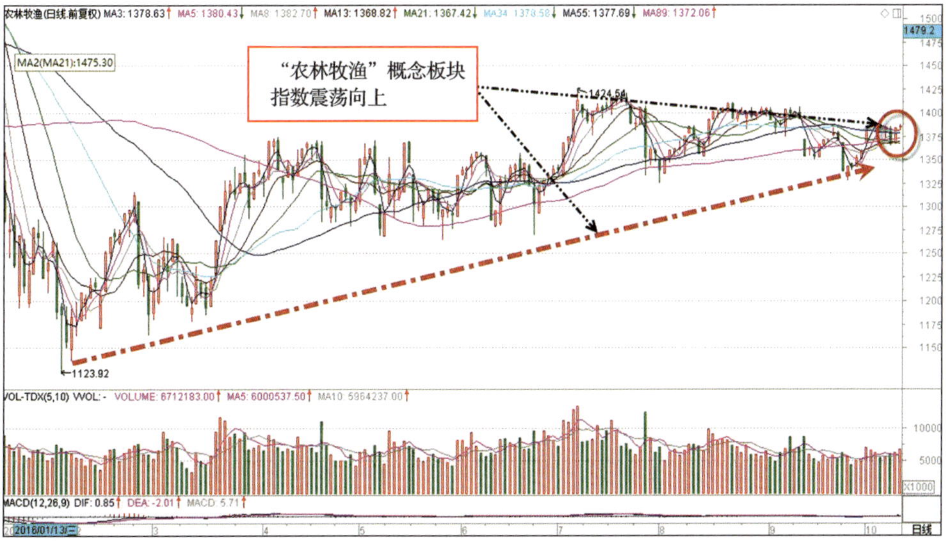

图 12－9

第六节 实战攻略

通过以上全方位的分析可知，福建金森“天时”（大盘环境、板块指数态势）、“地利”（题材、基本面）、“人和”（技术分析、主力如何运作设局）三者皆具备。由此，我们可以明确判定 2016 年 10 月 19 日的放量涨停大阳线就是福建金森主升浪的启动点，后市将会有一波快速的拉升。我们选择在第二个交易日逢低择机介入。

2016 年 10 月 20 日，该股高开 4 个点，我们果断追击介入。该股开盘后在短时间内便拉升到涨停板的位置，随后断断续续出现“开闸放水”的动作。（图 12－10）

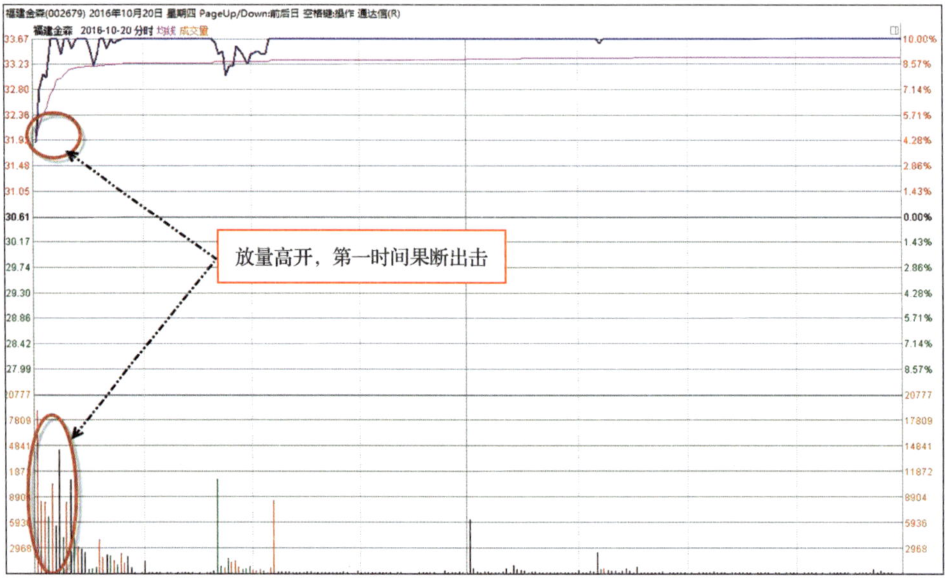

图 12－10

2016 年 10 月 25 日，该股收出一根放量的“墓碑线”。此时是走还是留？鉴于此处涨幅还不算太大，我们决定再观察两天。（图 12－11）

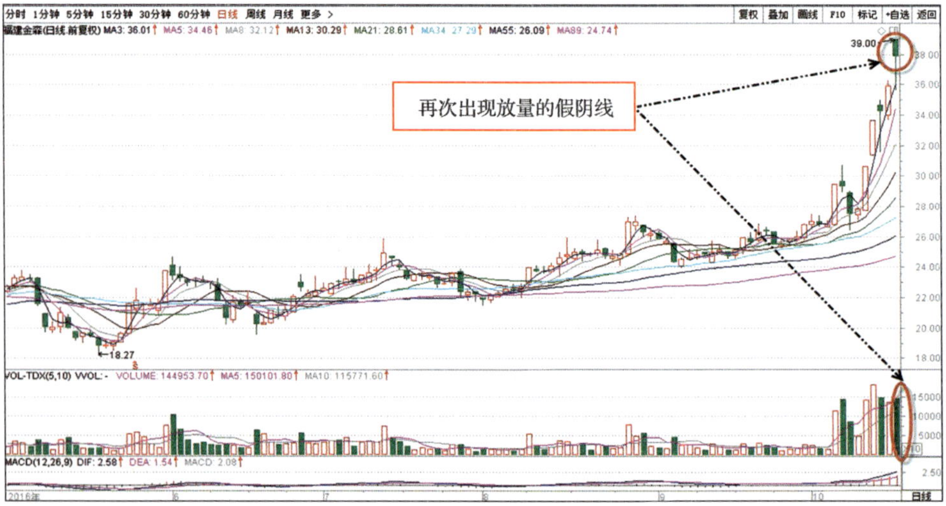

图 12－11

2016 年 11 月 2 日，该股收出放量的中阴线，此处筹码松动了吗？鉴于至此该股已有了较大幅度的涨幅，后市不确定性增强，我们决定减仓一半，锁定部分利润，剩余一半仓位继续持有。（图 12 – 12）

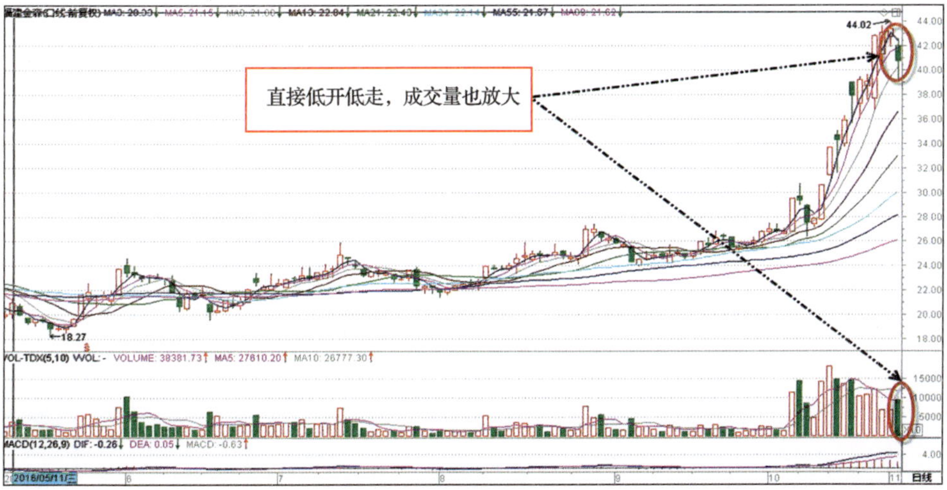

图 12 – 12

2016 年 11 月 22 日，一根低开低走的大阴线出现，直接跌破平台，宣告走势彻底破位，所有仓位无条件离场。（图 12 – 13）

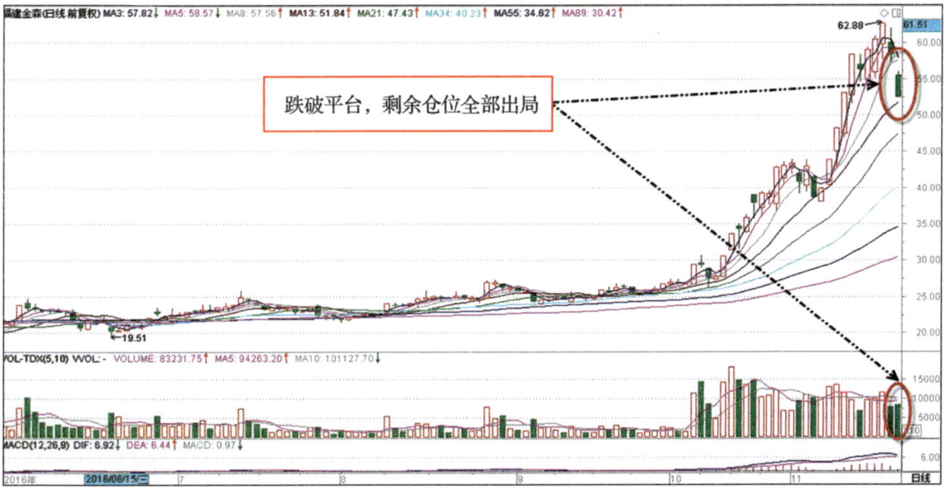

图 12 – 13

走势破位之后，该股开始了漫长的调整之旅。(图 12 – 14)

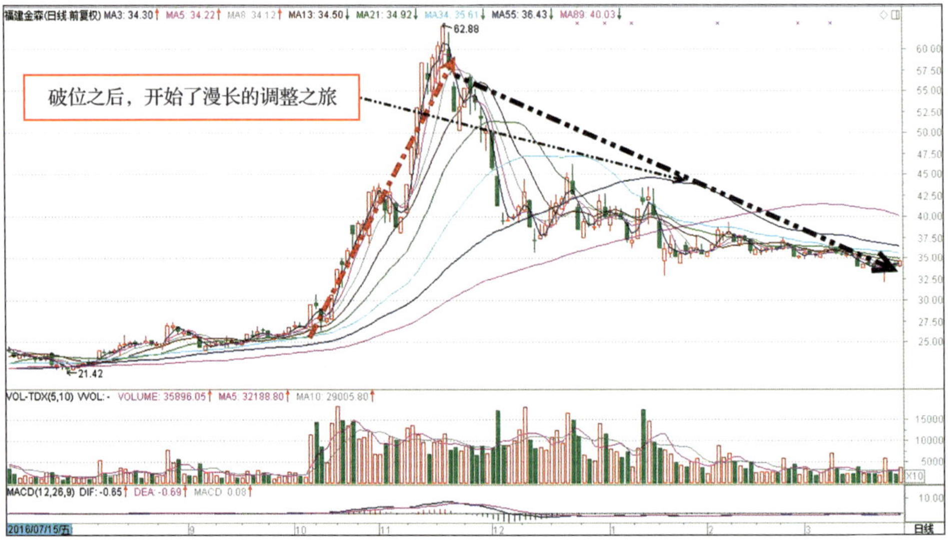

图 12 – 14

第十三章

咬定青山不放松，立根原在破岩中

韶钢松山（000717）的实战

韶钢松山（000717）于1997年在深圳主板上市。2015年初，A股市场形势一片大好，韶钢松山股价也在1月底开始启动，一个月左右的时间就从3元左右涨到6元左右，之后震荡了一段时间，然后再次上涨，最高达到接近12元。直到2015年6月份的股灾出现，韶钢松山股价才掉头向下。在此，我们就韶钢松山的实战作一个全方位的分析与回顾。

第一节　题材剖析

韶钢松山主营业务是钢铁产品及其焦副产品的生产和销售，就主营业务来看，该公司的股票并没有太多的想象空间。但因为韶钢松山上一个财政年度的业绩有所改善，得以摘掉了ST的帽子，而且经过重组后，上海宝钢集团成为韶钢松山的大股东，这给市场带来了无限的遐想。

第二节　技术剖析

1. 趋势分析

自2014年底开始，该股就处于标准的上升通道中，中长期上升趋势完好。（图13－1）

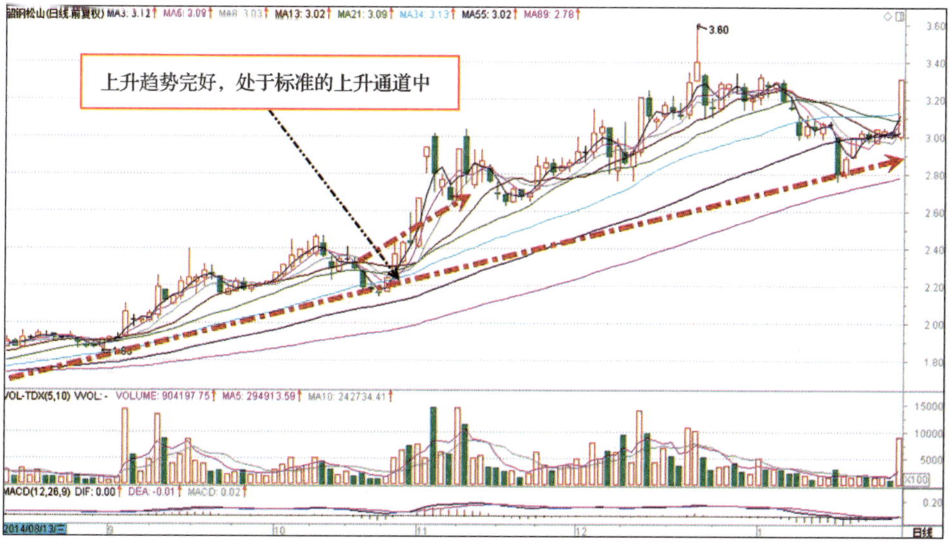

图 13－1

2. K 线组合分析

2015 年 1 月 29 日，一根放量的涨停大阳线拔地而起，价量配合完美。结合 K 线所处的位置和周 K 线进行分析，我们可以判定，此处为最佳进场做多点。(图 13－2)

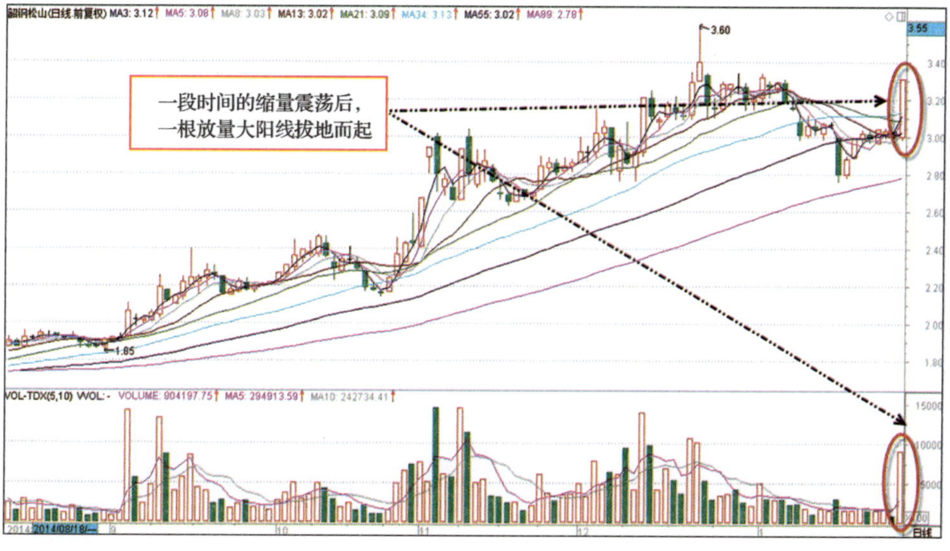

图 13－2

3. 成交量

在前期的上升趋势中，阳线放量，而阴线则明显缩量。调整阶段成交量大幅萎缩，股价再次启动时，又显著放量。量价关系非常健康合理。(图 13－3)

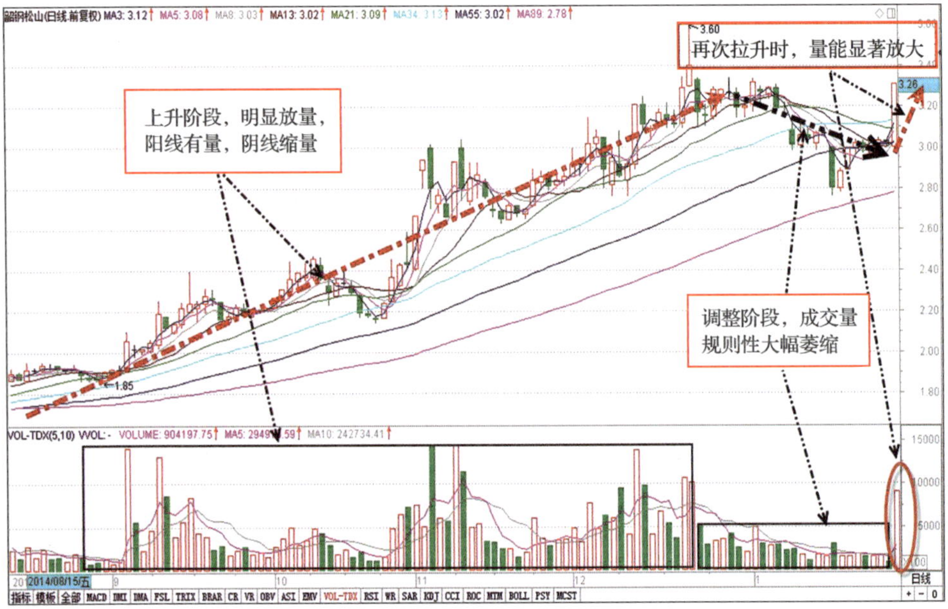

图 13－3

4. 均线

在前期的上升阶段，均线系统呈现出漂亮的完全多头排列。调整期间，短中期均线慢慢收紧黏合。2015 年 1 月 29 日的涨停大阳线一举突破多条均线，形成了典型的“蛟龙出海”。(图 13－4)

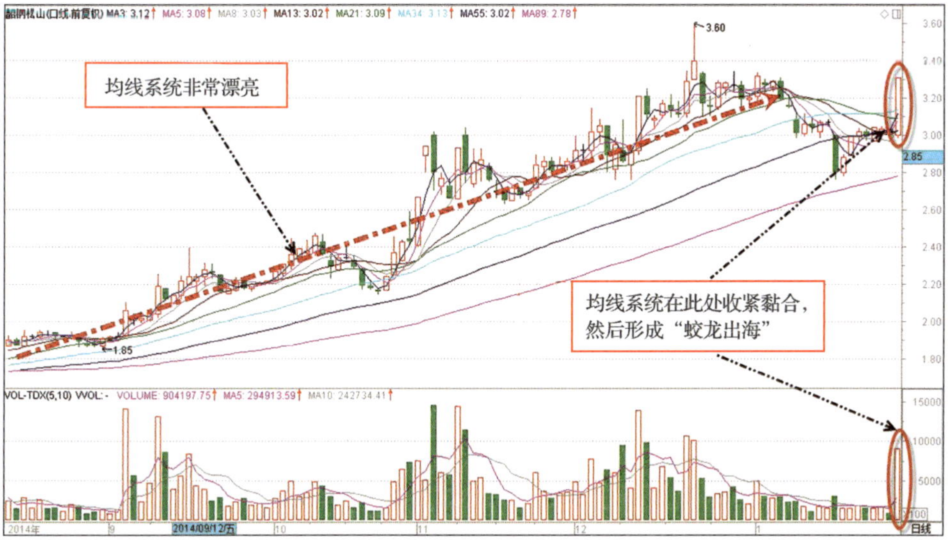

图 13－4

5. MACD 指标

调整阶段，MACD 指标在高位形成死叉。2015 年 1 月 29 日的涨停大阳线出现后，MACD 指标在零轴附近有效金叉，第一根红柱出现。（图 13－5）

图 13－5

第三节 基本面剖析

2015 年 1 月份时，韶钢松山股本为 24.2 亿股，全流通，股价还不到 3 元，整个市值大约 70 亿元。其当时的业绩比较一般，但上海宝钢集团成为其大股东给市场带来一定的想象空间。

第四节 主力运作剖析

主力“推土机式”建仓吸筹，在此阶段，成交量有效放大。通过较长时间的吸筹后，主力拿到了大量的筹码，然后开始震荡打压洗盘。在洗盘阶段，成交量规则性萎缩，最后处于地量状态。浮筹清洗干净，达到洗盘效果后，2015 年 1 月 29 日，在大盘企稳之时，主力以一根涨停大阳线干净利落地拉起股价，股价从此绝尘而去。(图 13－6)

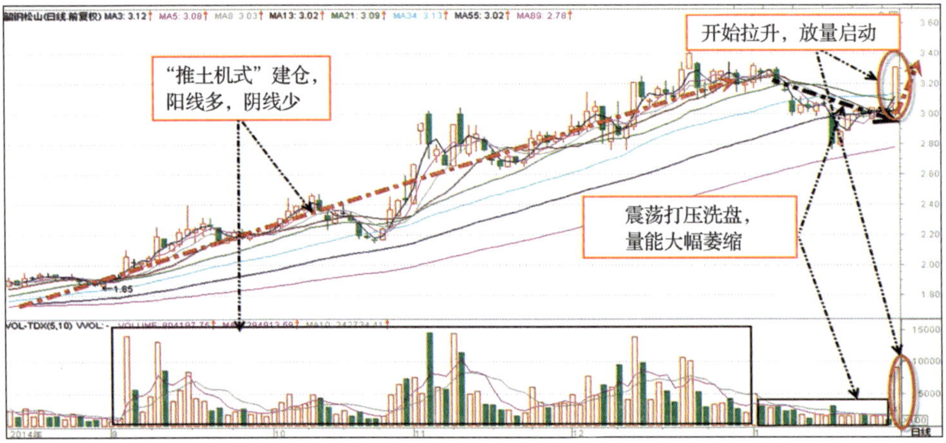

图 13－6

第五节　大盘背景和板块背景

当时，韶钢松山所在的深证成指在经过一波拉升后，进入了横盘震荡阶段，但成交量在萎缩，似有企稳之势。“钢铁”板块指数正在走牛市，处于完好的上升趋势与通道中。稳中有升的大盘指数和板块指数，为韶钢松山接下来的快速拉升提供了安全的大盘环境和完美时机。（图 13－7、图 13－8）

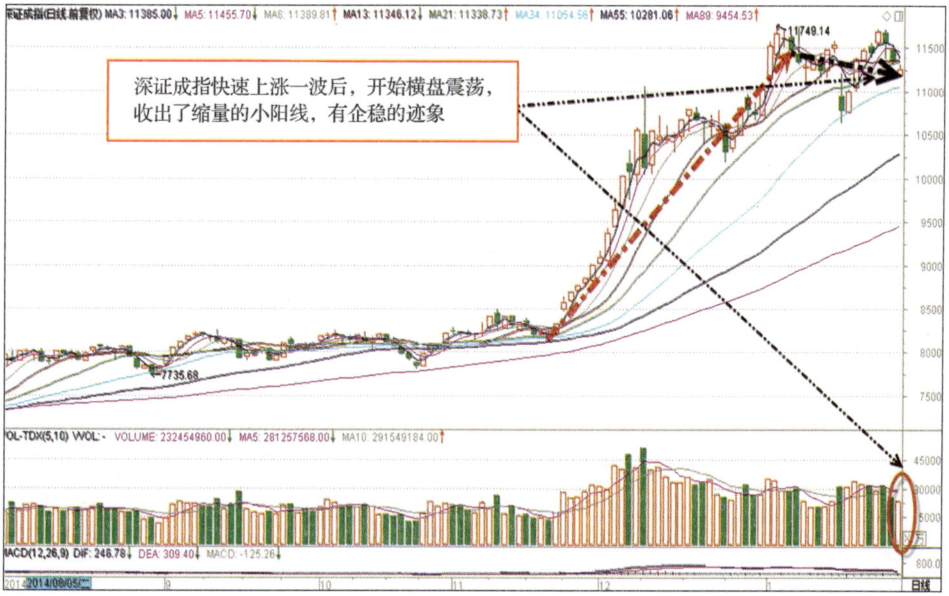

图 13－7

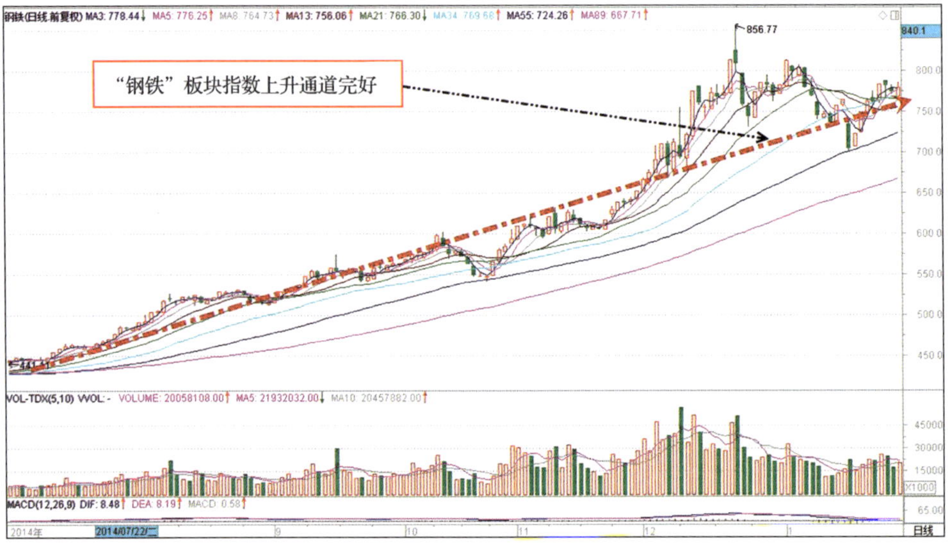

图 13－8

第六节　实战攻略

通过以上全方位的分析，我们判断中长线主力已经深度参与其中，而市场如此火热，那么拉抬股价的行为已是箭在弦上，2015 年 1 月 29 日的涨停大阳线，就是韶钢松山主升浪开始的标志。接下来的一个交易日，我们坚决地分批逢低介入。

2015 年 1 月 30 日，该股小幅低开，然后一路走高，最后以中阳线报收。开盘后的半小时，是最佳的入场机会。（图 13－9）

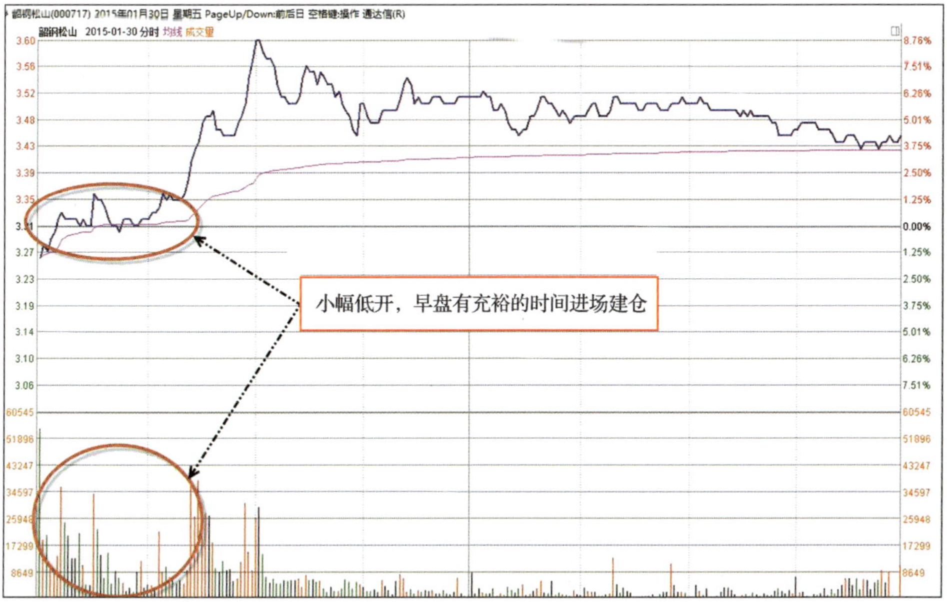

图 13－9

2015 年 2 月 5 日和 6 日，主力连续两天以中阴线缩量洗盘，我们持股不动。（图 13－10）

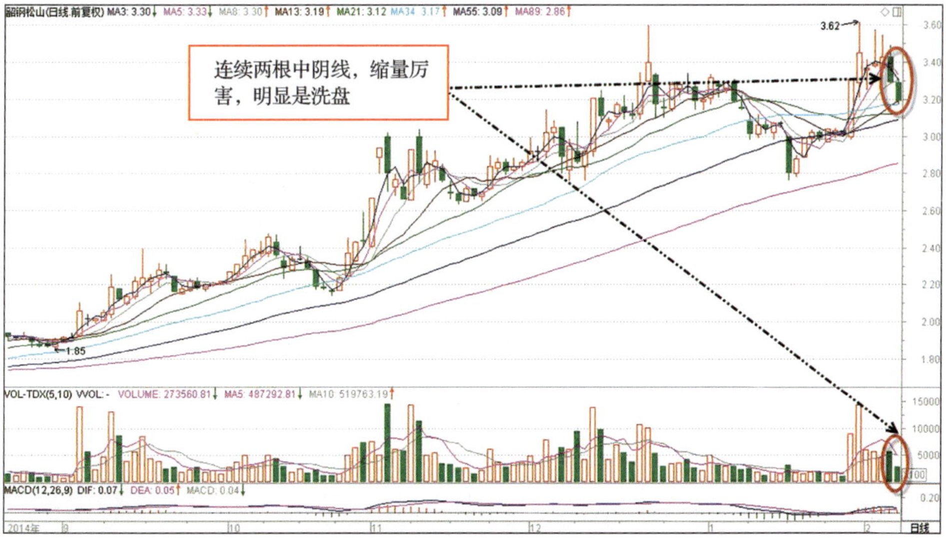

图 13－10

2015 年 2 月 25 日，出现了一根放量的带长上影线的 K 线，是转势信号出现了吗？我们判断该股主力为中长线主力，不可能只有这样的涨幅，空间未到，持股不动，继续观察。（图 13－11）

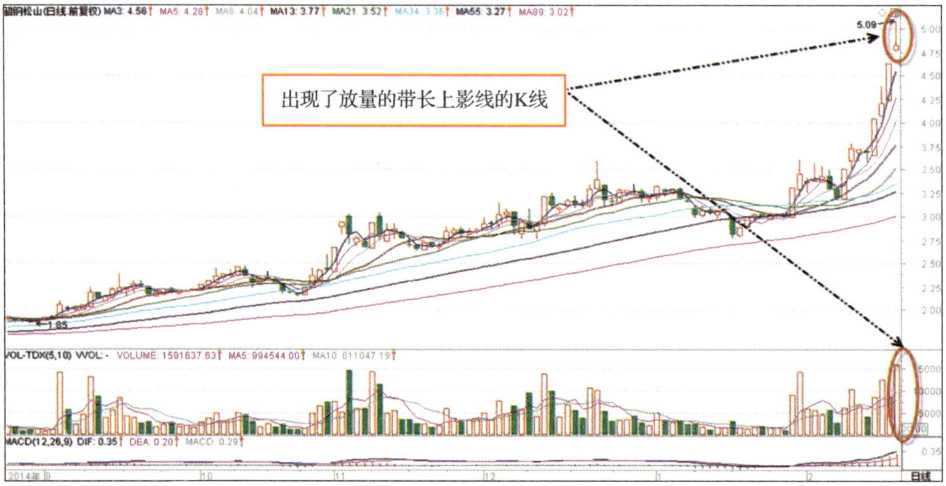

图 13－11

2015 年 3 月 10 日和 11 日，出现连续的两根小阴线，似有破位之势。鉴于股价已接近翻倍，我们减仓一半，锁定部分利润，剩余一半仓位继续持有。（图 13－12）

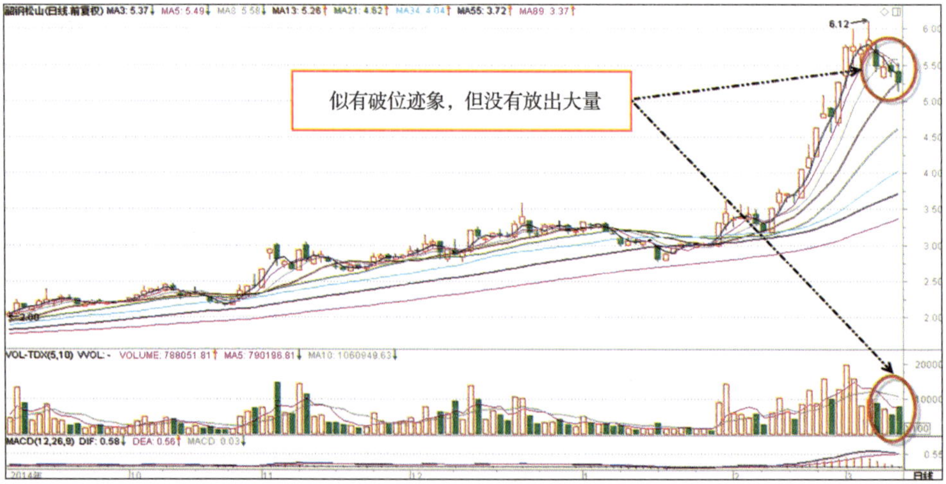

图 13－12

2015 年 5 月 5 日和 6 日，连续出现两根缩量中阴线，有再次破位之势，另外，短中期均线也已经转头向下，我们再次减仓一半，只留下总仓位的 25% 继续持有。（图 13－13）

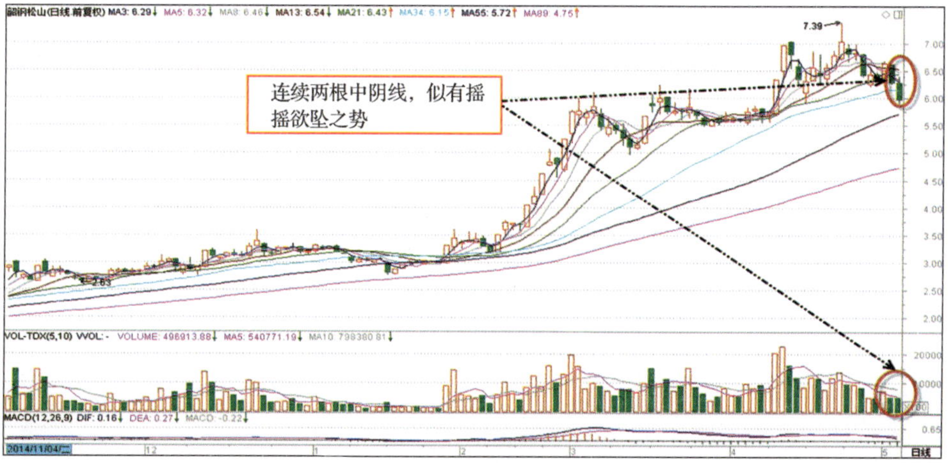

图 13－13

2015 年 6 月 3 日，出现一根低开低走的跌停大阴线，与前一个交易日的 K 线构成了“倾盆大雨”K 线组合，成交量也放出了天量。在相对高位出现这样的逃顶信号，绝不能有丝毫犹豫，所有剩余仓位全部无条件出局。（图 13－14）

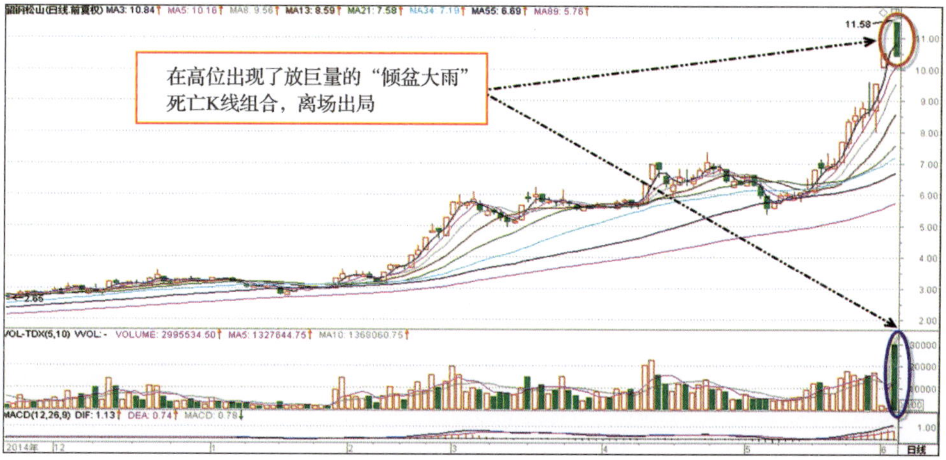

图 13－14

此后，伴随着A股市场股灾的爆发，该股股价仿佛做自由落体运动一般，短时间内暴跌，又回到了距离2015年1月底启动点不远的位置。终点又到回到起点，股价就是这样周而复始地循环运动着！（图13－15）

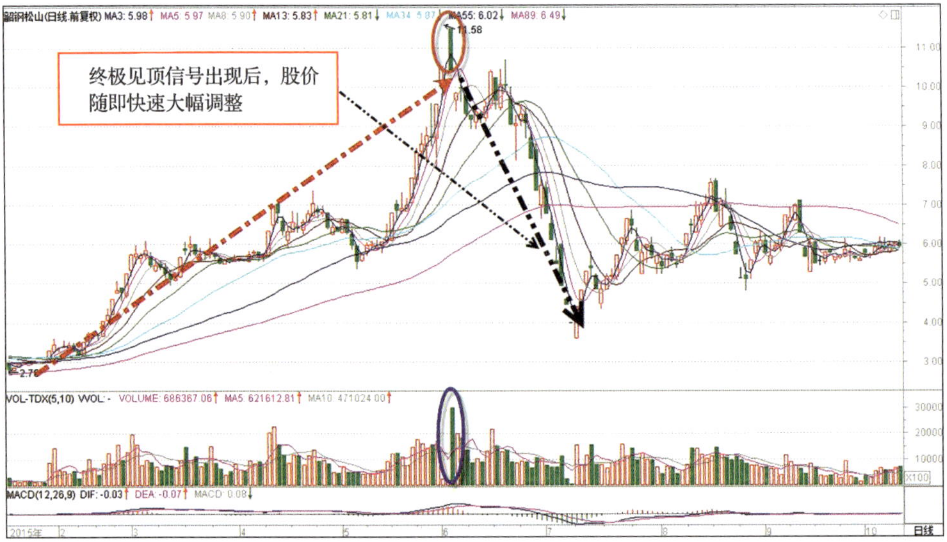

图13－15

第十四章

夜阑卧听风吹雨，铁马冰河入梦来

洛阳玻璃（600876）的实战

洛阳玻璃（600876）是2015年股灾期间的大牛股之一，其股价从第一轮股灾后的7月9日启动，启动时股价不到10元，8月18日最高曾超过43元，短短的29个交易日内，就有超过300%的涨幅，成为当时市场中最疯狂的妖股。下面，我们就洛阳玻璃的实战作一个全面的分析与回顾。

第一节　题材剖析

洛阳玻璃是典型的国企，主要从事浮法平板玻璃的制造和销售。2015年被认为是国企大重组、大整合的一年。在多家上市央企的股票密集停牌之后，业内人士纷纷认为，国企改革“第二季”的大幕已徐徐拉开。此时，A股市场掀起了一波炒作国企改革题材的浪潮，而洛阳玻璃、中粮生化正是其中的典型代表。

第二节　技术剖析

1. 趋势分析

自2015年初开始，该股股价就处于一个中长期上升趋势中，但因遭遇股灾而有过一波快速的大幅度调整。2015年7月9日，伴随着第一轮股灾的结束，该股又重拾升势。（图14－1）

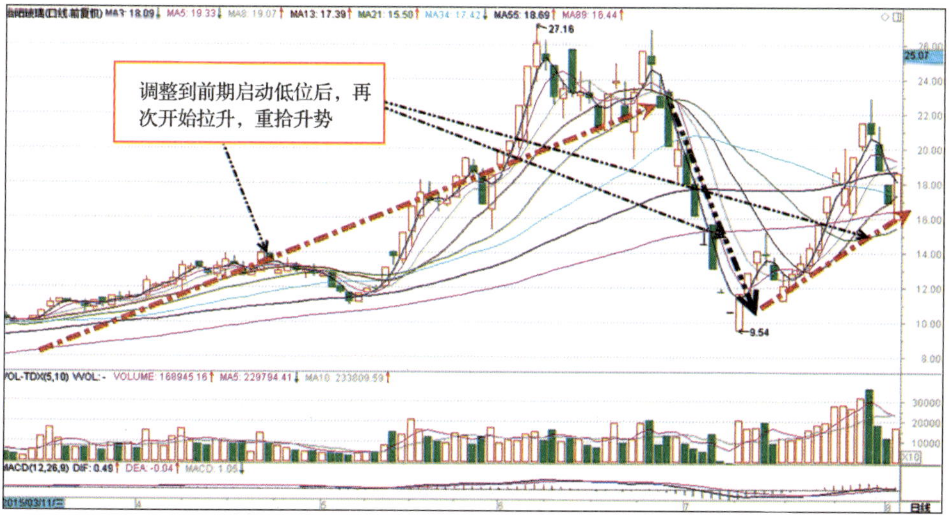

图 14－1

2. K 线组合分析

2015 年 8 月 4 日，该股收出一根涨停 K 线，与之前的数根 K 线构成变异的“多方炮”组合，与前一交易日的 K 线构成“阳包阴”K 线组合。结合 K 线所处的位置和周 K 线进行综合研判，我们基本可以判定此处为极好的进场点。（图 14－2）

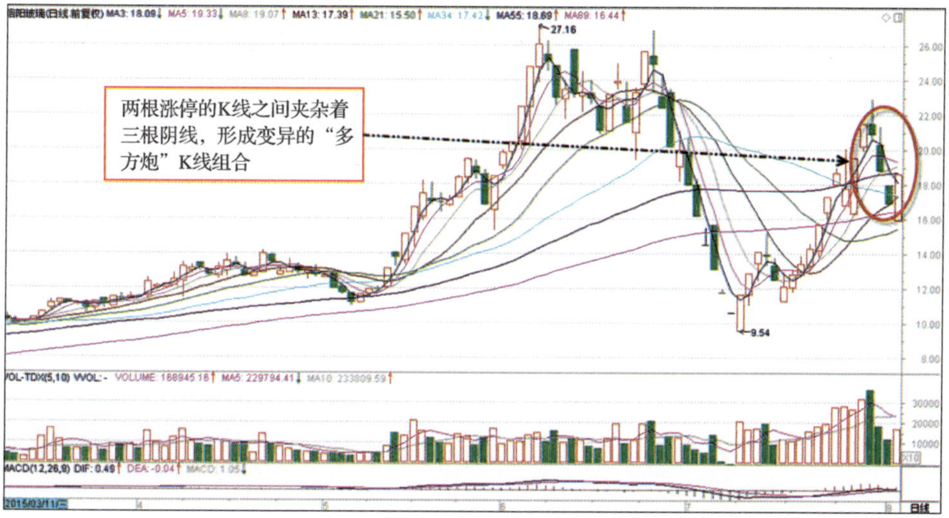

图 14－2

3. 成交量

在之前因股灾而导致的快速调整过程中，该股成交量萎缩得厉害，说明筹码锁定良好，未有大量筹码暗地出逃。2015 年 7 月 9 日股价再次拉升时，成交量显著放大，而随后的拉升阶段呈现出明显的堆量状态。7 月 30 日至 8 月 3 日的连续三根阴线成交量规则性萎缩。8 月 4 日股价开始拉升的同时，成交量又再次放大。量价关系良好，说明主力资金实力强悍，控盘手法老道。（图 14－3）

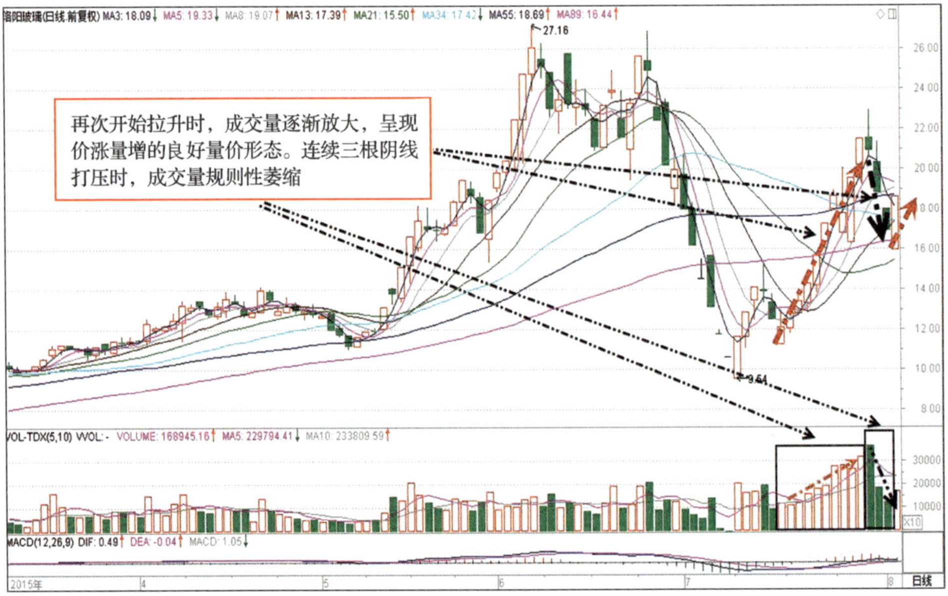

图 14－3

4. 均线

遭遇股灾后的快速调整阶段，短中期均线呈空头排列，但长期均线仍然在向上运行。自 2015 年 7 月 9 日至 8 月 4 日，一波拉升使得短中期均线开始收紧黏合并且有向上发散之势。（图 14－4）

图 14－4

5. MACD 指标

MACD 指标 2015 年 7 月 22 日出现“零下金叉”，随后 DIF 和 DEA 不断上行，进入零轴上方强势区域。（图 14－5）

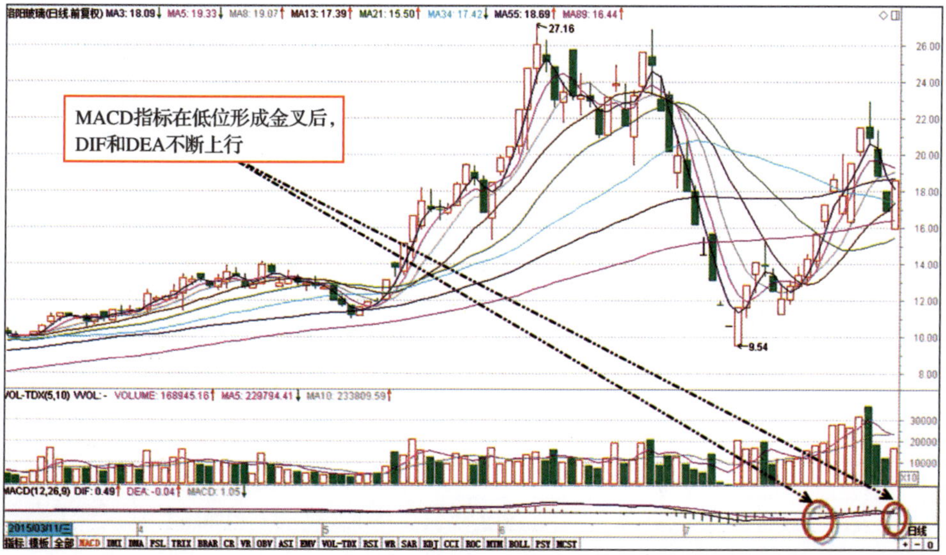

图 14－5

第三节　基本面剖析

洛阳玻璃1995年在上海主板上市，2015年流通盘为9.64亿股。2015年7月9日启动时，其股价不到10元，公司的流通市值大约为100亿元。其当时的业绩较差，处于亏损状态。但由于火热的“国企改革”题材，市场资金仍然对其青睐有加。

第四节　主力运作剖析

主力“推土机式”建仓，建仓期间，量能温和放大。拿到足够数量的筹码后，主力曾短暂洗盘，在此阶段，成交量不断萎缩。洗盘完毕后，2015年5月中旬，该股开始了第一波拉升，但因为遭遇股灾，这次拉升在6月中旬戛然而止。之后股价随着大盘下挫而大幅调整，直到7月9日见到调整的最低点并于当日随着大盘反弹，随后正式开启了令人心潮澎湃的主升浪。(图14－6)

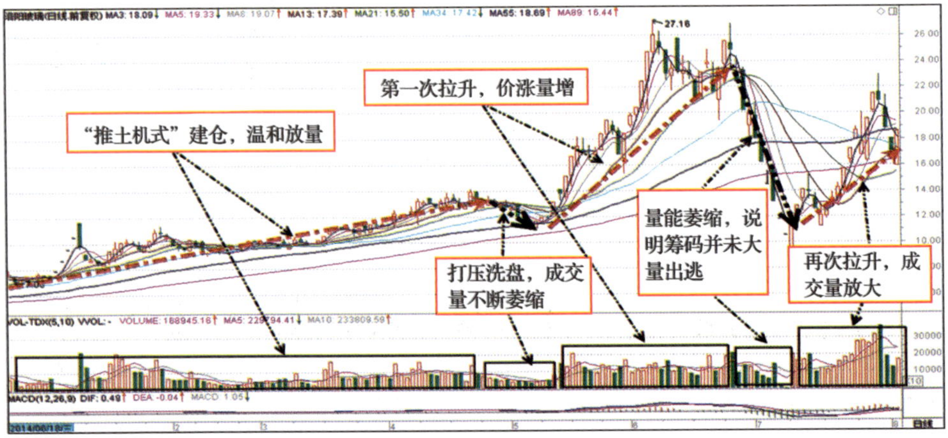

图14－6

第五节　大盘背景和板块背景

经历第一波股灾后，洛阳玻璃所在的上证指数出现一波反弹，似有企稳迹象。“国企改革”概念板块指数走势则和上证指数走势高度类似，也有低位缩量企稳的态势。相对安全的大盘指数和板块指数，为洛阳玻璃的主力拉升股价创造了有利的“天时”条件。（图 14－7、图 14－8）

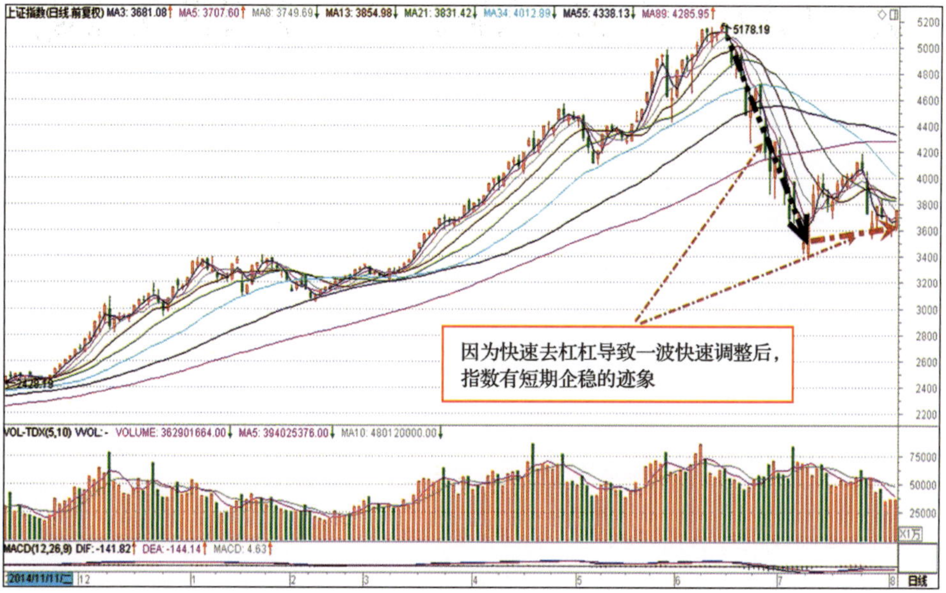

图 14－7

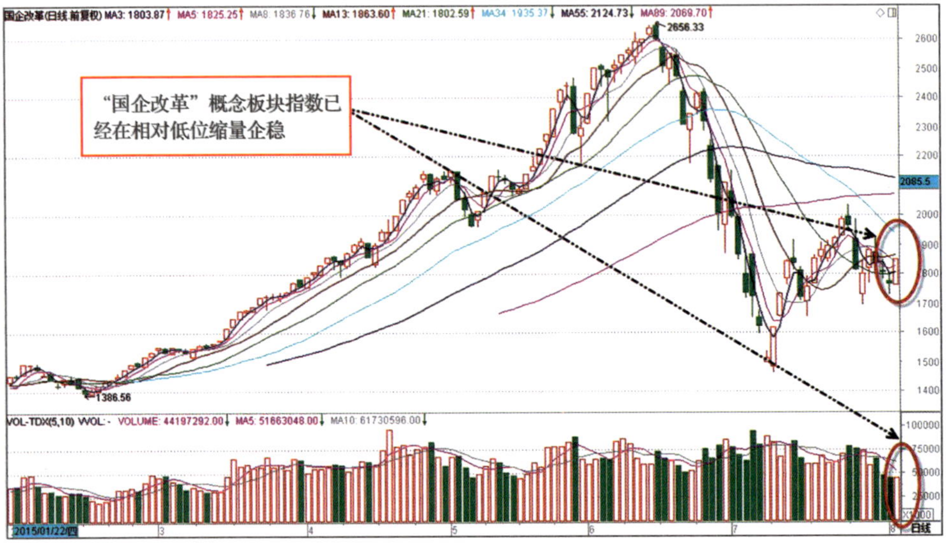

图 14－8

第六节 实战攻略

通过以上多维度的分析，我们认为洛阳玻璃“天时”“地利”“人和”三者皆具，股价将会继续快速拉升，而 2015 年 8 月 4 日当日或者下一个交易日都是较佳的进场布局点。

2015 年 8 月 5 日，该股较大幅度高开，快速拉升到涨停板位置后便开始震荡调整，9：45 左右封住涨停板后，再也没有开板。（图 14－9）

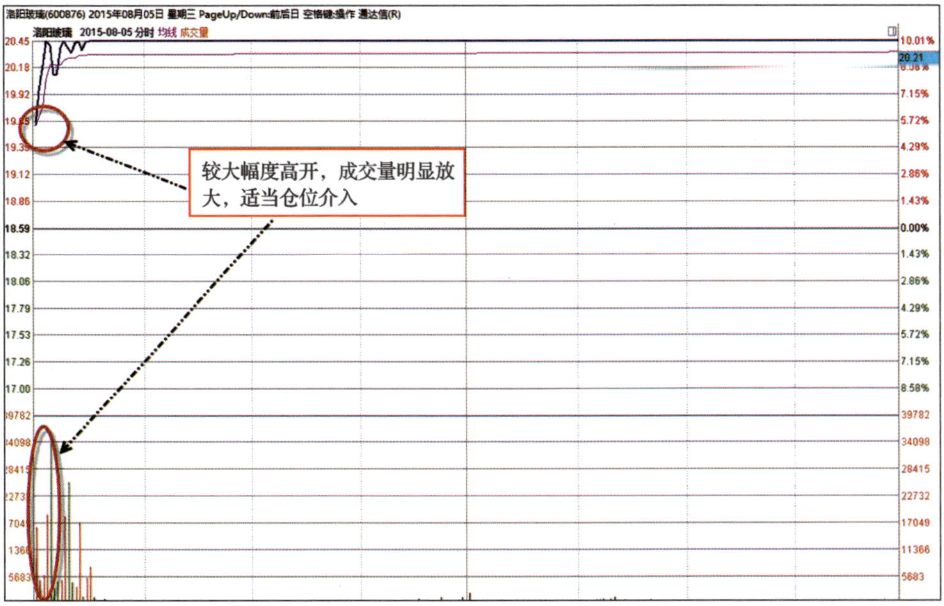

图 14－9

2015 年 8 月 5 日，该股收出了放量的带长上影线的“十字星”，但此处位置不高，显然不是转势信号，我们继续持股。（图 14－10）

图 14－10

经过连续七个交易日的涨停大阳线拉升后，2015 年8 月18 日，一根高开低走的放量大阴线出现，在相对高位形成强烈看空的“乌云盖顶”K 线组合，伴有巨大的成交量。成交量如此之大，说明筹码已经开始大量出逃。既然主力资金已经在高位开始派发筹码，逃顶信号出现，那么我们的所有仓位也跟着全部出局。（图 14 – 11）

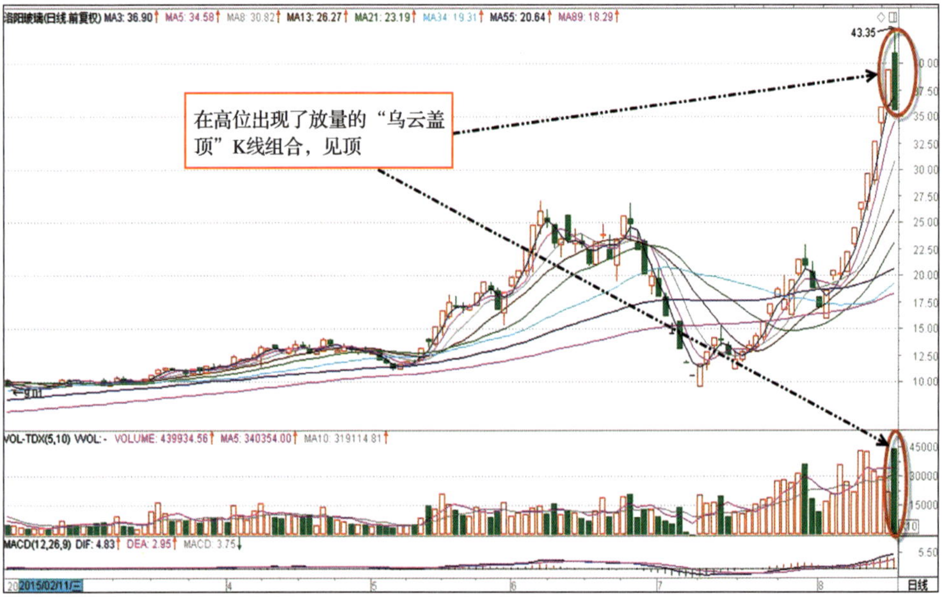

图 14 – 11

逃顶信号“乌云盖顶”出现后，该股快速下跌，跌幅接近 50%，股价几乎腰斩。（图 14 – 12）

图 14－12

第十五章

会挽雕弓如满月，西北望，射天狼

中威电子（300270）的实战

中威电子（300270）于2012年8月经历了一波快速飙升的行情，股价在大盘相对比较弱势的情况下仅用了不到一个月的时间就上涨超过50%，从而成为当时的牛股之一。在此，我们就中威电子的实战作一个全面的分析与回顾。

第一节　题材剖析

中威电子于2011年10月12日在深圳创业板上市，以安防视频监控传输技术及产品的研发、生产和销售为主营业务。2012年8月股价启动时，中威电子上市还不到一年时间，属于标准的次新股。部分次新股在2012年下半年被市场大肆炒作，而中威电子就是其中代表之一。其价格曾从上市之初的接近9元（前复权后）调整到不足4元（前复权后），调整幅度高达50%。大幅度的调整为后来股价的快速拉升创造了很好的条件。

第二节　技术剖析

1. 趋势分析

2012年3月至6月，该股处于一个中期下跌趋势，探底之后股价反转，进入新的上升通道。(图15－1)

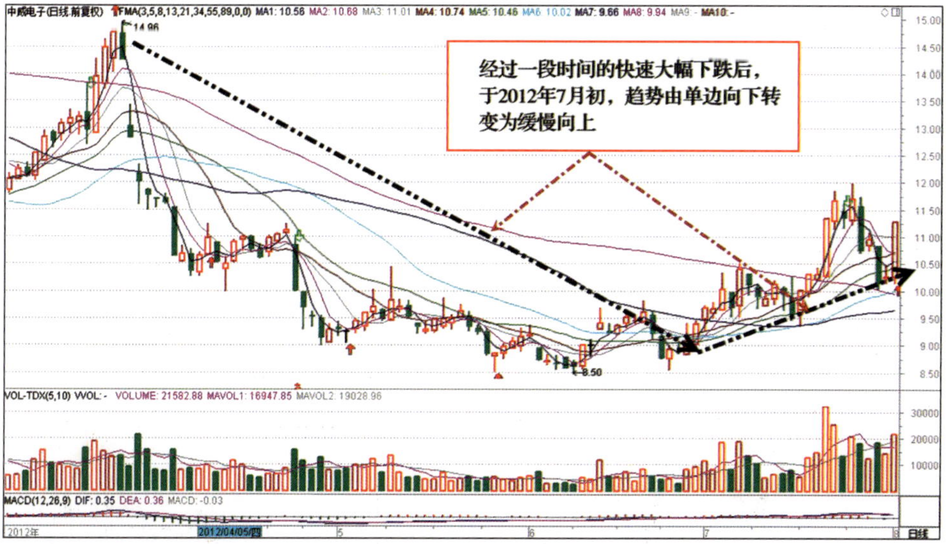

图 15 - 1

2. K 线组合分析

2012 年 8 月 1 日，该股收出一根涨停大阳线，与前两根 K 线构成典型的“早晨之星”K 线组合。结合 K 线所处的位置和周 K 线进行分析，我们判定此处是最佳进场点，可以大举入场做多。（图 15 - 2）

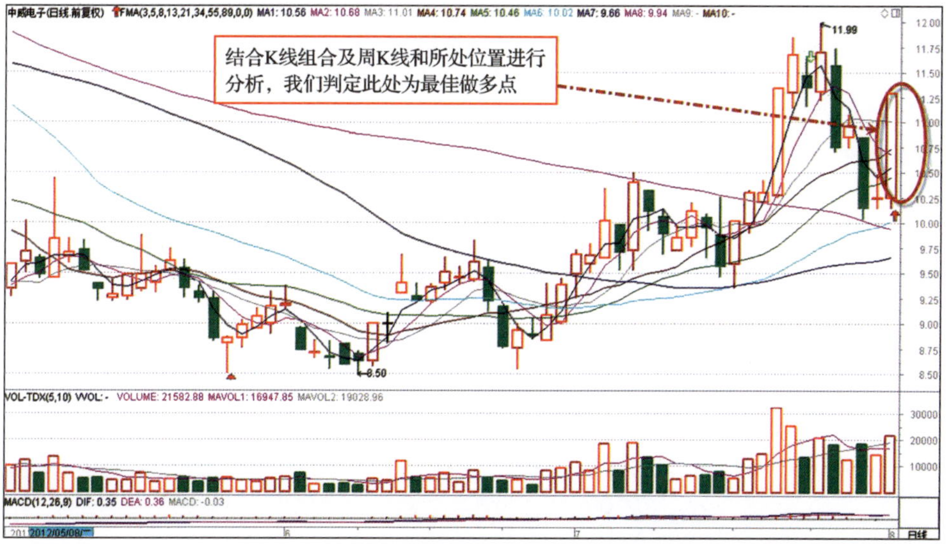

图 15 - 2

3. **成交量**

在之前的上升趋势中，阳线放量，而阴线则明显缩量，量价关系非常健康合理。显而易见，阳线是主力在吸筹，阴线则是在打压，主力买多卖少，在战略性地吸筹建仓。（图 15－3）

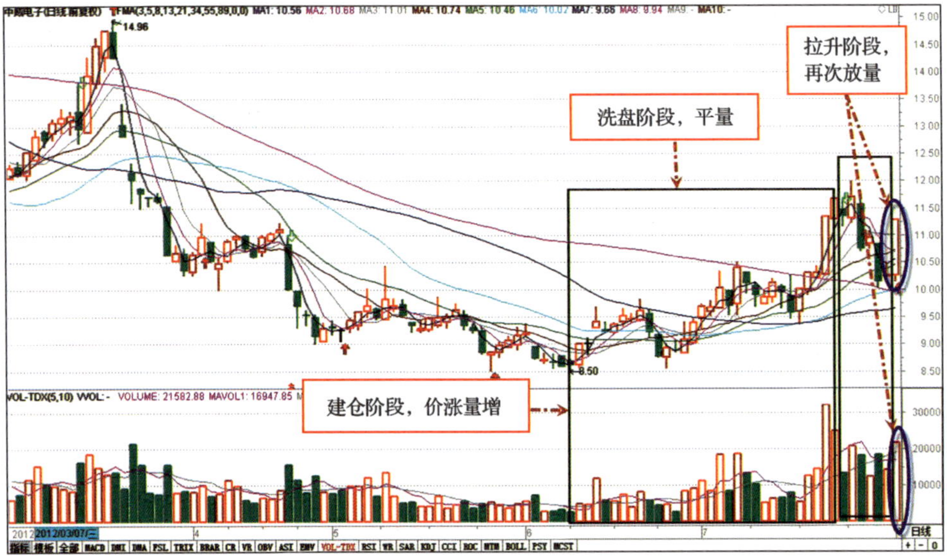

图 15－3

4. **均线**

随着趋势的改变，均线系统逐渐摆脱空头排列并形成“银山谷”，继而有形成多头排列的趋势。（图 15－4）

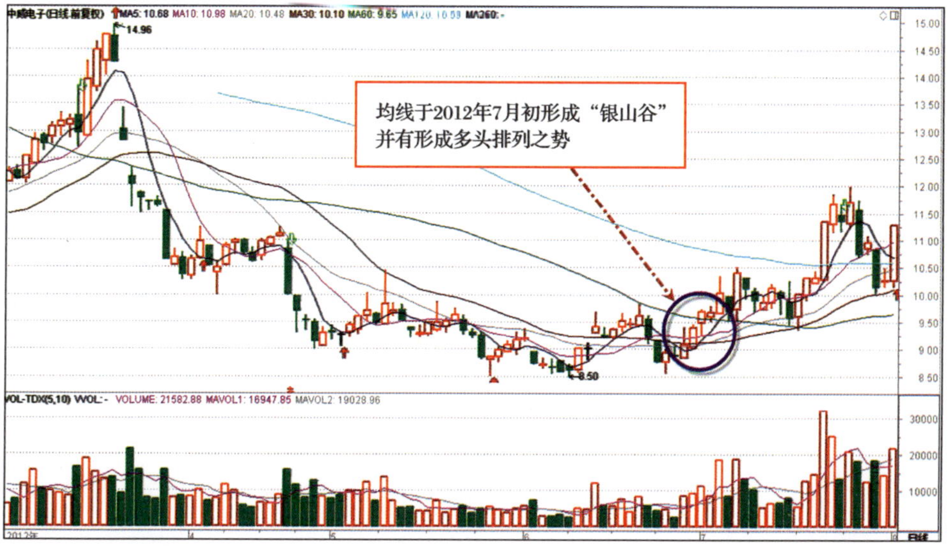

图 15 -4

5. MACD 指标

MACD 指标还未形成“零上金叉”，但绿柱在不断地缩短，只要股价在接下来几天不大幅下跌，就会形成“零上金叉二次红”。(图 15 -5)

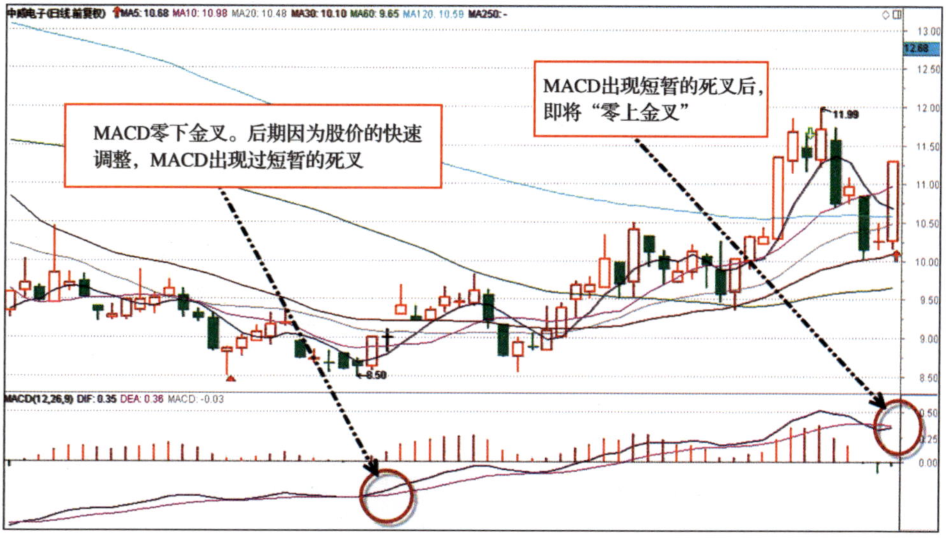

图 15 -5

第三节　基本面剖析

中威电子流通盘较小，整个市值也不大，适合中小规模资金参与运作。虽然其当时的业绩很普通，但因所处的行业比较有发展潜力，有较高的技术门槛，因此仍给市场以较大的想象空间。上市后将近一年的时间里，中威电子未曾被大幅炒作过，这给了市场上活跃的资金以可乘之机。

第四节　主力运作剖析

主力利用中威电子复权后交投活跃的时段，短时间内“推土机式”收集了大量的筹码。筹码收集完毕后，主力利用大盘回调之际快速地打压洗盘。浮筹清洗干净后，在大盘企稳之时，该股以一个涨停大阳线反转拉升，开启了主升浪之旅。（图 15－6）

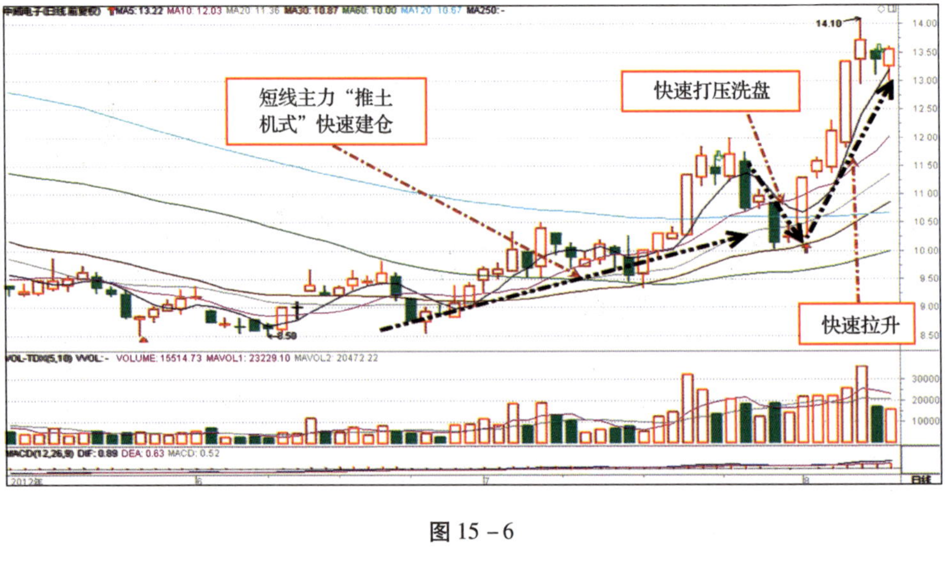

图 15－6

第五节 大盘背景和板块背景

中威电子所在的创业板指数经过一波反弹后，正在一个较大的箱体范围内上下震荡。2012 年 8 月 1 日，创业板指数在箱体的下沿收出了一根缩量的中阳线，似有企稳迹象。“通信设备”板块指数则经历了一段较长时间的调整，随时有反弹的需求。(图 15－7、图 15－8)

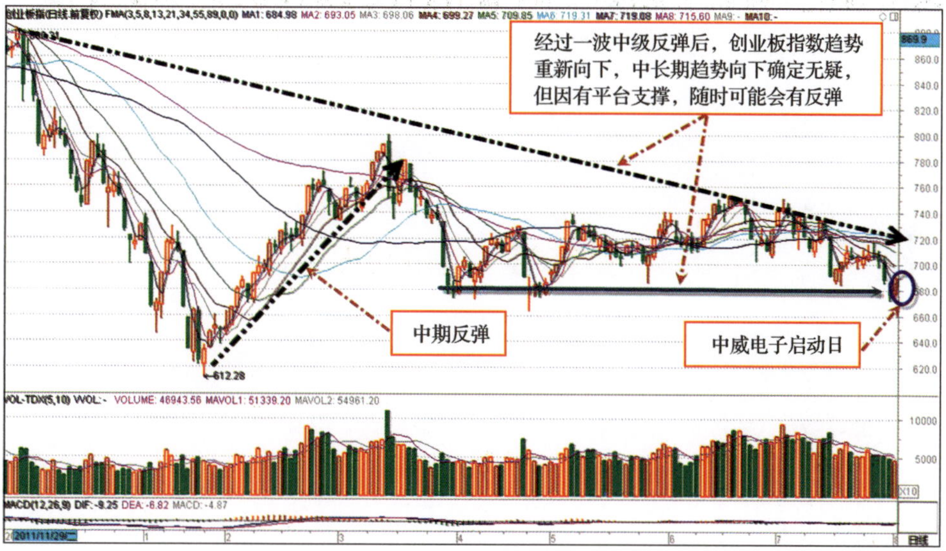

图 15－7

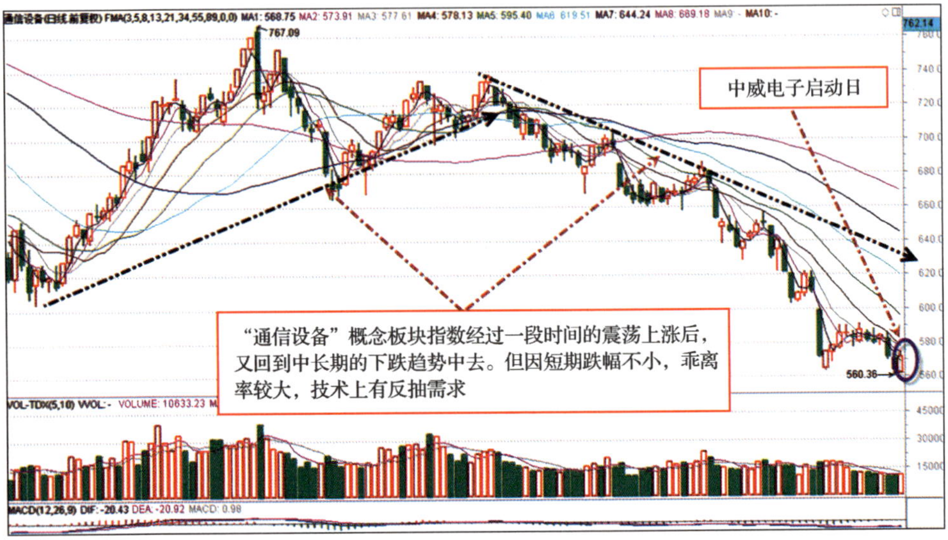

图 15－8

第六节　实战攻略

通过以上多维度的综合分析，我们判定中威电子 2012 年 8 月 1 日的放量涨停大阳线就是一波快速拉升开始的信号，我们于次日盘中逢低进场布局，狙击主升浪。

2012 年 8 月 2 日，该股小幅高开，全天都是在围绕分时线小幅震荡，最后以小阳线报收。当日全天都是进场时机，我们在分时均价线以下低吸。(图 15－9)

图 15－9

2012 年 8 月 2 日，该股以小阳线收盘，成交量和前一交易日持平。（图 15－10）

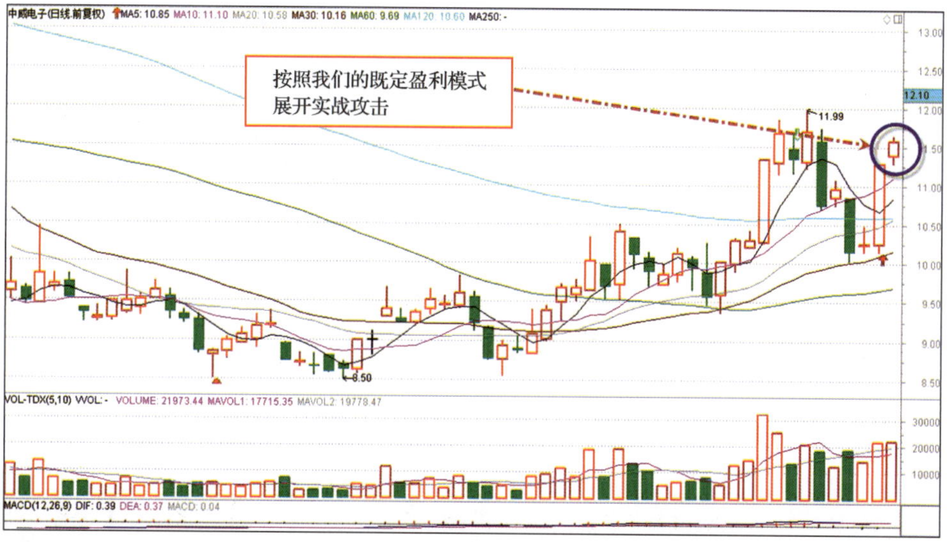

图 15－10

2012年8月16日和17日，该股缩量回调，没有异常，我们持仓不动。(图15－11)

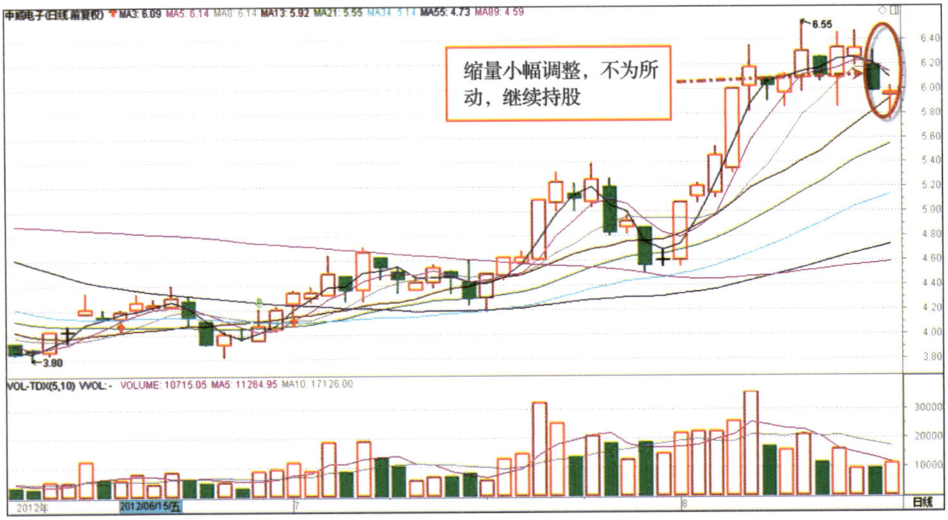

图15－11

2012年8月24日和27日，该股再次缩量回调。量能没有放大，我们继续耐心持股。(图15－12)

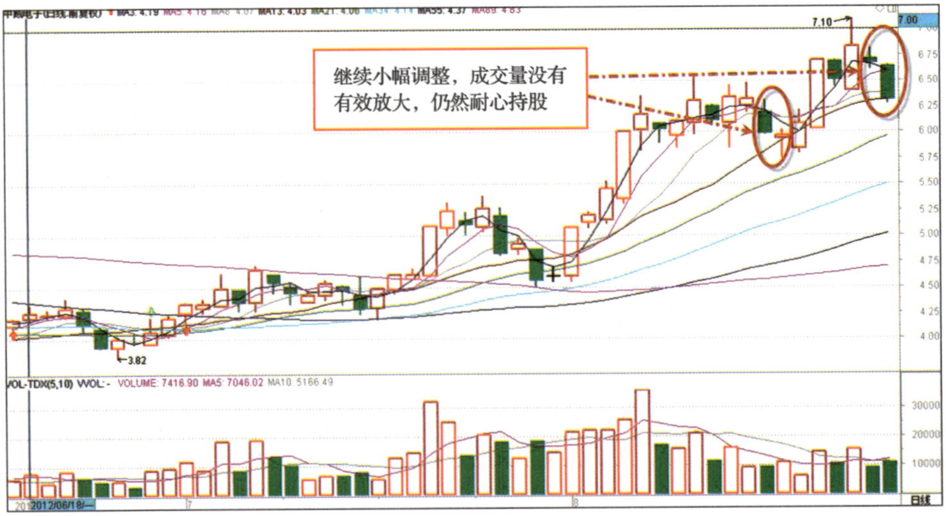

图15－12

2012 年 8 月 30 日，出现了放量的“断头铡刀”，短期走势彻底破位，阶段性出局信号出现，我们果断止盈出局。（图 15－13）

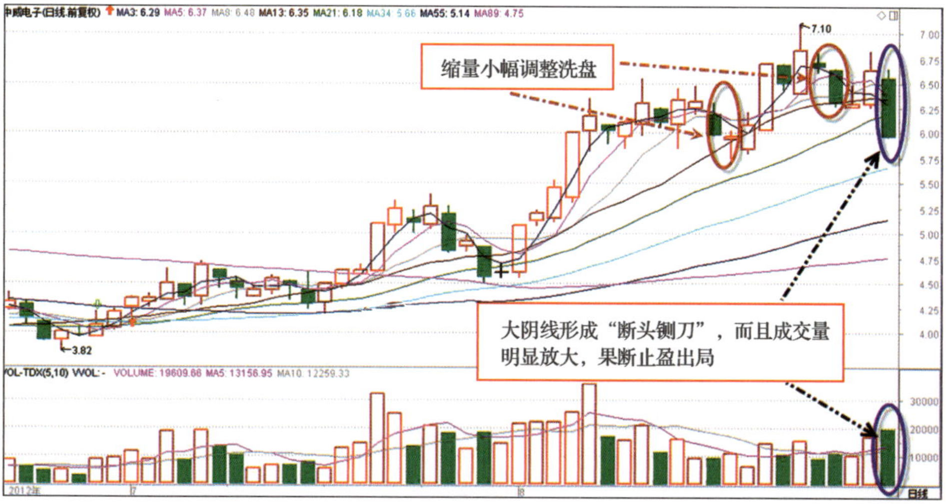

图 15－13

经过一段时间的深度回调后，该股再次拉升了一小段，但那已是后话。（图 15－14）

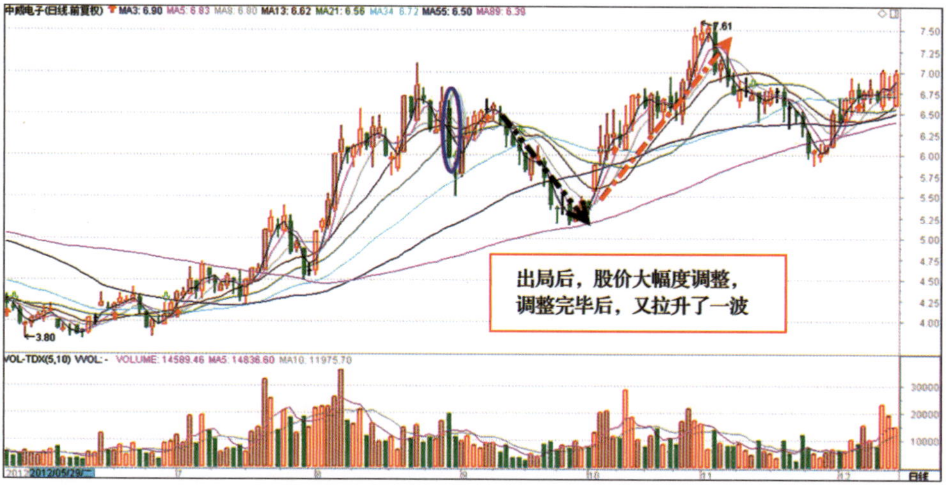

图 15－14

第十六章
今日长缨在手，何时缚住苍龙
粤传媒（002181）的实战

粤传媒（002181）为2014年初的牛股之一，其股价从2014年1月中旬启动，短短的一个月时间便翻倍，凌厉的攻势令当时的市场为之侧目。下面，我们就粤传媒的实战作一个全面的分析与回顾。

第一节　题材剖析

粤传媒的主营业务本来是设计、制作、代理国内各类广告以及出版物印刷包装、书刊零售等，但公司在2013年度计划进入彩票市场，并且获得了有关部门的批准。因为进入了暴利的博彩行业，因此粤传媒给市场以丰富的想象空间。2014年初，“博彩概念”板块出现了一波行情，粤传媒和鸿博股份就是其中的典型代表。

第二节　技术剖析

1. 趋势分析

从2013年4月起，该股股价以大约45度角震荡上行，整个中长期上升通道完好。在震荡上行过程中，出现过几波小幅的缩量调整。（图16－1）

图 16－1

2. K 线组合分析

2014 年 1 月 16 日，出现了一根高开高走的中阳线，与前一个交易日的假阴线构成了变异的“旭日东升”K 线组合。结合 K 线所处的位置和周 K 线进行综合分析，我们判定此处正是进场做多点。（图 16－2）

图 16－2

3. 成交量

在之前的震荡上行过程中，阳线放量，而阴线明显缩量，上升阶段有量，调整阶段则显著缩量，量价关系非常健康合理。2014 年1 月16 日股价再次拉升时，成交量放大到前期拉升阶段的水平。（图 16 –3）

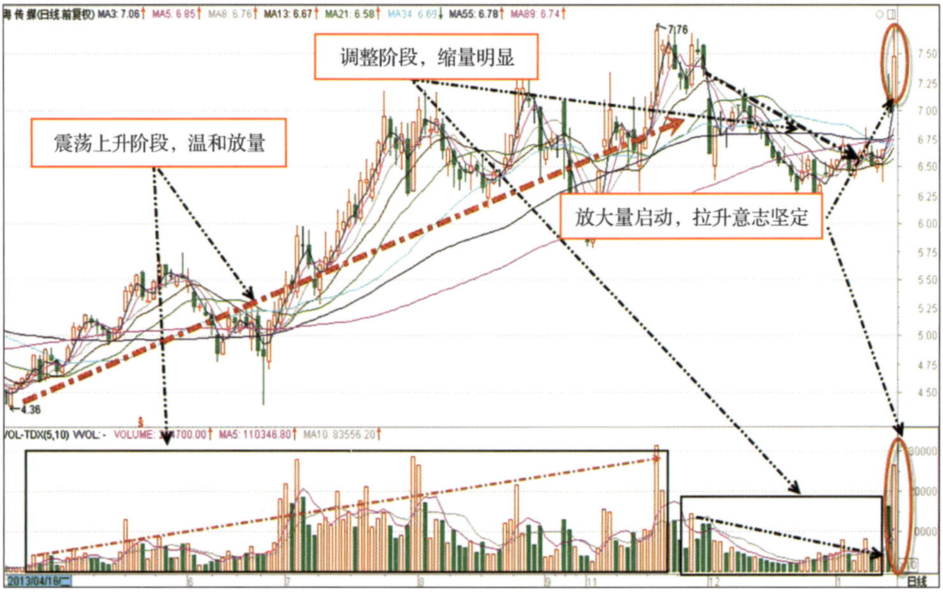

图 16 –3

4. 均线

随着股价的震荡上升，均线系统先是形成“银山谷”，继而又形成“金山谷”。2014 年1 月中旬，均线系统再度形成“金山谷”。（图 16 –4）

图 16－4

5. MACD 指标

MACD 指标在零轴之下形成有效金叉后，红柱不断加长，DIF 和 DEA 逐渐进入零轴上方强势区域。（图 16－5）

图 16－5

第三节　基本面剖析

粤传媒主升浪启动时价格为7元左右，公司当时的流通市值大约为80亿元，适合中等规模的资金主力参与运作。其当时的业绩尚可，而且市场预计彩票业务会成为该公司一个新的主要利润增长点，因此，其股价的想象空间十分巨大。

第四节　主力运作剖析

主力“推土机式”建仓吸筹，建仓期从2013年5月份持续至11月中旬。在建仓吸筹阶段，股价缓慢攀升，成交量不断放大。建仓完毕后，2013年11月下旬，主力开始震荡打压洗盘，直到2014年1月中旬方告结

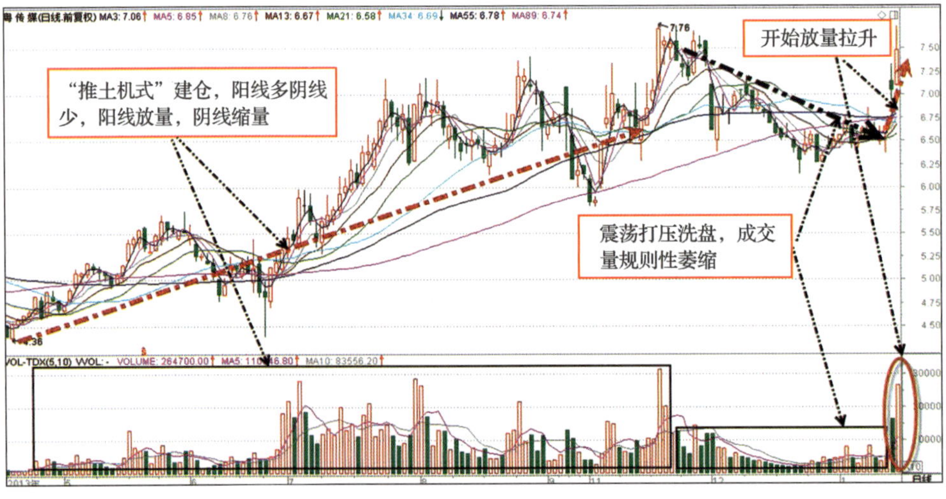

图16－6

束。震仓洗盘的最后阶段，股价波动越来越小，成交量也不断规则性萎缩。2014 年 1 月 16 日，一根高开高走的放量大阳线宣告主升浪的到来。（图 16－6）

第五节　大盘背景和板块背景

粤传媒所在的中小板指数当时在一个大箱体内小幅波动，逐渐来到了箱体中枢的位置。当时的“博彩概念”板块指数则处于相对低位，正在缓慢向上攀升。（图 16－7、图 16－8）

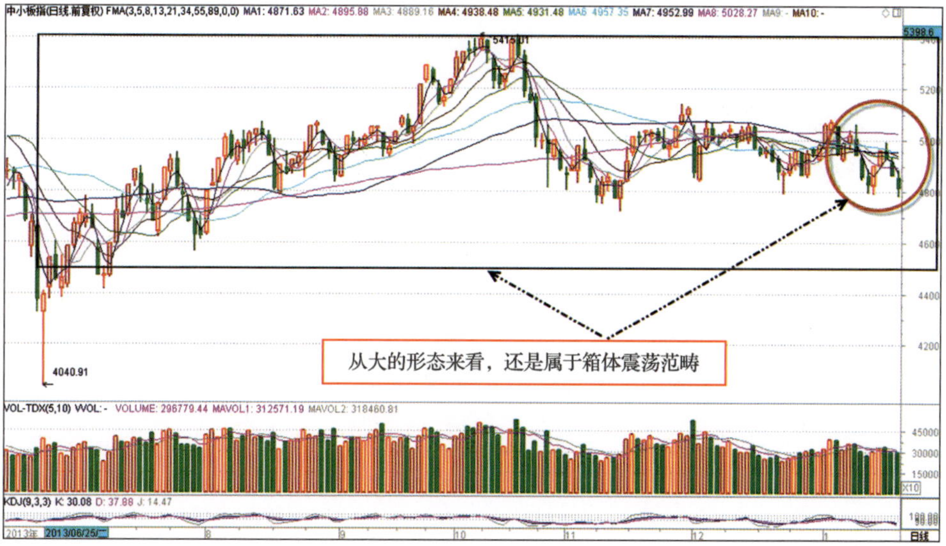

图 16－7

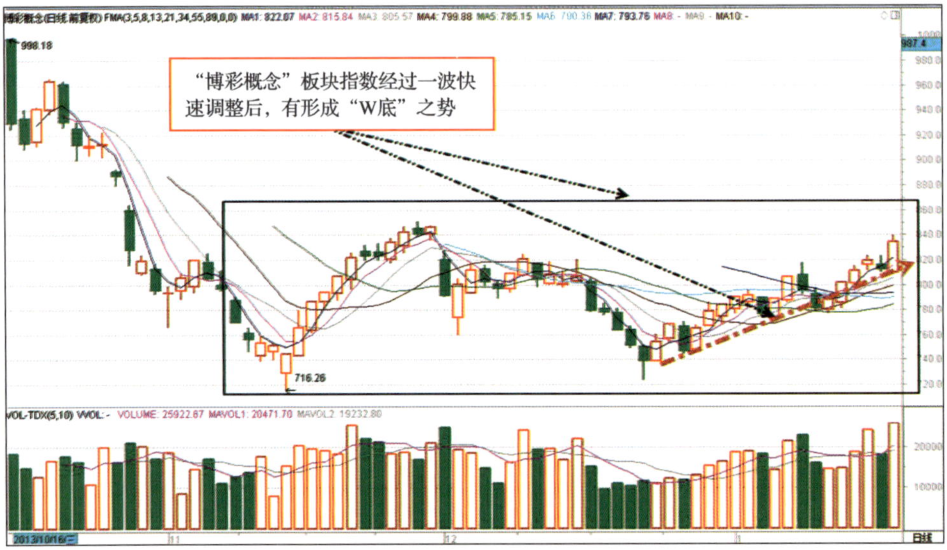

图 16－8

第六节　实战攻略

粤传媒的主升浪启动时，大盘环境不算很理想，但是因为其身上的"博彩"题材比较有想象力和冲击力，主力资金也已经做好充分的准备，因此，2014 年 1 月 16 日，主力资金仍然按计划开始拉抬股价。当日及下一个交易日都是较佳的进场狙击点。

2014 年 1 月 17 日，该股小幅低开，全天围绕分时线小幅波动。当日我们有充足的时间进场建仓。(图 16－9)

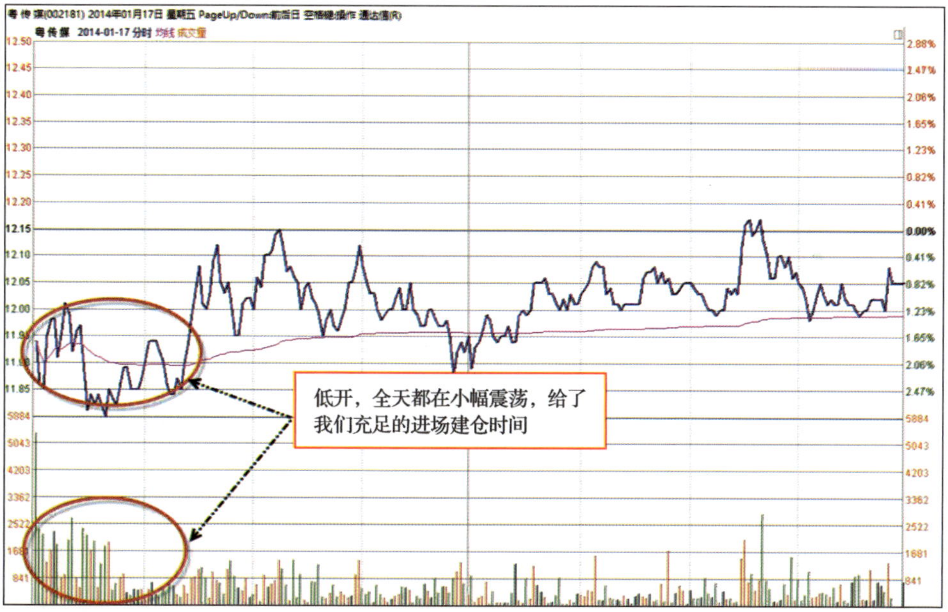

图 16－9

当日该股没有直接拉升，而是全天小幅波动，收出一根相对缩量的小阳线。（图 16－10）

图 16－10

随后几天，该股连续大幅拉升。2014 年 1 月 24 日，该股收出带较长上影线的 K 线。这是转势信号吗？当日涨幅依然比较可观，筹码未见明显松动，我们继续持股，再观察两天。（图 16－11）

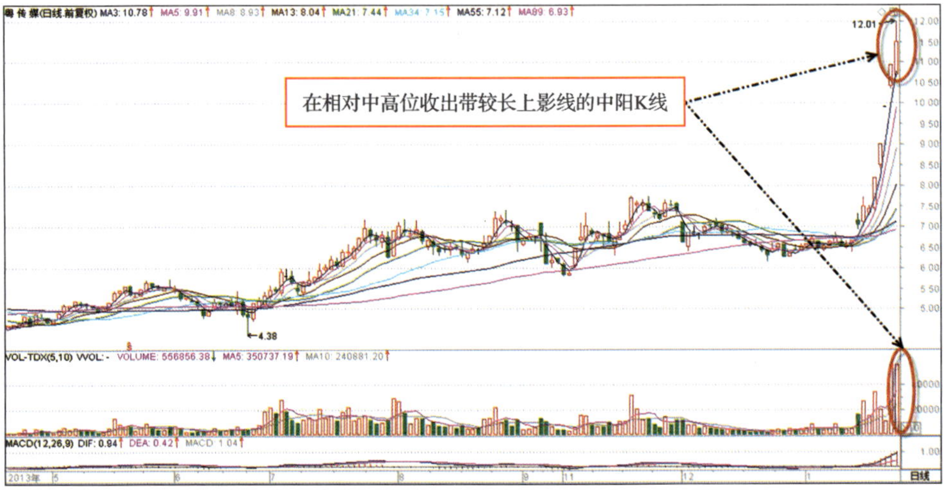

图 16－11

2014 年 1 月 29 日，该股在高位出现了“避雷针”信号，成交量较大，后市有极大的不确定性。鉴于短时间内已经获利不菲，我们阶段性减仓一半，锁定部分利润，剩余一半仓位继续持有。（图 16－12）

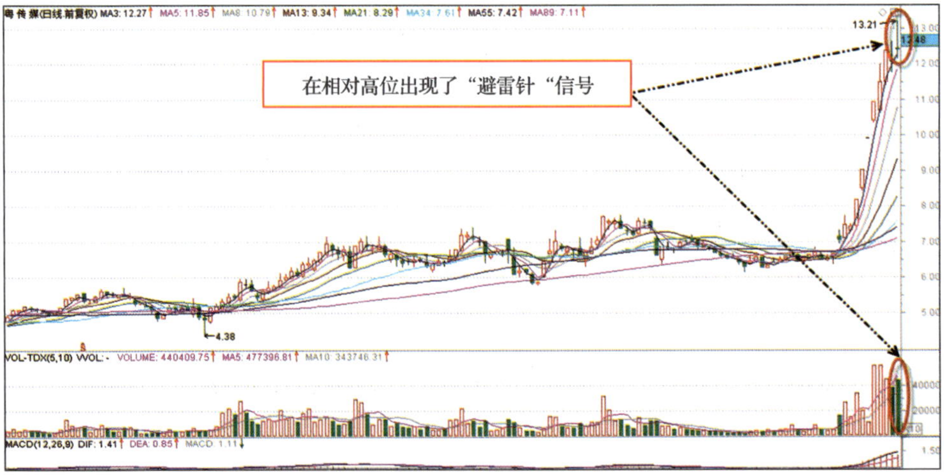

图 16－12

紧接着又收出一根低开的带长下影线的小阴线，量能有所缩小。继续观察。（图 16－13）

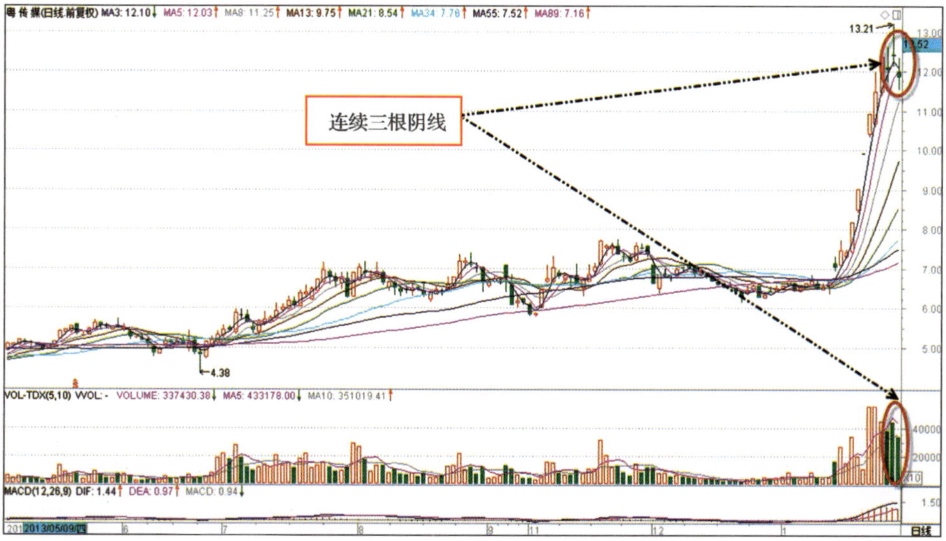

图 16－13

2014 年 2 月 12 日，出现“乌云盖顶”死亡 K 线组合，这是高位逃顶信号，不能有丝毫犹豫，所有仓位无条件离场。（图 16－14）

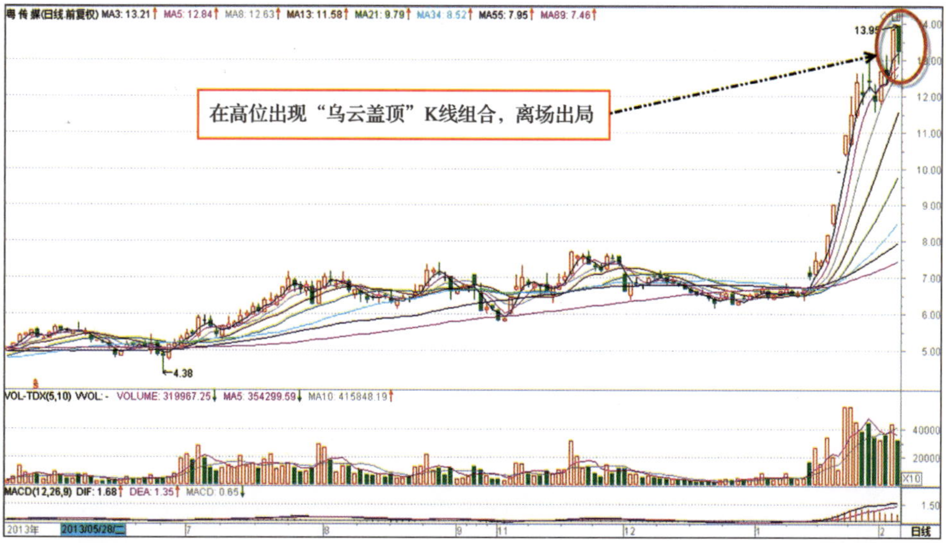

图 16－14

2014 年 2 月 20 日，股价跌破高位小平台，走势彻底破位。这也预示着一轮不可避免的调整来临。（图 16 – 15）

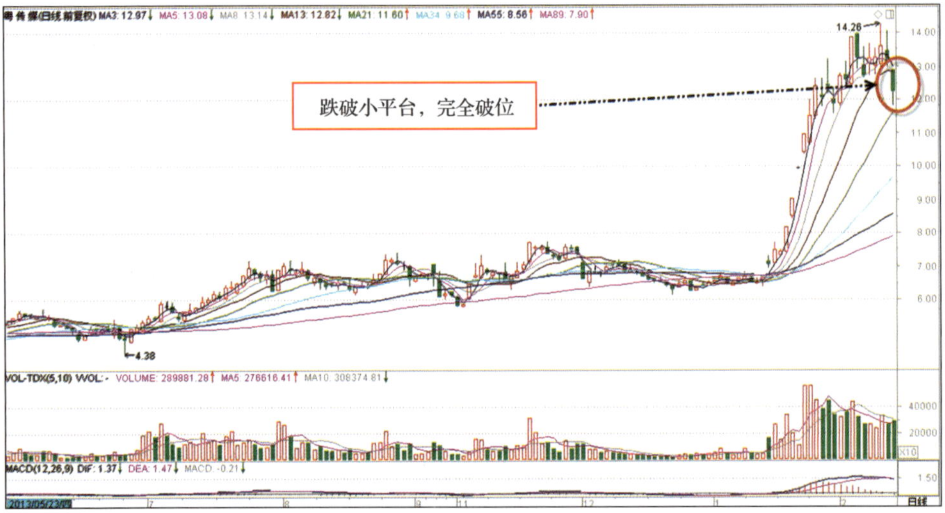

图 16 – 15

走势破位之后，股价陷入了长时间的调整。（图 16 – 16）

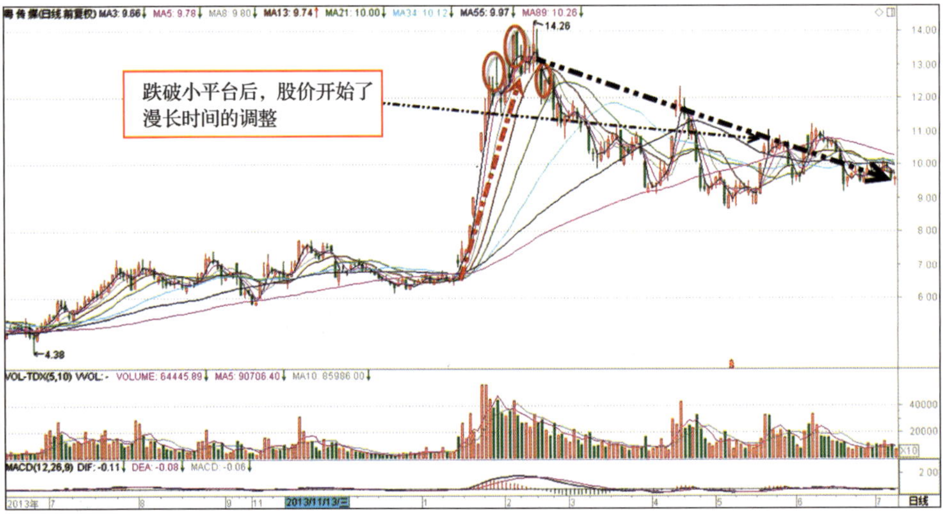

图 16 – 16

第十七章

一朝风云起，我非池中物

丰林集团（601996）的实战

丰林集团（601996）在2012年底经历了一段波澜壮阔的飙升行情，短短一个月左右的时间里股价涨幅超过100%，成为当时弱势行情之下的明星股之一。下面，我们就丰林集团的实战作一个全面的分析与回顾。

第一节　题材剖析

丰林集团的主营业务是造林及中高密度纤维板、胶合板的生产与销售，属于比较传统的产业，技术含量并不高。2012年11月8日，胡锦涛总书记在中国共产党第十八次全国代表大会上提出，“把生态文明建设放在突出地位，融入经济建设、政治建设、文化建设、社会建设的各方面和全过程，努力建设美丽中国，实现中华民族永续发展。”很快，“美丽中国”“生态中国”成为街头巷尾谈论的热词，市场也把具有“生态文明”“美丽中国”概念的相关股票称为“美丽中国”概念股，一批相关股票脱颖而出，大幅上涨。其中，丰林集团、蒙草抗旱、福建金森等公司是突出代表。

第二节　技术剖析

1. 趋势分析

2012年11月，该股走势呈现为一个中期下跌趋势后的反转，正进入新的上升通道。（图17－1）

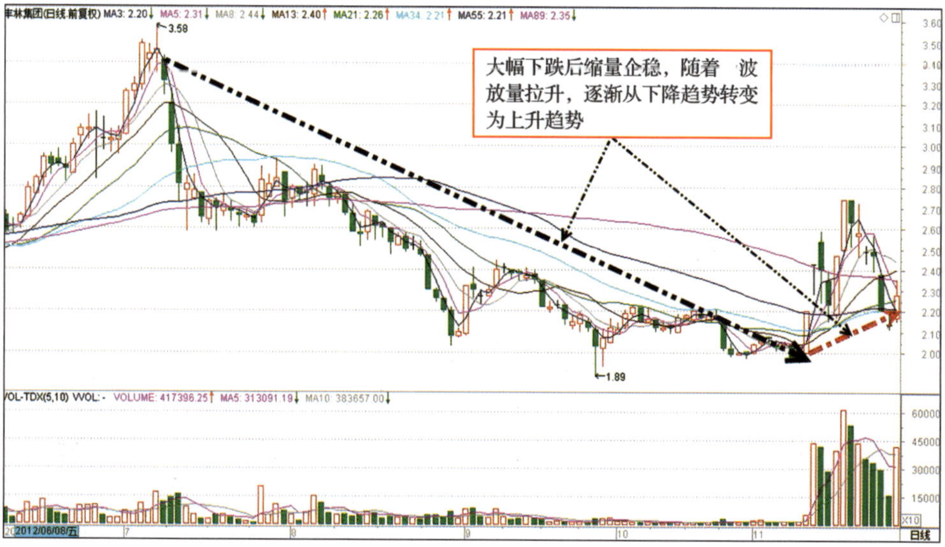

图 17－1

2. K 线组合分析

2012 年 11 月 27 日至 29 日，该股 K 线图上出现标准的“早晨之星”K 线组合。结合 K 线所处的位置和周 K 线进行分析，我们判定此处可以大举进场做多，风险可控。（图 17－2）

图 17－2

3. 成交量

在震荡上升过程中，上升阶段放量，而调整阶段则明显规则性缩量，成交量缩到最小时，只有启动量的1/3左右。（图17－3）

图17－3

4. 均线

随着趋势的发展，均线系统逐渐摆脱空头排列，形成“银山谷”。2012年11月29日，股价再次启动时，短期均线在收紧缠绕。（图17－4）

图17－4

5. MACD 指标

MACD 指标已经死叉，但仍处于零轴之上的强势区域，说明前期的调整是强势调整。（图 17－5）

图 17－5

第三节　基本面剖析

2012 年 11 月，丰林集团股价在 2 元（前复权后）附近震荡，整个流通市值较小，仅有 20 亿元左右。较低的股价和较小的流通市值适合活跃的中小规模资金主力运作。丰林集团当时的业绩比较一般，但因具有政策性的“美丽中国”概念被提出，而丰林集团的主营业务之一刚好是植树造林，故而其股票受到市场的热捧。

第四节　主力运作剖析

主力利用建设“美丽中国”消息发布的时机，快速拉高股价抢筹，短短6个交易日，换手率之和就达到了112%。如此高的换手率说明筹码已经被充分换手，主力已经拿到了足够数量的筹码。快速吸筹完毕后，主力开始反手打压股价，震仓洗盘，股价因此连续调整数天。调整期间，成交量不断萎缩。浮筹清洗干净后，2012年11月29日，一根放量大阳线宣告拉升正式开启，该股踏上了轰轰烈烈的快速飙升之旅。（图17－6）

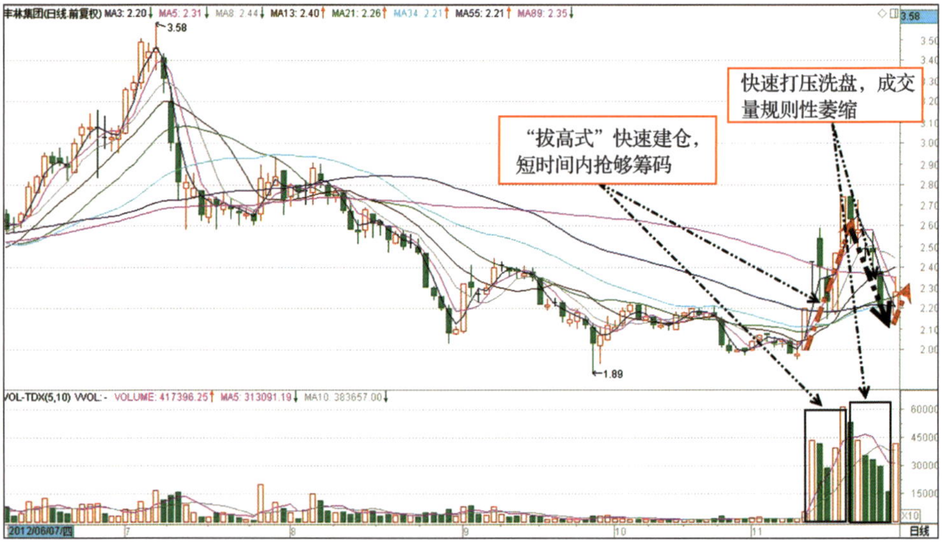

图17－6

2012年11月29日，该股全天大部分时间封在涨停板上，但尾盘涨停板被打开，“开闸放水”。这一举动迷惑了相当多的投资者，其实这是主力资金的又一次洗盘行为。（图17－7）

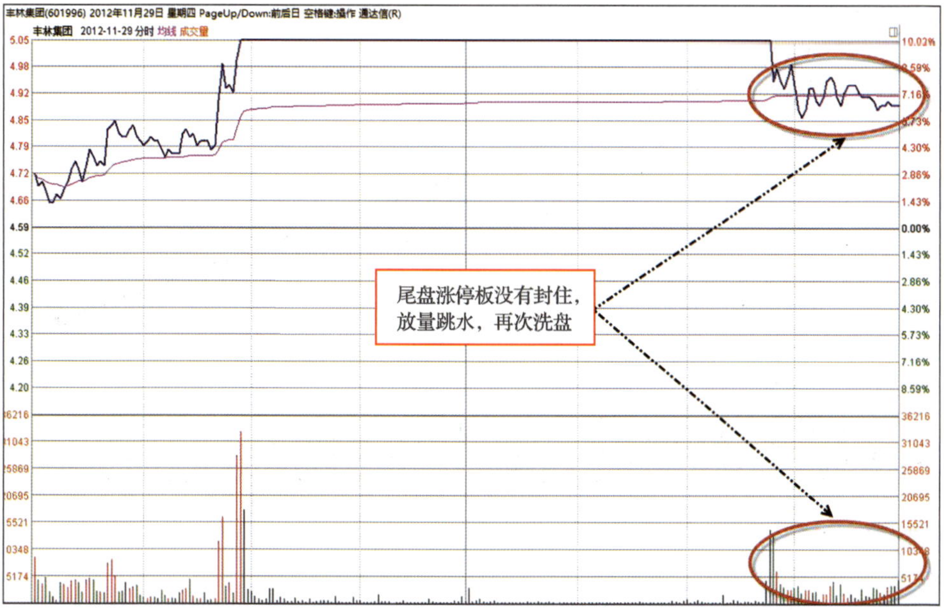

图 17－7

第五节　大盘背景和板块背景

丰林集团所在的上证指数当时处于下降通道中，已经调整了较长时间，调整幅度接近20%，成交量在不断地萎缩，似乎有见底反弹的迹象。“农林牧渔”板块指数也在调整之中，调整幅度较大，成交量也在不断萎缩。（图 17－8、图 17－9）

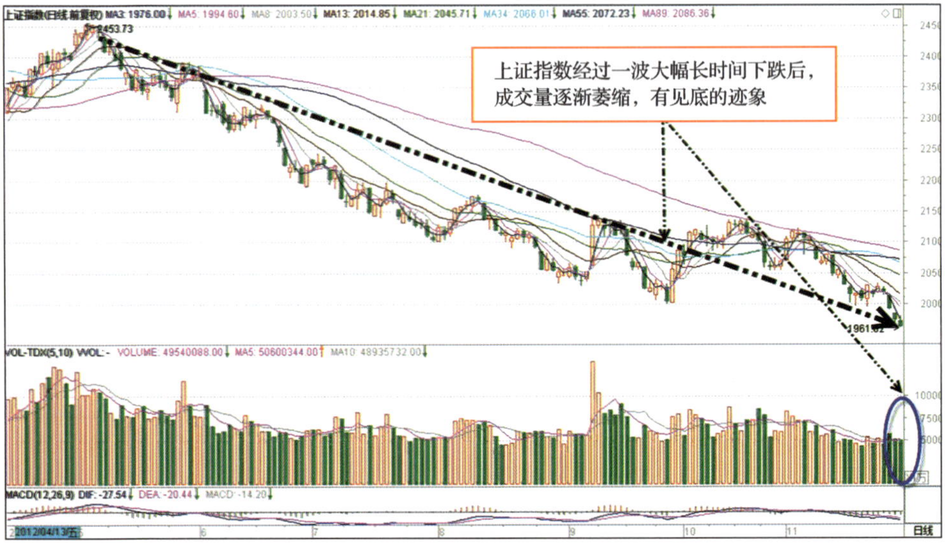
上证指数(日线,前复权) MA3: 1976.00 MA5: 1994.60 MA8: 2003.50 MA13: 2014.85 MA21: 2045.71 MA34: 2068.01 MA55: 2072.23 MA89: 2086.36
2453.73
上证指数经过一波大幅长时间下跌后，成交量逐渐萎缩，有见底的迹象
VOL-TDX(5,10) VVOL: - VOLUME: 49540088.00 MA5: 50600344.00 MA10: 48935732.00
MACD(12,26,9) DIF: -27.54 DEA: -20.44 MACD: -14.20
日线

图 17 －8

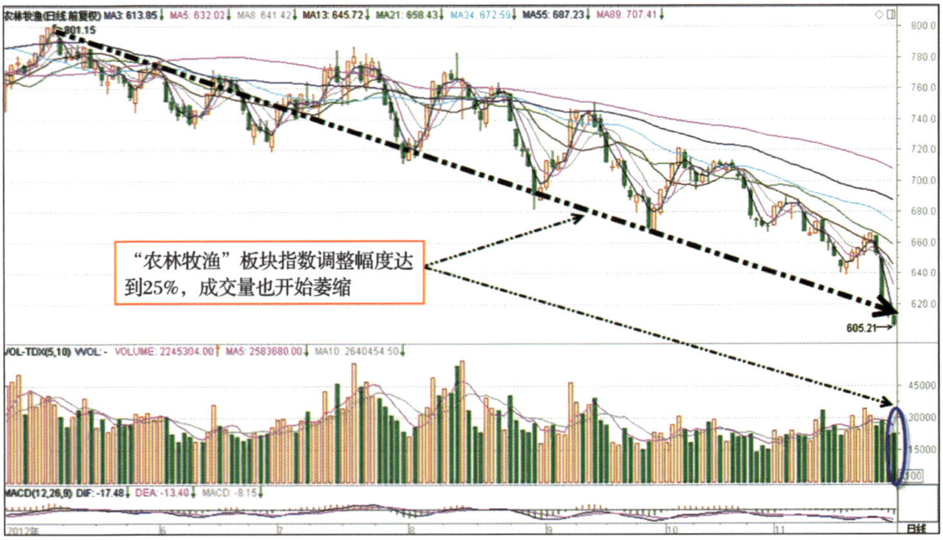
农林牧渔(日线,前复权) MA3: 613.85 MA5: 632.02 MA8: 641.42 MA13: 645.72 MA21: 658.43 MA34: 672.59 MA55: 687.23 MA89: 707.41
801.15
“农林牧渔”板块指数调整幅度达到25%，成交量也开始萎缩
605.21
VOL-TDX(5,10) VVOL: - VOLUME: 2245304.00 MA5: 2583680.00 MA10: 2640454.50
MACD(12,26,9) DIF: -17.48 DEA: -13.40 MACD: -8.15
日线

图 17 －9

第六节　实战攻略

当时的大盘环境不是很好，比较弱势，但似乎有企稳反弹的迹象，而且丰林集团拥有当时大热的“美丽中国”概念题材，主力资金介入程度已然很深。通过对大环境和主力行为进行分析，我们判定2012年11月29日的放量大阳线就是转势启动点，该股将会由此进入主升浪，当日及下一个交易日都是绝佳的进场狙击点。

2012年11月30日，该股小幅低开，整个上午都在围绕分时线小幅震荡。下午股价开始拉升，最终以上涨7个点报收。（图17－10）

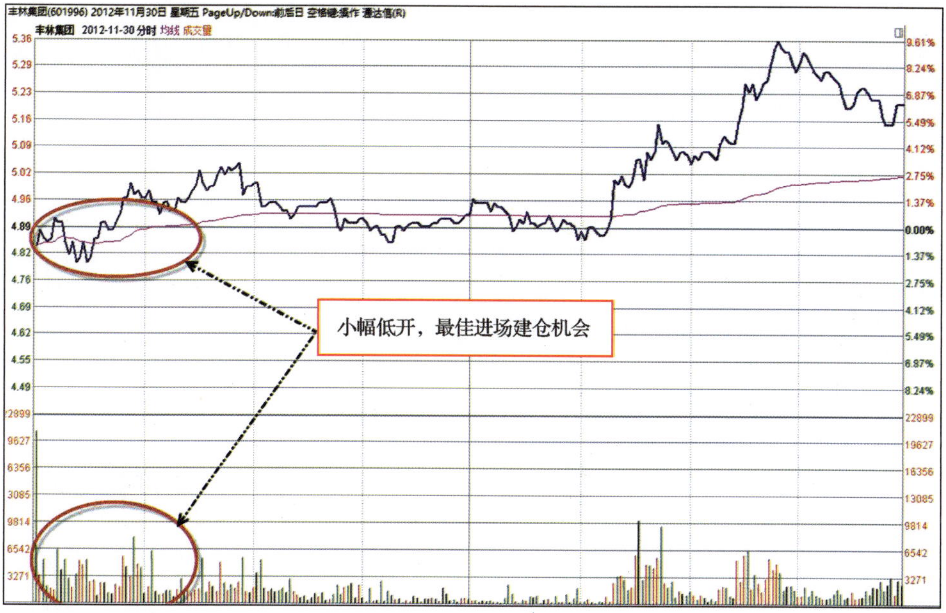

图17－10

2012年12月3日，该股收出带长上影线的K线。此时涨幅还不大，位置不高，我们安心持股。（图17－11）

图 17－11

2012 年 12 月 11 日，出现一根低开低走的大阴线，与前一交易日的 K 线构成“倾盆大雨”死亡 K 线组合，同时成交量放大，说明筹码已经开始松动。鉴于短期获利已经比较可观，我们减仓一半，剩余仓位继续持有。(图 17－12)

图 17－12

2012年12月27日，终极逃顶信号出现。当日，该股收盘后再次形成了“倾盆大雨”死亡K线组合，而且成交量也显著放大，我们当机立断，将剩余仓位全部出手。（图17－13）

图17－13

随后，股价在相对高位反复震荡了很长一段时间，最终于2013年5月份开始暴跌。（图17－14）

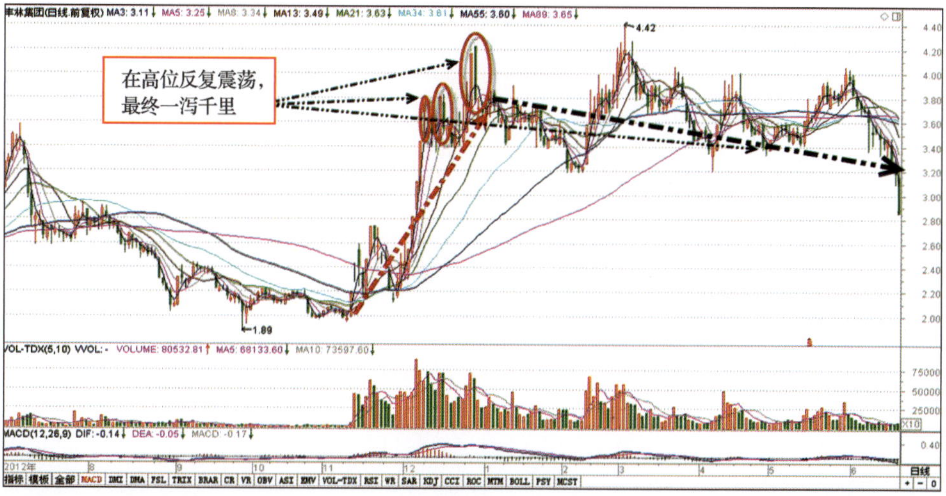

图17－14

第十八章

钟山风雨起苍黄，百万雄师过大江

大唐电信（600198）的实战

大唐电信（600198）于2015年5月中旬到6月中旬期间出现一波凌厉的拉升，股价在一个月时间内成功翻倍。在2015年那场“快牛”的尾声，大唐电信异军突起，成为当时的明星股之一。下面，我们就大唐电信的实战作一个全面的分析与回顾。

第一节 题材剖析

大唐电信是以通信网络系统、通信终端、计算机软硬件、信息安全应用软件、微电子等产品的开发、生产 、销售为主要业务的通信设备制造企业，总部位于北京。大唐电信的业务和华为、中兴比较类似，但是其主业不如这两家公司有竞争力。鉴于此，大唐电信进行战略转型，聚焦芯片核心业务，提出了“集成电路+”的产业布局。2013年底，工信部发放3张4G牌照，全部都是采用由大唐电信集团提出自主知识产权的TDD－LTE标准。2014年，大唐电信自主研发的28nm芯片实现规模量产。当时的移动网络信号正处于3G向4G快速更迭的阶段，因为该芯片，市场预测移动互联的中国“芯”时代即将到来，因此大唐电信的业绩具有极大的想象空间。

第二节 技术剖析

1. 趋势分析

2015年1月至3月底，该股股价不断攀升，中长期趋势健康，上升通道完好。2015年4月至5月中旬，该股进入箱体震荡。（图18－1）

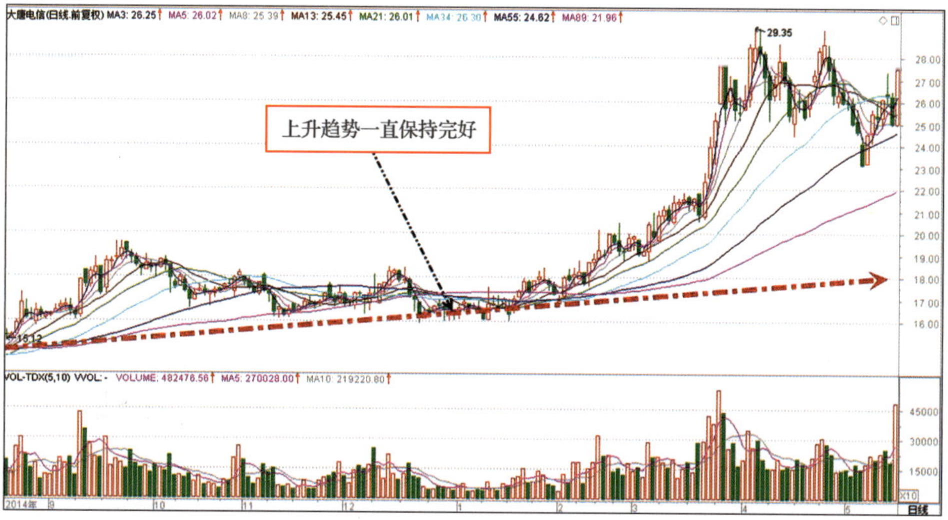

图 18－1

2. K 线组合分析

2015 年 5 月 15 日和 18 日两个交易日，该股出现标准的“阳包阴”K 线组合，是典型的看涨信号。结合 K 线所处的位置和周 K 线进行综合分析，我们判定 5 月 18 日形成的这根涨停大阳线就是新一轮行情的起涨点。（图 18－2）

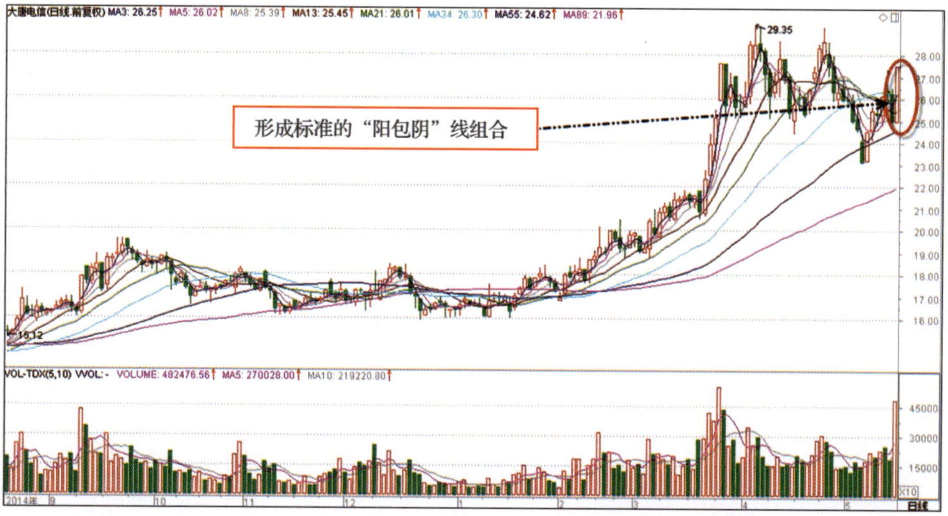

图 18－2

3. 成交量

在2015年1月至3月底的上升过程中，成交量不断温和放大。在随后的箱体震荡期间，成交量未见明显放大，但也未见显著萎缩。2015年5月18日，随着涨停大阳线的出现，成交量又放大到前期拉升阶段的水平。(图18－3)

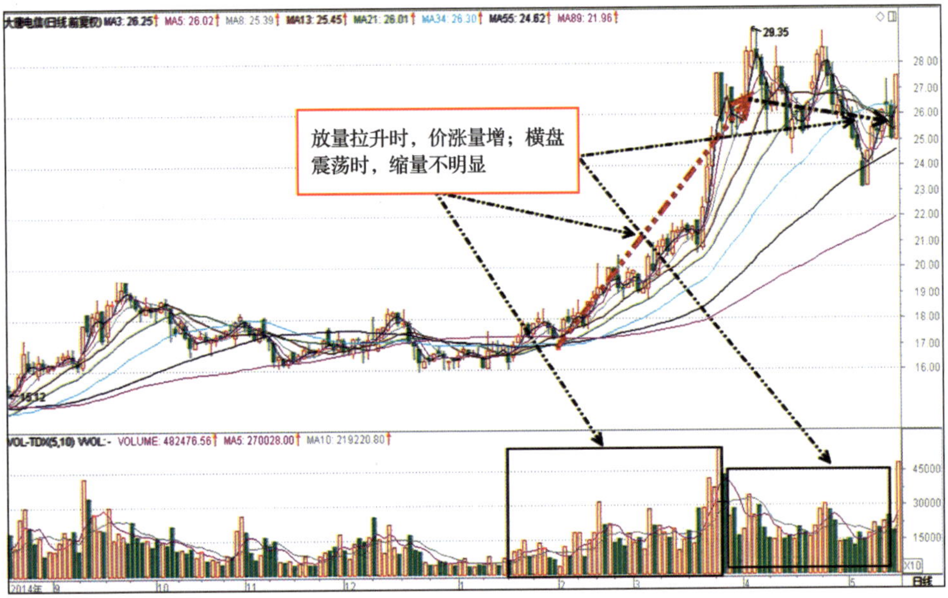

图18－3

4. 均线

2015年2月初，均线系统形成“金山谷”，继而转变为多头排列。股价经过了一个半月左右的横盘震荡后，于2015年5月18日再次收紧黏合并形成“蛟龙出海”之势。(图18－4)

“蛟龙出海”的出现，意味着股价将有一波拉升。

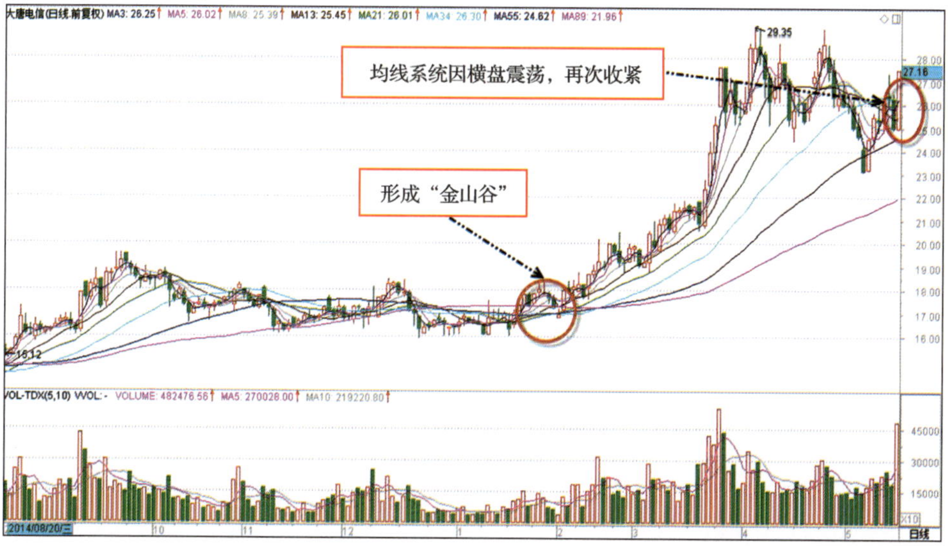

图 18－4

5. MACD 指标

2015 年 5 月 18 日，股价涨停之后，MACD 指标在零轴之上有再度金叉的强烈欲望。（图 18－5）

图 18－5

第三节　基本面剖析

大唐电信股本约9亿股，2015年5月中旬起涨时股价在25元左右，整个流通市值约为220亿元。这样规模的流通市值，适合比较有实力的主力资金参与运作。其当时的业绩一般，但因市场对其战略转型有高度的期待，故而得到了主力资金的青睐。

第四节　主力运作剖析

主力从2014年7月开始战略性建仓，建仓期间成交量温和放大。2014年9月底建仓完毕后，开始了较长时间的横盘震荡洗盘。洗盘阶段，成交量规则性萎缩，短中期均线也开始收紧黏合。2015年2月初，第一波拉升开启，股价从18左右元上涨到30元左右，离开主力成本区已有一段距离。2015年4月初第二次洗盘开启。2015年5月18日，一根放量涨停大阳线出现，意味着惊心动魄的主升浪就此开启。（图18－6）

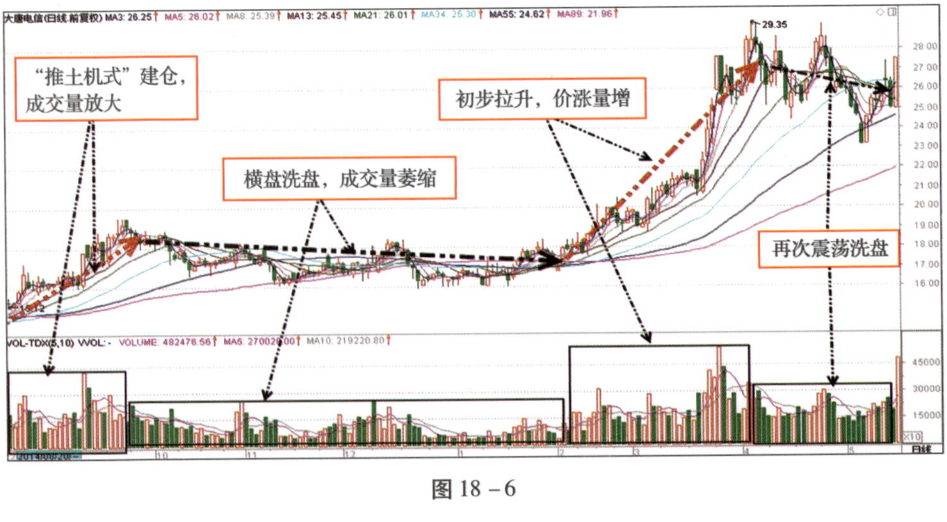

图18－6

第五节　大盘背景和板块背景

当时，A 股市场正处于火热的牛市，上证指数不断向上攀升，不断地创下新高，形势一片大好。在此环境之下，大唐电信所在的“通信设备”板块指数也是处于完美的上升通道中。火热的市场氛围为大唐电信的主力快速拉升股价创造了绝佳的“天时”条件。（图 18 –7、图 18 –8）

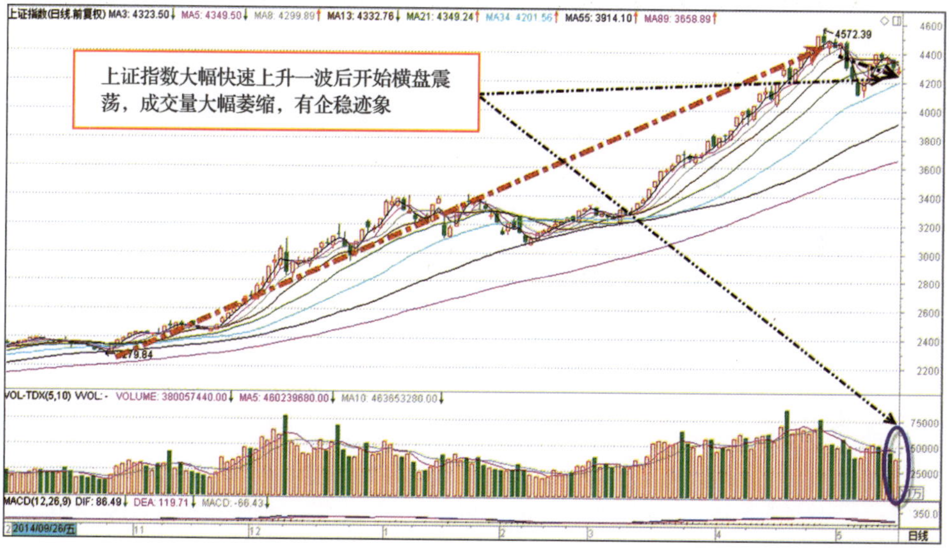

图 18 –7

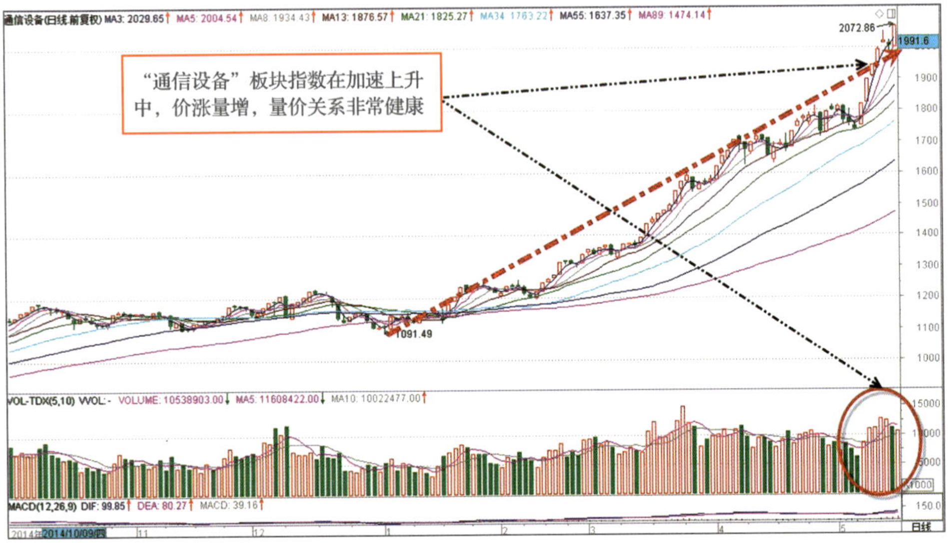

图 18 –8

第六节　实战攻略

通过以上详尽的全方位分析，大唐电信“天时”“地利”“人和”三者皆具，由此，我们判定，2015 年 5 月 18 日的涨停就是第二波拉升的起点，我们在下一个交易日逢低进场布局，狙击真正的主升浪。

2015 年 5 月 19 日，该股小幅低开，然后震荡了一个小时。我们在此期间择机逢低进场。该股早盘最高曾经拉升到涨停板的位置，但最终以约 7 个点的涨幅报收。（图 18 –9）

图 18－9

2015 年 5 月 21 日，该股以涨停价开盘，虽然盘中涨停板一度被打开，但最终仍涨停收盘。未见明显的出场信号，我们继续持股。(图 18－10)

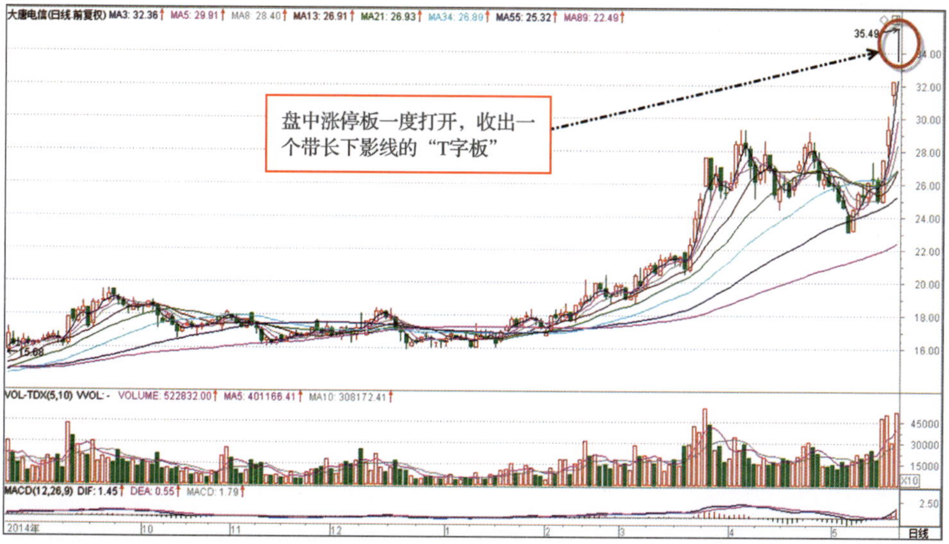

图 18－10

2015 年 5 月 22 日，K 线图上出现了“避雷针”信号，成交量显著放大，这是筹码松动了吗？鉴于股价短期涨幅已经不小，在此位置出现这样的看空信号，说明后市不确定性较强，我们减掉三成仓位，锁定小部分利润，剩余七成仓位继续持有，再观察几天。（图 18 – 11）

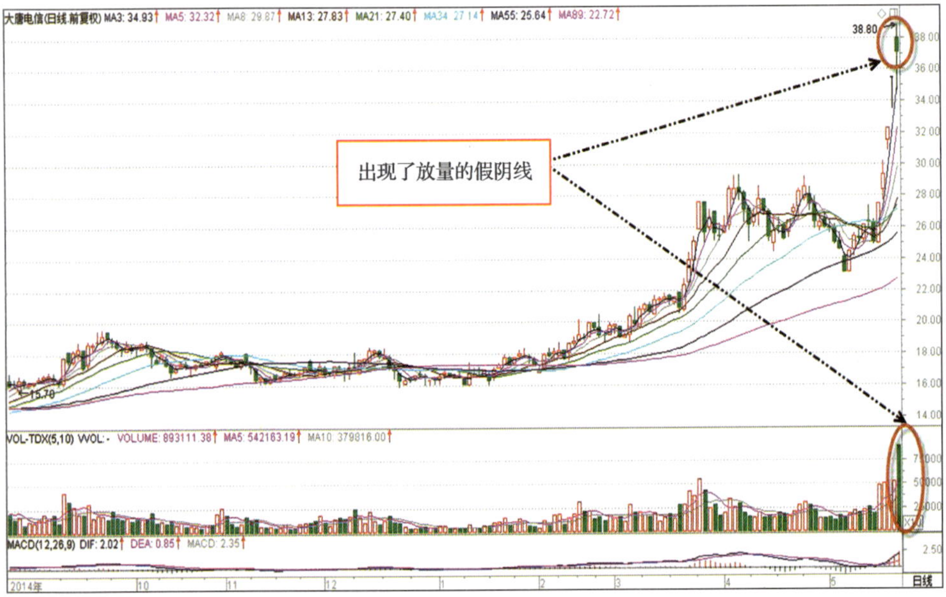

图 18 – 11

2015 年 5 月 28 日，放量的“避雷针”信号再次出现。这是真的见顶了，还是主力故伎重施在震仓洗盘？似乎两种可能性都有，我们再减仓三成，剩余四成仓位继续持有。（图 18 – 12）

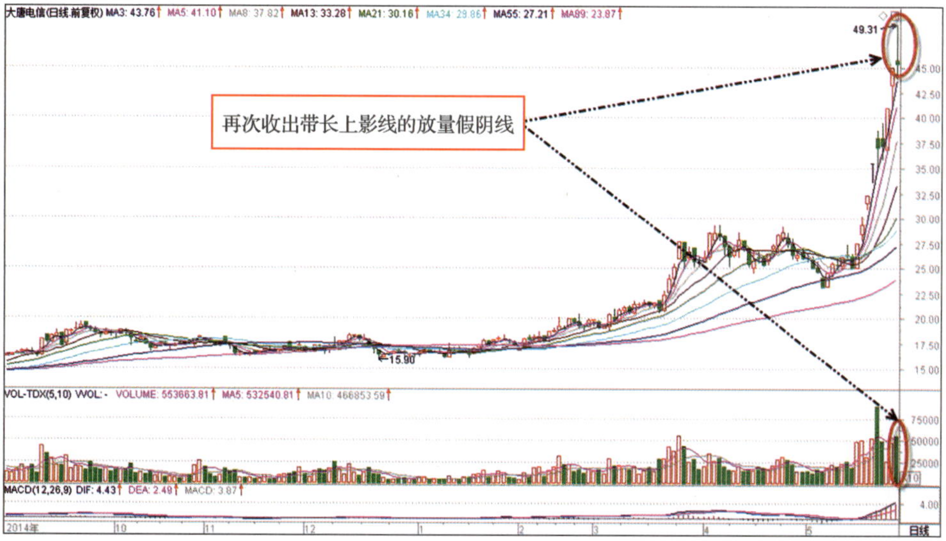

图 18－12

2015 年 6 月 1 日，“避雷针”信号第三次出现。不得不承认，这个主力的操盘手法非常老辣。我们再减仓二成，锁定绝大部分利润，仅留二成仓位继续博弈。（图 18－13）

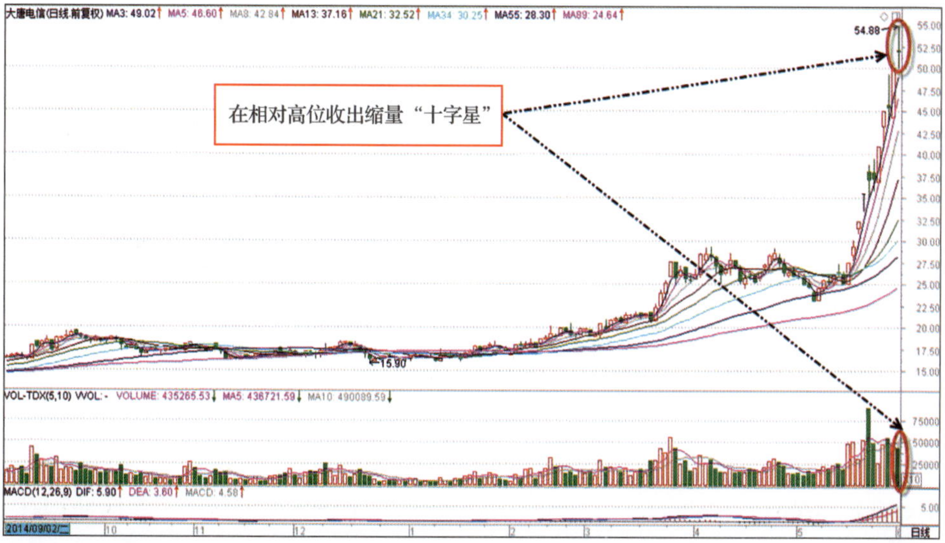

图 18－13

继前几个交易日收出阴线后，2015 年 6 月 9 日，该股在相对高位又收出一根中阴线，似有跌破小平台的趋势。我们继续减仓，仅象征性地保留一成仓位。（图 18－14）

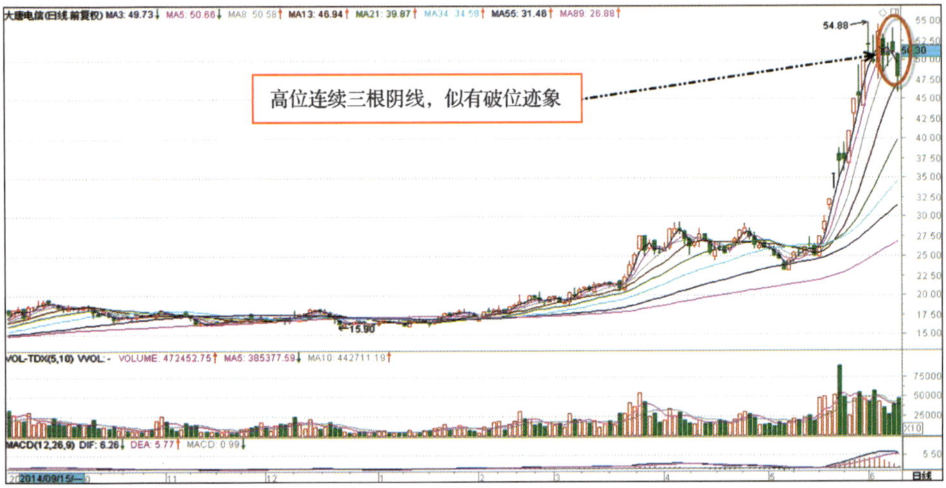

图 18－14

2015 年 6 月 16 日，该股收出一根大阴线，与前一交易日的 K 线构成“倾盆大雨”K 线组合，终极离场信号出现。我们所有仓位全部离场出局。（图 18－15）

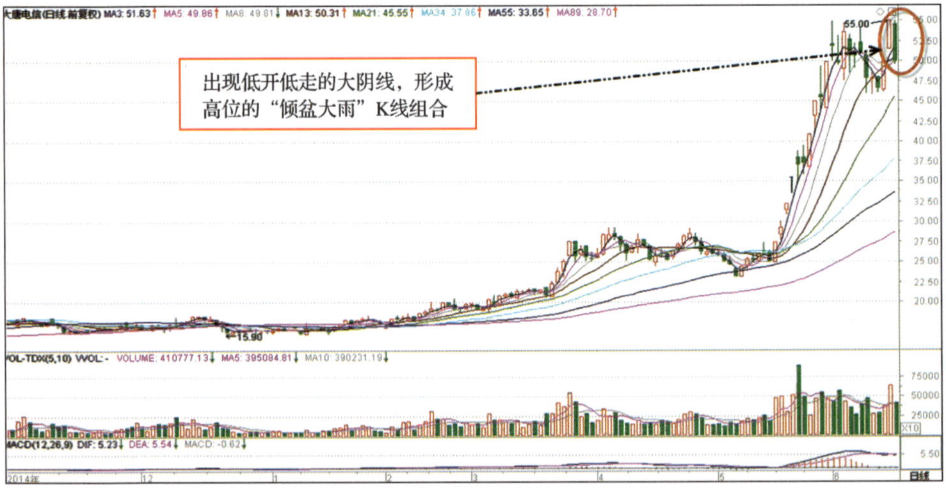

图 18－15

“倾盆大雨”终极离场信号出现后，该股股价跟随着大盘指数的调整一路暴跌，短时间内就回到起点。（图 18－16）

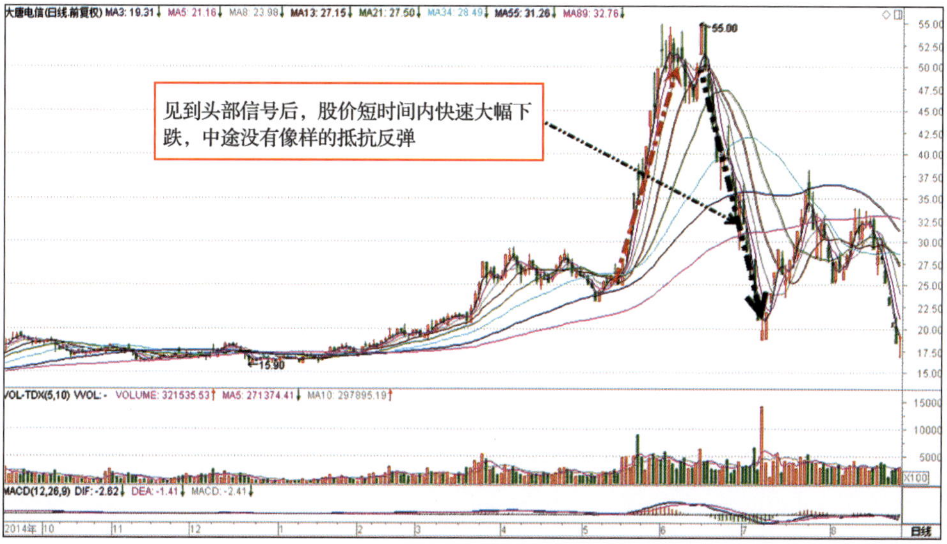

图 18－16

第十九章

百战沙场碎铁衣，城南已合数重围

石化机械（000852）的实战

石化机械（000852）于 2017 年 5 月中下旬有一波快速飙升，短短 8 个交易日内涨幅就超过 50%，这给当时相对弱势的市场增添了一抹亮色，成为当时市场上不多的亮点之一。在此，我们就石化机械的实战作一个全面的分析与回顾。

第一节　题材剖析

石化机械以石油天然气及矿用钻头、石油机械配件的生产及销售等为主营业务，公司总部位于武汉市东湖高新技术开发区，1998 年 11 月 26 日在深圳主板上市。

2017 年 5 月中旬，南海传来巨大喜讯：我国海洋地质学家在南海北部神狐海域从水下 1200 米开采可燃冰获得成功。可燃冰又名天然气水合物，是高效、清洁的新型能源。可燃冰试采获得成功，标志着我国在这一竞争领域走在世界前列，中共中央、国务院为此还特地发出贺电。这一消息对 A 股相关公司构成非常大的利好，市场也对此迅速作出回应，相关上市公司的股价顺势而起，而石化机械就是其中的典型代表。此外，因为该公司有业务在雄安新区，因此市场也赋予其“雄安新区”概念。“可燃冰”“雄安新区”两个概念叠加，石化机械一时风头无两。

第二节　技术剖析

1. 趋势分析

从 2016 年 9 月底到 2017 年 5 月上旬，该股在一个大的箱体内波动，呈现横盘震荡的格局。（图 19－1）

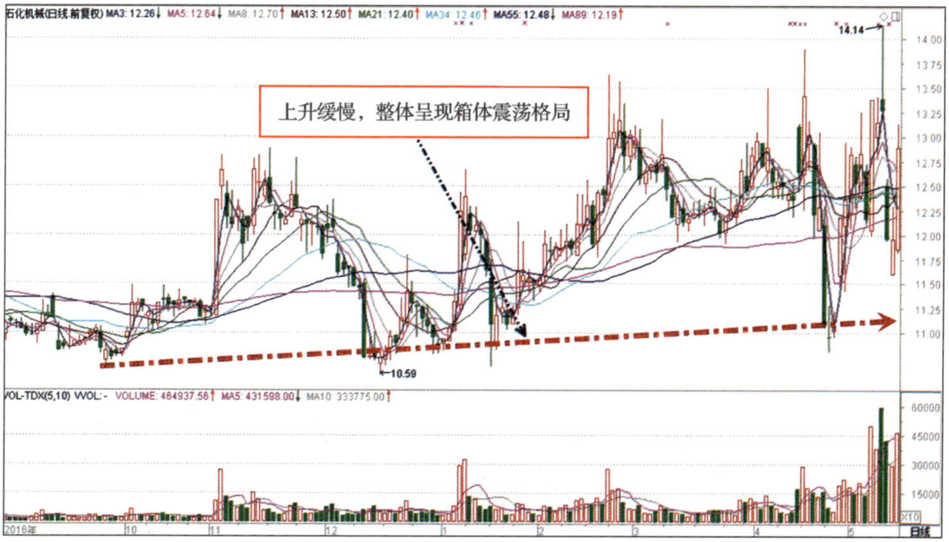

图 19－1

2. K 线组合分析

2017 年 5 月 11 日至 15 日，该股在相对低位出现变异的“早晨之星”K 线组合。结合周 K 线进行分析，我们判定此处为最佳进场点，可以大举入场做多。（图 19－2）

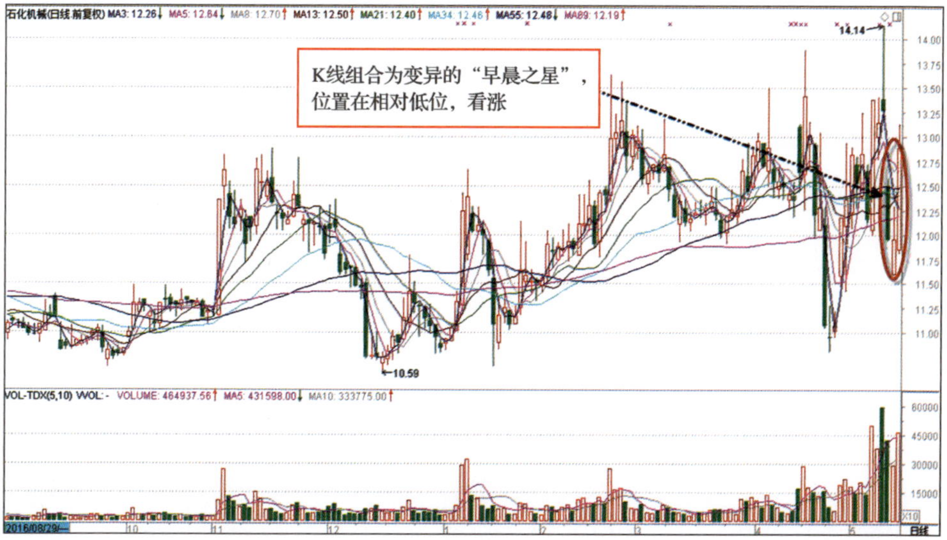

图 19－2

3．成交量

在前期的整个震荡过程中，上升时放量而调整时缩量。股价于2017年5月中旬启动的时候，量能也随之显著放大，量价关系非常健康。（图19－3）

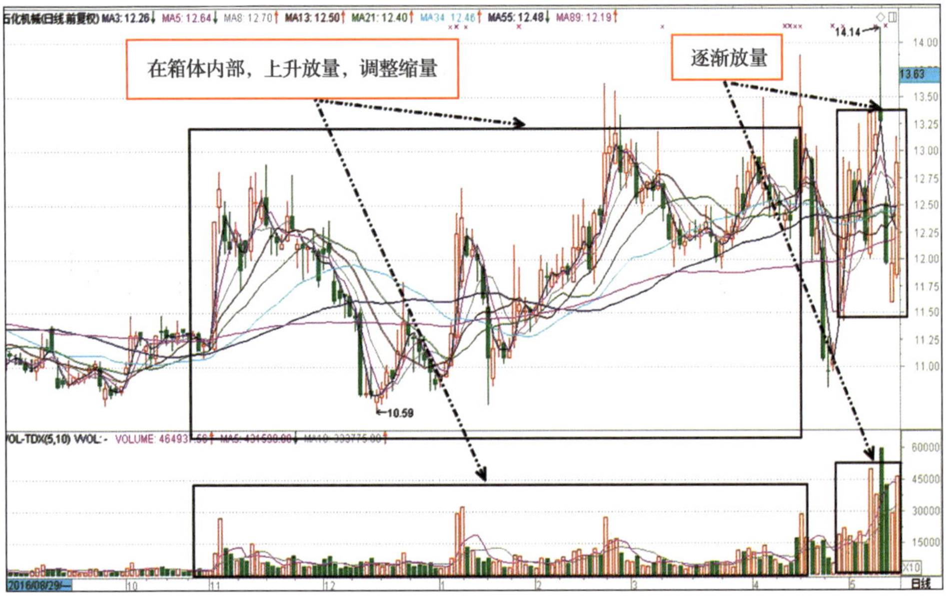

图19－3

4．均线

在箱体震荡过程中，均线系统依次形成“银山谷”和“金山谷”。2017年5月15日，“蛟龙出海”出现，这也意味着股价将有一波拉升。（图19－4）

图 19－4

5. MACD 指标

MACD 指标在零轴附近形成金叉后，一度有死叉迹象，但 5 月 15 日的一根大阳线化解了死叉趋势，并再度形成有效金叉。(图 19－5)

图 19－5

第三节　基本面剖析

石化机械盘子不大，总流通股本近6亿股，2017年5月15日股价启动时，流通市值在70亿元左右。其业绩当时处于亏损状态，但因为突如其来的“可燃冰”利好和“雄安新区”概念，其股价仍然被市场所看好。

第四节　主力运作剖析

主力利用箱体震荡的方式建仓吸筹，箱体震荡期间，上升阶段放量，调整阶段则明显缩量。拿到所需数量的筹码后，主力在正式拉升前曾经有过试拉这一专业动作。试拉完毕，主力再次短暂地洗盘。2017年5月15日，主升浪正式开启。（图19－6）

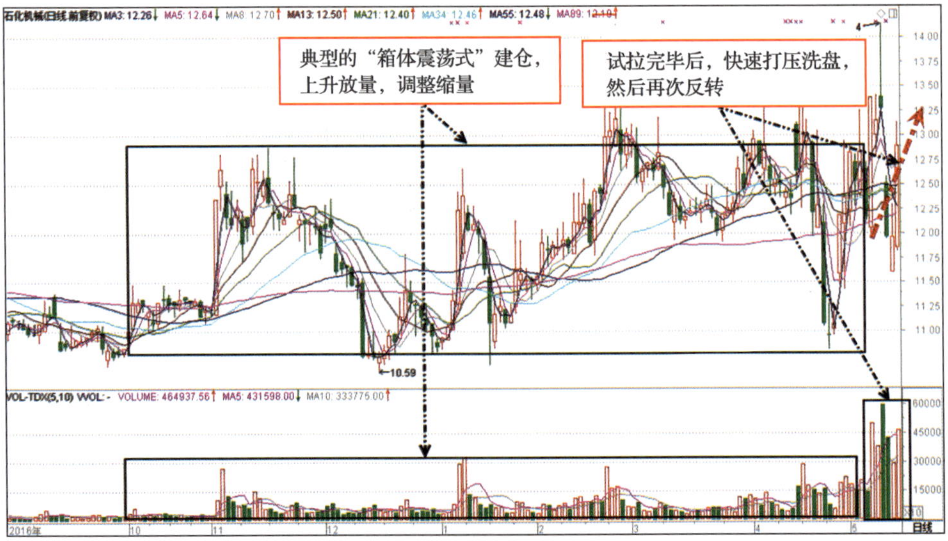

图19－6

第五节 大盘背景和板块背景

当时，石化机械所在的深证成指经历了一波幅度不小的调整，似有缩量企稳迹象。“可燃冰”概念板块指数短期跌幅巨大，仍然处于下降通道中，但也有缩量企稳迹象。“雄安新区”概念板块指数则处于反弹格局之中。（图 19－7、图 19－8、图 19－9）

图 19－7

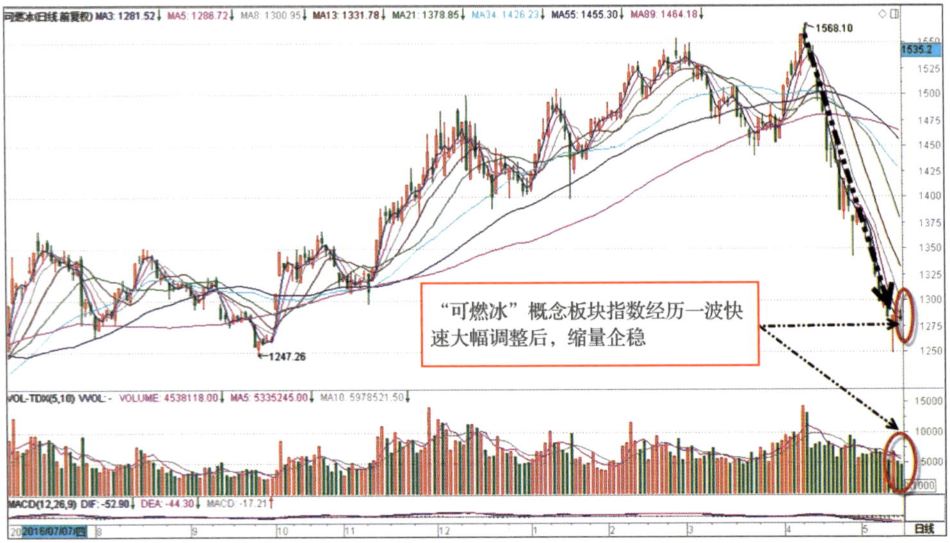

可燃冰(日线 前复权) MA3: 1281.52↓ MA5: 1288.72↓ MA8: 1300.95↓ MA13: 1331.78↓ MA21: 1378.85↓ MA34: 1426.23↓ MA55: 1455.30↓ MA89: 1464.18↓
1568.10
1247.26
“可燃冰”概念板块指数经历一波快速大幅调整后，缩量企稳
VOL-TDX(5,10) VVOL: - VOLUME: 4538118.00↓ MA5: 5335245.00↓ MA10: 5978521.50↓
MACD(12,26,9) DIF: -52.90↓ DEA: -44.30↓ MACD: -17.21↑
2016/07/07/四
日线

图 19－8

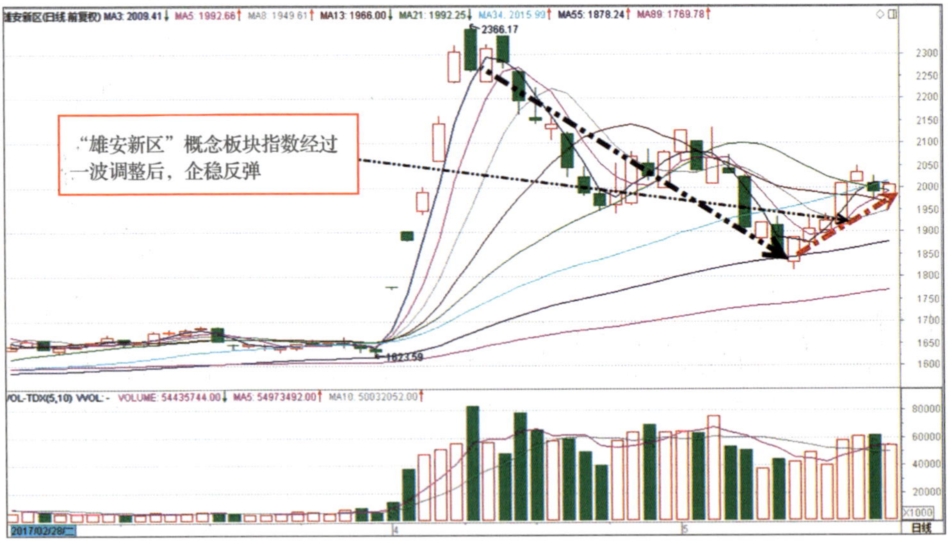

雄安新区(日线 前复权) MA3: 2009.41↓ MA5: 1982.66↑ MA8: 1949.61↑ MA13: 1966.00↓ MA21: 1992.25↓ MA34: 2015.99↑ MA55: 1878.24↑ MA89: 1769.78↑
2366.17
1623.59
“雄安新区”概念板块指数经过一波调整后，企稳反弹
VOL-TDX(5,10) VVOL: - VOLUME: 54435744.00↓ MA5: 54973492.00↑ MA10: 50032052.00↑
2017/02/28/二
日线

图 19－9

第六节　实战攻略

通过以上详尽的分析我们得知，石化机械所处的大盘环境并不是很有利，但胜在题材突出，而且主力资金已深度参与其中，在没有大幅拉升前不可能全身而退。2017 年 5 月 15 日的“蛟龙出海”一出现，我们就判定该股将会有一波行情。鉴于大盘环境不是很有利，我们控制仓位适度参与。

2017 年 5 月 16 日，该股小幅低开，早盘围绕分时线小幅波动，我们择机逢低入场。午盘该股开始小幅拉升，最终以中阳线报收。（图 19 – 10）

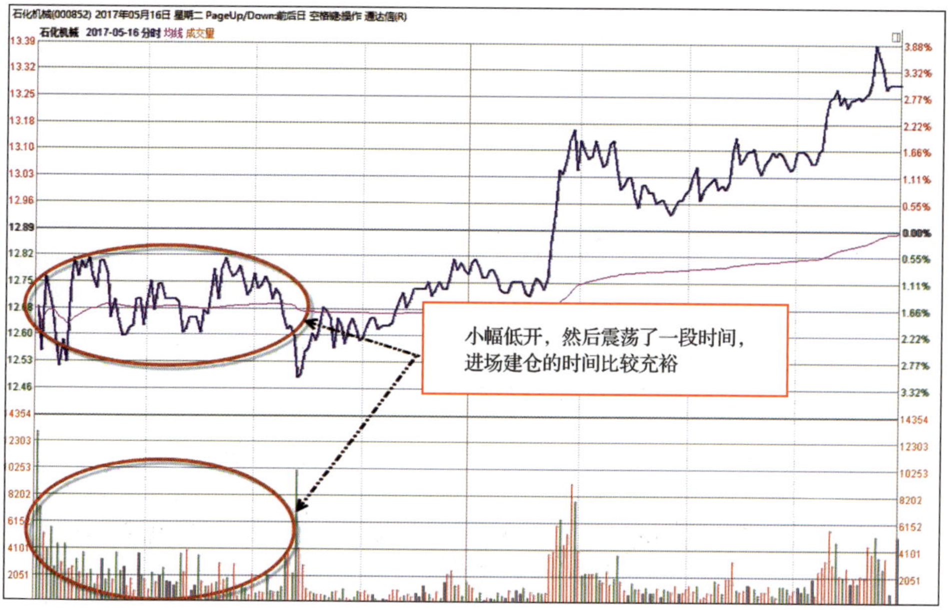

图 19 – 10

2017 年 5 月 22 日，该股收出带较长上影线的 K 线。这是“仙人指路”还是转势信号？未见筹码有明显松动，继续持股。（图 19 – 11）

2017 年 5 月 23 日，出现了一根低开低走的大阴线，与之前的 K 线构

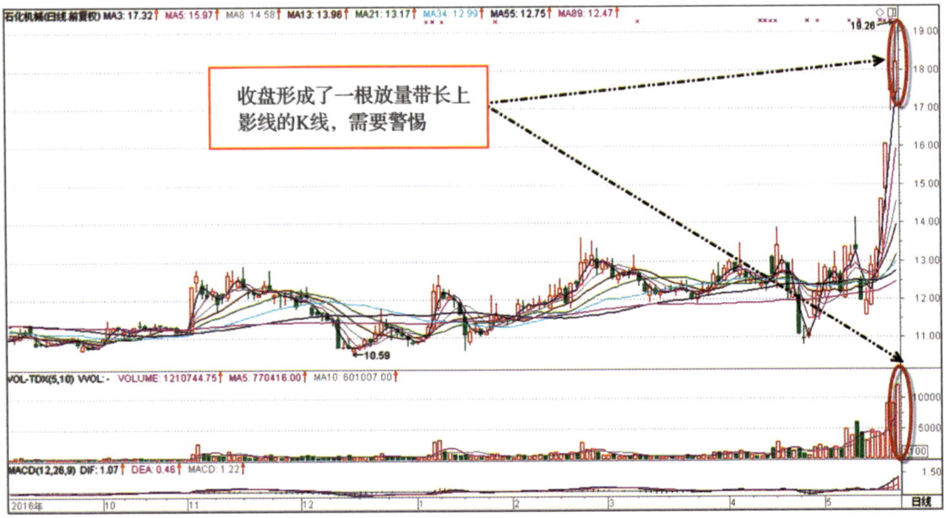

图 19－11

成变异的“倾盆大雨”K线组合。成交量未见明显缩小，主力资金有开始派发筹码的嫌疑。我们减仓四成，锁定部分利润，剩余仓位继续持有，再观察两天。（图 19－12）

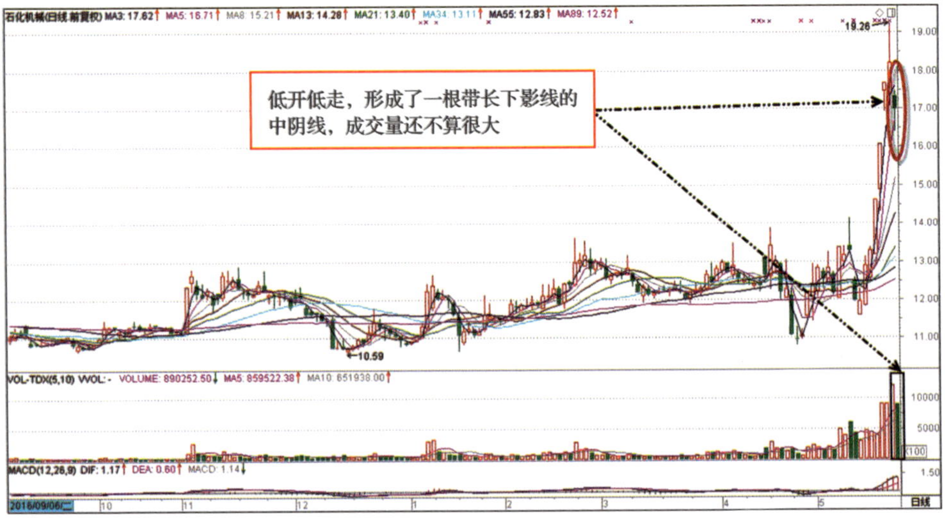

图 19－12

2017 年 5 月 25 日，“避雷针”信号出现，成交量显著放大，显示筹码松动得厉害，我们再减仓四成，仅保留二成仓位继续博弈。（图 19－13）

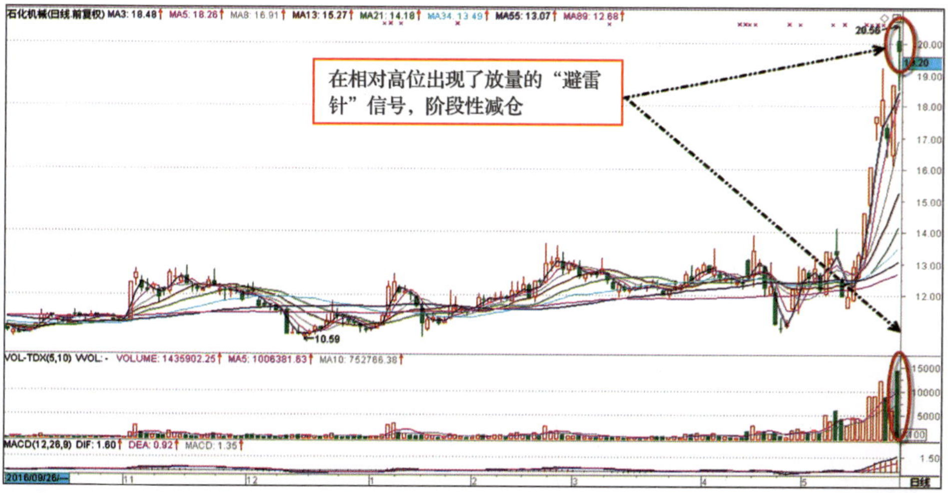

图 19－13

2017 年 5 月 26 日，一根带长上影线的大阴线出现，换手率高达 22%。这表明走势已经彻底反转，不能再有丝毫的侥幸心理，剩余仓位全部离场出局。（图 19－14）

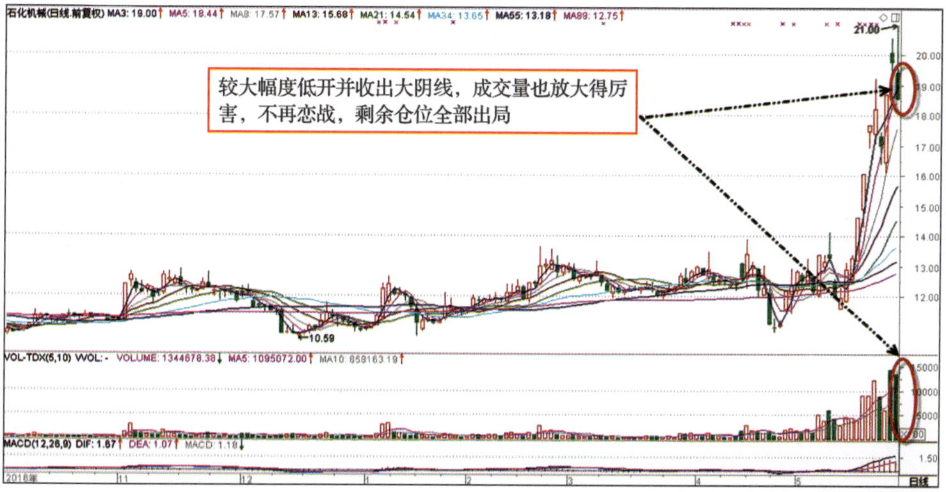

图 19－14

随后，该股开始大幅调整，股价不久之后又回到了启动时的价位。（图 19－15）

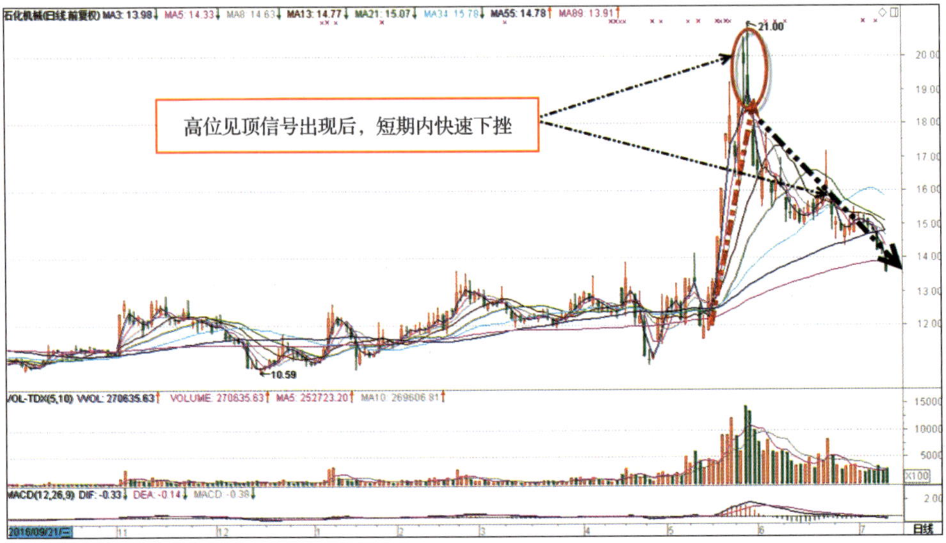

图 19－15

第二十章
“三步操盘法”简析

《孟子·公孙丑下》："天时不如地利，地利不如人和。"

《孙膑兵法·月战》："天时、地利、人和，三者不得，虽胜有殃。"

引申："天时""地利""人和"是成功的三要素，它涵盖了成功之路的一切。"天时"是遇到的伯乐、机遇；"地利"是环境、条件；"人和"是综合实力（成功的关键）。

在兵法上，"天时""地利""人和"是取得战争胜利的根本保证，而证券市场就是看不见硝烟的战场，每一次交易都是一场智斗，一场搏杀，因此要想在证券市场取得成功，无疑也需要"天时""地利""人和"的配合。

金融证券市场是一个竞争激烈，比拼智慧、心态和综合素质的竞赛场，想要胜出，须有过人的本领与方法。作者总结了近20年来的实战经验，结合"天时""地利""人和"的古代兵法智慧，独创出证券交易的"三步操盘法"。

1. 天时

"天时"是指国家乃至世界的总体经济形势、政治形势等与证券市场相关的综合环境情况。具体到市场，就是指大盘指数的趋势。例如，当下的市场是多头市场还是空头市场，或者是震荡市？国内、国外的政治、经济形势，市场的氛围，这些因素都会具体反映在指数的趋势上。

所谓"有利的天时"，指的是大盘相对强势，可操作性比较高。绝大部分的个股和大盘指数是正相关的，大盘强势也就意味着标的个股也是相对安全的，风险可控，在此环境下进行交易，获利将是大概率的事情，这时我们可以重仓介入。大盘指数安全、强势，大多数的主力资金才敢于进场，敢于做多拉升股价。"不利的天时"，就是指大盘比较弱势，甚至是处于熊市。此时，绝大部分个股都是处于调整之中，这时进行交易，获利将变得非常困难，做得越多，错得越多，亏损越多。在不好的形势之下，即使出现了好的投资标的，我们也需要控制好仓位，不能轻易重仓参与。

2. 地利

“地利”包含“有利地域”和“有利地势和地形”两个方面。在证券市场，“有利地域”表现为题材、板块、基本面等。标的个股如果属于市场的热点板块，基本面（股价合理，市值合理）也良好，那么就占据了“有利地域”。“有利地势和地形”是指股价处于合适的位置，行情可能启动的位置。所谓合适的位置，是指股价在遵循“股市循环法则”及“阴阳周期律”运动后、充分调整后处于较低的位置。如果股价已在高位，那么再被大幅拉升的可能性就大大降低了。

任何时候资金都是有限的，而有限的资金只能在不同的热点板块之间来回腾挪，这样就造成了 A 股市场的板块轮动现象——各种概念与题材被轮番炒作，各领风骚一段时间。

有题材的个股是个宝，没题材的个股是棵草！题材包括但不限于：资产重组、摘帽、公司并购、业绩暴增、大订单、产品或者期货产品涨价、高送转、大股东更换、大股东增持、获得国家政策支持、重大新产品投产，等等 。

这些“地利”，是主力资金炒作的借口，也是跟风盘跟风的理由。

3. 人和

“人和”是市场心气度和人气度的总和。研究是不是拥有“人和”的条件，就是要研究是否有强势主力在刻意运作标的个股，运作标的个股的主力资金实力是否雄厚，操盘手法是否老道彪悍，技术形态是否有利（如是否是多头形态等，技术形态有利，才能吸引市场的跟风盘资金）。标的个股的“天时”“ 地利”再好，如果没有大的主力资金参与运作，标的个股也是难有大的涨升空间，只会跟着市场波动。

为何同样的形态之下，有的个股涨，有的个股跌？为何业绩好的个股有时反而涨不过业绩差的？为何同一个板块、同一个概念，有的个股攻势凌厉，有的却是不温不火？这样的困惑相信大家经常遇到。其实，这都是市场“天时”“地利”“人和”综合作用的结果！三者皆具，这是所有大牛股的共同特点。如果我们能够分析清楚标的个股的“天时”“地利”“人和”，并在自己的投资交易体系中加以实际应用，那么投资成功的概率就会大大增加。当然，有些不同时具备“天时”“地利”“人和”三个条件的个股有时也会大涨，但这种概率很小。我们投资的正确方向，就是要寻找上涨概率最大、上涨幅度最大的投资标的！

当我们清晰地了解证券市场的“天时”“地利”人和”后，在选择标的个股时，就可以避免盲目和冲动，我们的眼界和视野就可以远远超越一般的投资者。

具体到操作上，我们可以遵循以下三个步骤来决定我们每一次进场的时机、标的个股以及仓位。至于进场后如何减仓、如何止损或者止盈，那就需要结合交易系统的减仓或者离场量化标准了。

第一步：看天时。如果大盘强势，可以重仓参与；如果大盘弱势，则需要高度谨慎小心，轻仓参与或者空仓；如果大盘处于震荡之中，则需要合理控制仓位（通常不超过五成仓位）。

第二步：探地利。标的个股是否属于热点板块？基本面（股价、市值）是否良好？技术位置是高位还是中低位？

第三步：查人和。有强势主力资金积极参与吗（是否有明显建仓及洗盘等过程）？技术形态对多方有利吗？

这样三个步骤下来，你对市场的整体环境、个股的具体炒作题材、基本面、主力运作、技术形态等都有了全方位的了解，自然也就是成竹在胸，胜券在握。

2017 年 6 月至 7 月，短短的一个月时间内，方大炭素（600516）的涨幅超过了 100%，成为市场上最为耀眼的大牛股，而此时本书正在写作期间。那么，本书的最后，我们就以方大炭素为例，再次剖析“三步操盘法”在实战中的典型运用。

天时：大盘指数正在从低位开始反弹，这就给个股的表现提供了良好的环境。(图 20－1)

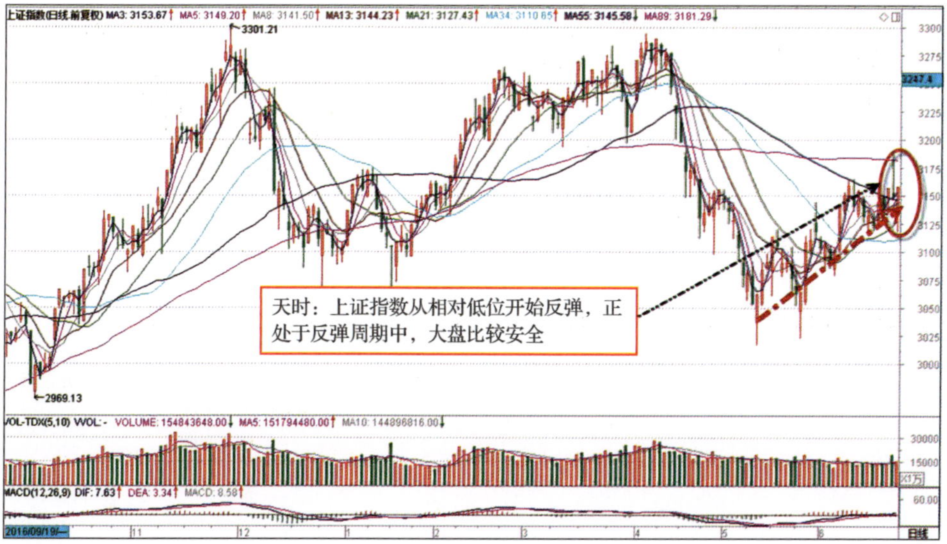

图 20－1

地利：每年的 6 月至 7 月都是炒作周期性产品涨价题材的高峰期，煤炭、有色、化工、钢铁等周期性产品价格往往大幅上涨。从 2017 年初到 6 月份，方大炭素的主打销售产品价格猛涨，涨幅高达 400% 以上，这将大幅改善公司的业绩，股价自然也就充满了想象空间。主升浪启动时，该股股价也不高，公司市值仅有 200 亿元左右。(图 20－2)

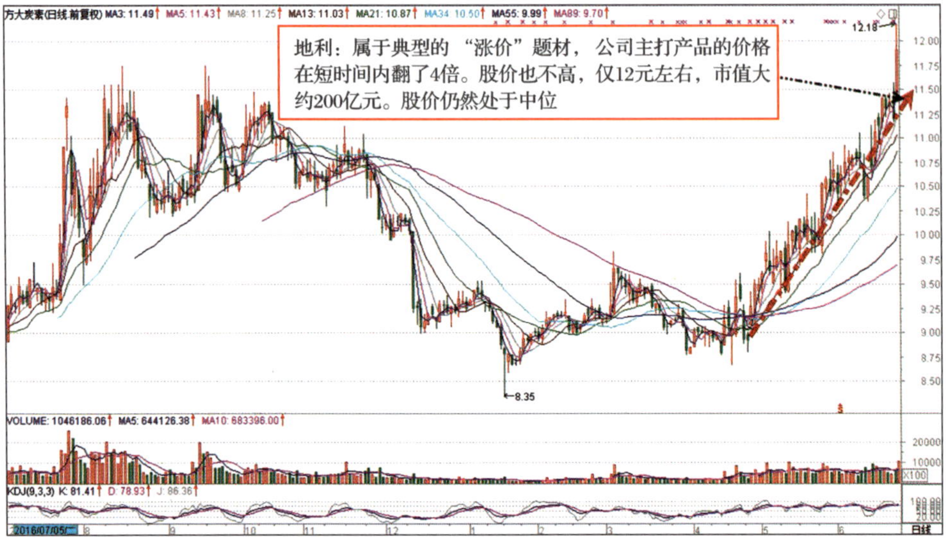

图 20－2

人和：从量价形态来看，已经有强势资金跑步进场，积极介入。技术形态也比较有利，短中期均线系统已经形成了多头排列。(图 20－3)

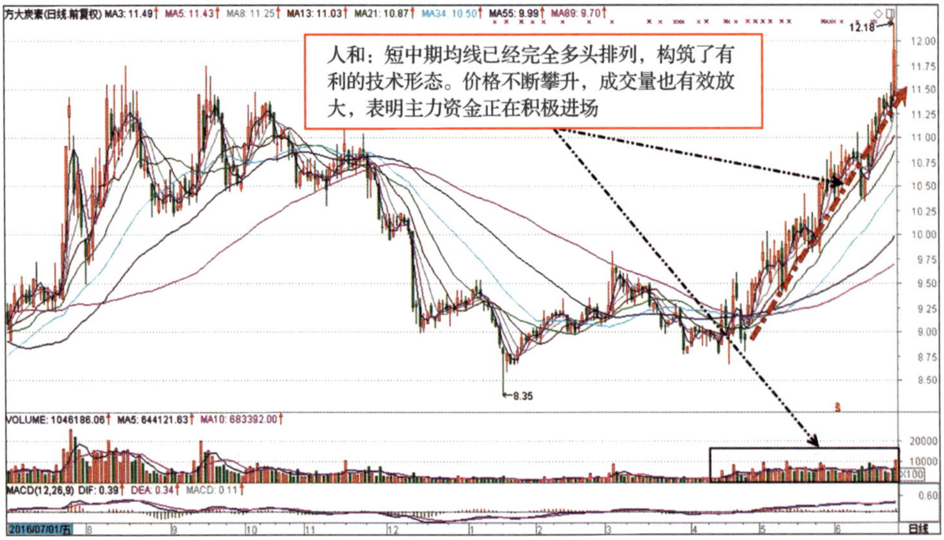

图 20－3

该股后面的走势正如预期的那样，股价不断地大幅攀升。如果在2017年6月底启动时介入，短时间内将获得不菲的收益。(图20－4)

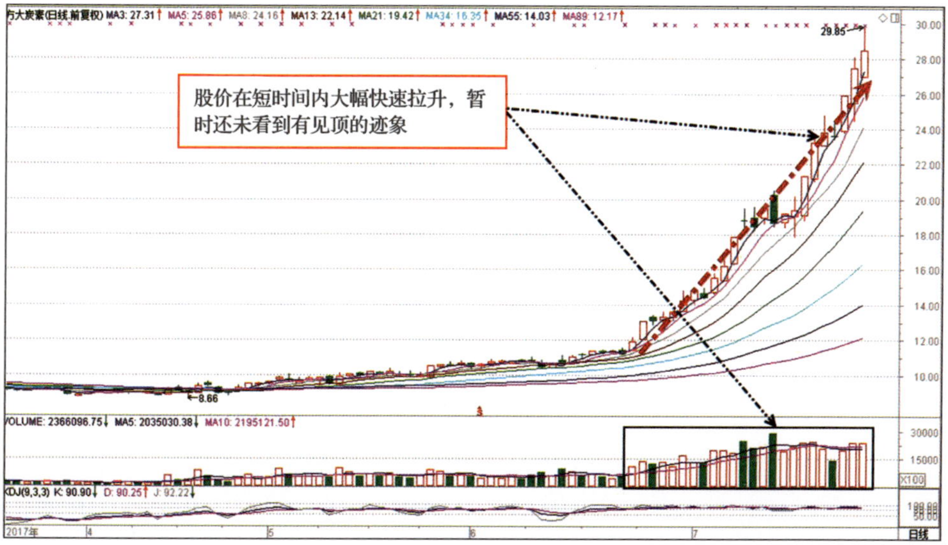

图20－4

化繁为简，天人合一，知行合一，交易之道，皆在“天时”“地利”“人和”之中。

跋

千锤百炼，“剩”者为王

成功是成功者的通行证，失败是失败者的墓志铭！

证券投资市场虽血雨腥风、残酷无情，但成功的投资者仍然层出不穷。我坚信，成功者中只有5%的人是靠天赋成就伟业的，而95%的人则是通过锲而不舍的努力和坚持奋斗来实现，他们的成功来自泪水和汗水，来自勤奋和千锤百炼。对绝大多数的成功者来说，他们都经历过无数次的失败和挫折，都走过破茧成蝶的历程。

回首走过的路，我必须感谢所有那些一路上默默支持我的人，特别是亲人和朋友。在最艰难和失意落寞的岁月，是你们让我真正懂得了亲人的含义和真谛，我会永远铭记在心！

感谢一直以来关心和支持我的客户及朋友，是你们的信任和鼓励让我在风雨中坚毅前行！

感谢正丰阳资产管理公司的同事和“金融赢家大智慧”所有的同学们，在事业和人生的道路上有你们一路同行，我深感荣幸！

我还要谢谢我的高中同学王永杰先生，他为本书提出了大量的指导意见，为本书增色许多。

“苦心人，天不负；有志者，事竟成。”古代先贤们的话依旧具有真理般简单而振聋发聩的力量。稳健进取，用专业和诚信做中国优秀的私募基金公司，这是我和正丰阳资产管理公司的梦想，更是我们的事业与追求。

金融投资是一个充满艰难和风险的职业。在这个鲜花与陷阱共存、荣耀与失败交织的资本狩猎场，赢家的判定规则只有一个——“剩”者为王！那些笑到最后的人，注定将获得丰厚的回报和奖赏。

让我们一起携手前行，笑到最后！